항상 순종

Copyright ⓒ 1995 by Canadian Reformed Theological Seminary
Originally published in English under the title *Always Obedient: Essays on the Teachings of Dr. Klaas Schilder* by Canadian Reformed Theological Seminary, 110 West 27th Street, Hamilton, Ontario, Canada.
All rights reserved.

Korean Edition Copyright ⓒ 2020 by SFC Publishing Company, Seoul, Republic of Korea.
Translated and used by permission of Canadian Reformed Theological Seminary.

항상 순종

초판 1쇄 인쇄 2020년 10월 21일
초판 1쇄 발행 2020년 10월 27일

엮은이 J. 하이쩨마
옮긴이 손성은
펴낸이 유동휘
펴낸곳 SFC출판부
등록 제104-95-65000
주소 (06593) 서울특별시 서초구 고무래로 10-5 2층 SFC출판부
Tel (02)596-8493
Fax 0505-300-5437
홈페이지 www.sfcbooks.com
이메일 sfcbooks@sfcbooks.com
기획·편집 편집부
디자인편집 최건호
ISBN 979-11-87942-47-4 (03230)
값 13,000원

잘못 만들어진 책은 언제든지 교환해 드립니다.

항상 순종

스킬더의
가르침에 대한
소고들

편집 J. 하이쩌마
번역 손성은

SFC

목차

추천의 글 **7**

서문: 항상 순종 _ J. 하이쩨마 **13**

1장 스킬더의 생애와 저서들 _ J. 파베르 **27**

   1. 스킬더의 생애 **27**

   2. 스킬더의 저서들 **33**

   3. 스킬더의 생애와 저서들이 지닌 의의 **48**

   4. 요약 **55**

2장 스킬더의 언약론 _ S. A. 스트라우스 **57**

   1. 원천으로 돌아가라 **57**

   2. 역사적 실재 **62**

   3. 계속성의 범주 **66**

   4. 언약의 두 당사자들 **69**

   5. 언약의 두 부분들 **74**

   6. 지속적인 의의 **77**

3장 스킬더의 그리스도와 문화론 _ N. H. 호체스(고재수) **83**

    1. 서론 **83**

    2. '문화'에 대한 카이퍼의 견해 **88**

    3. 카이퍼와 스킬더의 중간시대 **96**

    4. 그리스도의 중요성 **97**

    5. 태초로 돌아감 **100**

    6. 문화 **101**

    7. 성경에 기초하는가? **109**

    8. 복음과 문화는 상충되는가? **119**

    9. 문화사명은 환경을 파괴하는가? **121**

    10. 결론들 **125**

4장 스킬더의 교회론 _ J. M. 바토(박도호) **131**

    1. 들어가면서 **131**

    2. 연속성과 불연속성: 스킬더의 신학적 발전에서 **135**

    3. 연속성과 불연속성: 개혁신학의 전통과 스킬더의 관계에서 **163**

    4. 결론: 스킬더는 분파주의자가 아니다 **189**

5장 스킬더의 천국론 _ J. 캄프하이스 **191**

6장 스킬더의 계시론 _ J. 드용 **211**

역자 후기 **233**

저자들 및 역자 소개 **236**

추천의 글

클라스 스킬더는 네덜란드 캄펜에서 태어나서 자란 화란개혁교회의 목사요 신학자였으며 국가적으로는 나치에 저항한 애국자였다. 일반 성도들에게 그는 열정적인 설교자로 기억되었다. 그의 설교를 들었던 사람들은 오랜 세월이 지나서도 그때의 감동을 이야기하곤 하였다. 신학자로서 그는 아브라함 카이퍼의 신학을 여러 모로 반대하였으며, 이로 인하여 1944년 총회에서 파면되고 쫓겨났다. 그리고 이를 계기로 교단이 분열되고 해방파31조파 교회가 탄생하였다.

카이퍼와 스킬더는 둘 다 위대한 개혁주의 신학자들이지만, 카이퍼의 신학이 사변직이고 철학적인 요소를 띠고 있다면, 스킬더의 신학은 보다 성경적이고 신앙적이라고 할 수 있다. 그렇다고 스킬더의 신학에 철학적인 요소가 전혀 없다는 말은 아니다. 스킬더의 교회론은 한때 큰 호소력이 있었지만, 오늘날에는 실현 불가능한 이상으로 기억되고 있다. 무엇보다 그의 가장 큰 공헌은 아마도 언약론에 있다고 할 수 있다. 특히 언약에 두 가지 측면—약속과 책임—이 있다고 말하면서, 그중에서 인간의 책임을 강조한 것이 그의 공헌이다. 그리고 여기에는 그의 동료인 S. 그레이다너스가 주석적으로 큰 도움을 주었다.

스킬더는 누구보다도 열정적인 신앙인으로서 하나님의 말씀에 전적으로 순종하고자 했으며, 이 진리를 지키기 위해 자신의 삶을 온전히 하나님께 드린 사람이었다. 비록 그의 이런 열정을 오늘날에는 더 이상 볼 수 없게 되었지만, 그의 책을 통해 조금이나마 접할 수 있다는 것이 우리에게 큰 위안이 되고 도전이 된다.

_변종길 고려신학대학원 신약학 교수

스킬더에 대한 중요한 2차 자료인 『항상 순종Always Obedient』을 손성은 목사님께서 번역 출간하시게 된 것을 진심으로 기쁘게 생각한다. 스킬더는 네덜란드개혁교회해방파의 대표적인 목회자이며 신학자로서 다양한 저작들을 남겼으며, 특히 독일의 나치 정권에 저항하다가 투옥되기도 했다. 『그리스도와 문화』라는 스킬더의 대표작 가운데 하나가 손 목사님에 의해서 최근에 국내에 소개되었지만, 아직까지 그의 작품세계를 전체적으로 이해하는 데 도움을 주는 입문서가 우리나라에서 출판되지 않아 아쉬움이 많았었다.

그런데 때마침 이런 공백을 메우기 위해 스킬더의 신학을 체계적으로 해설하고 평가하는 이 책이 번역된 것은 국내에서 네덜란드 개혁주의 신학을 이해하는 데 크게 기여할 것으로 생각된다. 특히 이 책은 스킬더의 생애와 저서에 대한 소개뿐만 아니라, 스킬더가 주장한 다양한 교리들언약론, 그리스도와 문화론, 교회론, 천국론, 계시론을 자세하게 풀어 설명하고 있어 그의 신학을 더욱 정확하고 깊이 있게 이해하려는 모든 분들에게 큰 도움이 될 것이라고 확신한다.

_이신열고신대학교 신학과 교수

클라스 스킬더는 카이퍼와 바빙크의 사후 네덜란드개혁교회에 혜성 같이 나타난 독창적인 신학자였다. 그는 성경과 개혁신학의 토대 위에 굳게 서서 한편으론 바르트와 브루너의 신학에 대항해 외로운 싸움을 펼쳤으며, 또 한편으론 당대를 주도하던 카이퍼주의자들과의 싸움에서도 조금도 위축되지 않았다. 뿐만 아니라 그는 나치즘이 네덜란드를 지배했을 때, 다른 어떤 신학자보다 더 앞장서서 "아니오"라고 말하다가 죽을 뻔했던 저항신학자이기도 했다.

이렇게 중요한 신학자이지만 국내에는 제대로 된 소개서 하나도 존재하지 않았다. 스킬더를 한국에 처음 소개한 사람은 박윤선 박사로서, 1949년에 간행한 첫 주석인 『계시록주석』에서 스킬더의 저술을 활용하였다. 이제 손성은 목사에 의해 캐나다개혁교회가 스킬더 출생 100주년을 기념하여 출간한 문집을 번역 소개함으로써, 드디어 국내에도 스킬더에 대한 훌륭한 입문서가 존재하게 되었다. 이 책에 실린 여섯 편의 글들을 잘 읽기만 해도 스킬더의 생애와 신학 사상의 특징들을 분명하게 확인할 수 있게 될 것이다. 또한 이 책과 더불어 손성은 목사가 번역한 스킬더의 『그리스도와 문화』나 곧 출간될 『수난당하시는 그리스도』 3부작도 함께 읽어보기를 권하는 바이다.

**이상웅** 총신대학교신학대학원 조직신학 교수

클라스 스킬더는 개혁교회를 사랑하고 개혁신학에 정통한 신학자였으며, 과거의 유산에서 넘겨받은 전통과 공교회 건설에 누구보다도 헌신한 성도였다. 그는 "이 세상의 한 치도 그리스도의 주권 아래 없는 것은 없다."라는 네덜란드개혁교회 선배들의 길을 충실하게 따랐다. 그러나 한편으로 그는 넘겨받은 신학을 그대로 반복하고 답습하는 것이 개혁신학의 본질은 아니라는 점을 평생의 몸부림을 통해서 누구보다도 잘 보여주었다. 심지어 그는 그가 그토록 사랑했던 개혁신학의 전통조차 '동정적 비판'의 대상으로 삼기까지 했다.

뿐만 아니라 스킬더는 자신의 시대를 둘러싼 시대정신과 그 도전에 결코 둔감하지 않은 사람이었다. 그는 개혁신학의 선배들이 경험하지 못했던 새로운 시대적 과제를 스스로에게 던지면서 창의적인 신학을 전개하고 이를 실천하였다. 그가 네덜란드개혁교회 총회에서 목사 면직을 당하던 순간에도 나치에 저항하는 지하활동을 하고 있었다는 사실은 그가 단지 말로만 개혁신학을 한 것이 아니었음을 극명하게 보여 준다. 스킬더를 직접 읽지 못한다는 아쉬움은 있지만, 이 책은 그를 가장 잘 이해한 학자들의 글을 모아둔 것이다. 이를 통해서 우리는 스킬더의 진면목을 충분히 만끽할 수 있을 것이라고 생각한다.

_김재윤 고려신학대학원 조직신학 교수

서문

항상 순종

J. 하이쩌마 Jacop Geertsema

클라스 스킬더Klass Schilder, 1890~1952년에 관한 책을 이렇게 출간할 수 있게 되어서 정말로 기쁘다. 왜냐하면 하나님께서 그분의 백성에게 말하고 기록하신 언약의 말씀에 관해 스킬더가 교리로 가르쳤던 것들이 신자의 심령 안에서 심오한 즐거움을 일으킬 것이 분명하기 때문이다. 그가 가르쳤던 것들은 하나님 나라를 위해 훈련받은 숙련된 서기관이 성경의 값진 보물들을 우리 눈앞에 정교한 펜의 명쾌한 손놀림으로 그려낸[1] 것들이다. 그는 신실한 집주인으로서 하나님의 집을 위해 새롭거나 오래된 보배들을 가져왔다마13:52. 이 하나님의 종, 하나님의 교회의 종에게서 직접적으로 늘었던 사람들은 그가 제시한 하나님의 말씀의 양식을 즐기는 것에서 큰 기쁨을 누렸다. 이

---

1. 이런 표현은 'Schilder'라는 이름의 뜻이 '화가(painter)'라는 의미를 가지고 있는 점을 고려한 것 같다—역주.

제 이와 동일한 기쁨이 오늘날 이 보배들을 즐기는 사람들에게도 똑같이 주어질 것이다.

이 책을 발간하겠다는 생각은 1990년 봄에 시작되었다. 해밀턴에 있는 캐나다개혁교회Canadian Reformed Church의 신학교 이사회는 한 세기 전에 클라스 스킬더가 태어났었다는 사실이 캐나다에서도 주목받아야 한다고 결정했다. 왜냐하면 스킬더는 네덜란드를 비롯해 다른 대륙들에 있는 자매교회들이 지향하는 개혁교회해방파의 역사에서 중요한 역할을 감당했기 때문이다. 그러나 이런 개혁교회들 바깥에서는 상대적으로 스킬더가 잘 알려져 있지 않다. 따라서 스킬더와 그의 가르침을 영어권 세계에 있는 독자들에게 제시하려는 것이 이 책의 출판 목적이다. 스킬더는 성경에 대한 통찰과 개혁신앙의 고백서들에 신실하게 충성했으며, 그것으로 수많은 신자들의 삶을 부요하게 했다. 우리는 이러한 사실이 잊히지 않고 오히려 계속해서 우리를 가르치고 지도해야 한다고 확신한다. 스킬더는 "개혁신앙인이 된다는 것은 심오하게 행복한 일이다."라고 말했던 사람이다.

이사회는 먼저 스킬더의 출생 100주년 기념의 해인 1990년 11월에 일반 대중을 위해 세 번의 저녁 강좌들을 추진했다. 첫 번째 저녁에는 J. 드 용De Jong이 하나님의 계시에 대한 스킬더의 가르침—이 가르침의 특별한 측면인 "하나님의 적응Accommodatio Dei"은 드 용이 쓴 학위논문의 주제였다—에 관해 청중들에게 강의했다. 두 번째 저녁에는 N. H. 호체스Gootjes[2]가 "그리스도와 문화"에 관한 스킬더의 관점에 대해 이야기해 주었다. 그리고 세 번째 저녁에는 스킬더의 생애와 저서들에 대한 개관이 J. 파베르Faber에 의해서 제시되었다.

이 세 강의안들을 출판하고자 논의하던 후반부에 이사회는 스킬더의 가르침에 있는 다른 측면들을 다룬 서너 편의 글들을 첨가하기로 결정했다. 이에 따라 먼저 남아프리카의 블룸폰테인Bloemfontein에 있는 오렌지자유국가대학교University of the Free State에서 교의학을 가르치는 S. A. 스트라우스Strauss가 언약에 관한 스킬더의 가르침—스트라우스는 이 주제로 박사논문을 썼었다—이란 주제의 글을 제공해주었다. 또한 네덜란드의 와거닝헌Wageningen에 있는 개혁교회해방파에서 하나님의 말씀의 사역자로 섬기고 있는 J. M. 바토Batteau[3]가 교회에 관한 스킬더의 가르침에 대해서 공부했었는데, 그가 이 주제와 관련해서 기여해 주었다. 마지막으로 네덜란드 캄펜Kampen에 있는 개혁교회해방파 신학대학교의 J. 캄프하이스Kamphuis가 스킬더의 책 『천국은 무엇인가?Wat is de Hemel?』에 관한 논문을 썼었는데, 이는 한 세기 전에 태어난 스킬더를 기념하기 위해서 1990년 4월 6일에 암스테르담의 자유대학교에서 열린 심포지엄에서 발표되었던 스킬더의 생애와 개념들에 관한 20개의 연설들 중 하나였다. 그 연설들은 『한 치도 안 돼!Geen Duimbreed!』[4]라는 제목으로 출판되었다. 그의 논문을 이

---

2. 한국 이름으로는 '고재수'이다—역주.
3. 한국 이름으로는 '박도호'이다—역주.
4. J. 드 브라인(de Bruijn), G. 하를링크(Haarlinck) 편집, 『한 치도 안 돼! 스킬더의 생애

책에 실을 수 있도록 허락해 준 저자 캄프하이스와 발행인 텐 하베 Ten Have에게 감사한다. 또한 이 논문의 번역을 요청받은 D. W. 코발트Cowart는 당시 캄펜에서 신학생으로 있으면서 네덜란드어로 된 것을 번역해 주었을 뿐만 아니라, 스콜만M. M. Schoolman에 의해서 영어로 번역된 책 『천국, 그것은 무엇인가?Heaven, What Is It?』의 참고구절들까지 대조해 주었다. 이러한 그의 도움에 심심한 사의를 표한다. 그리고 이 책이 현재의 모습으로 출판되도록 원고를 마련하는 데 도움을 준 R. 파베르Faber에게도 감사한다.

이 책은 한 사람의 가르침들에 대한 여섯 개의 소논문을 담고 있기 때문에 어느 정도 중복이 있을 수밖에 없다. 물론 이런 중복은 성경적 교리들이 지닌 다양한 양상들에 관한 스킬더의 가르침들이 서로 연결되어 하나의 통일체를 형성하고 있음을 보여 주는 것이기도 하다. 하지만 여섯 개의 논문들이 제시된 순서에는 어느 정도의 논리가 있다. 먼저 이 책은 J. 파베르의 논문으로 시작한다. 그것이 스킬더의 생애와 저서들을 개관해 주기 때문인데, 이로써 독자들은 스킬더의 생애와 주 예수 그리스도와 그분의 교회를 위한 그의 투쟁이라는 맥락에서—이는 동시에 하나님의 말씀의 권위를 위한 싸움이기도 했다—다른 논문들을 접할 수 있을 것이다.

스킬더는 자신의 생애와 사역을 너무나도 분명하게 언약에 순종

와 저서의 양상(Geen Duimbreed! Facetten van Leven en Werk van Prof. Dr. K. Schilder 1890~1952)』 (Baarn: Ten Have, 1990).

하는 봉사라고 생각했다. 그렇기 때문에 하나님께서 그분의 백성과 맺으신 언약은—이는 성경에 계시되어 있고 성경의 역사를 통해 기능했다—스킬더의 신학적 사고에서 중요한 역할을 할 뿐 아니라 지배적인 위치를 점하기까지 한다. 하지만 그에게서 언약은 단순히 하나의 신학적 이론만이 아니었다. 그리스도 안에서 하나님의 언약은 그 약속들 및 의무조항들과 더불어 그의 생애와 사역 그리고 행동들을 동일하게 지배했다. 스킬더는 하나님의 약속들에 근거해서 살았다. 그는 일평생 동일한 신앙의 길을 따라서 사람들을 신실하게 주님과 그분의 말씀으로 인도하고자 했을 뿐 아니라 구체적인 사회적, 정치적, 교회적 상황들에서 하나님의 계시된 뜻에 복종하려고 애썼다. 이렇듯 하나님의 언약이 스킬더의 생애와 사고에서 우선적인 위치를 차지했기 때문에 스트라우스의 논문을 2장에 배치했다.

스킬더는 하나님과 그분의 백성 사이에 있는 살아있는 관계로서의 언약의 성격만이 아니라, 그것의 역사적인 틀과 진전까지 함께 강조했다. 그는 언약의 역사를 비롯해 모든 역사를 하나의 통일체로 보았다. 왜냐하면 모든 역사가 삼위일체 하나님의 일이었기 때문이다. 태초에 아버지께서는 그분의 아들을 통해 성령과의 협력 가운데서 하늘과 땅을 창조하셨고, 사람을 그분의 형상을 따라 지으시고 그분의 자녀로서 이 땅 위에 대리자로 삼으셨다. 하지만 인간이 죄로 말미암아 타락한 결과, 하나님께서는 성육하신 그분의 아들의 죽으심과 부활을 통해 구속을 이루고자 하셨다. 그리고 이 일을 위해 그분께서는 언약의 역사 속에서 그때가 충분하게 무르익었을 때 그분의 아들에게 성령으로 기름을 부으셨다. 또한 동일하신 하나님께서 높아지신 그분의 아들을 통해 언약의 역사가 '저 마지막 날들'에 절정에 이르도록 인도하실 것인데, 그날들은 또한 성령의 경륜으로 특징지어진다. 즉, 성령께서 모든 민족들로부터 그리스도의 교회를 불러 모으시고, 또한 그 교회를 다가오는 새 예루살렘의 영광으로 데려오시는 것이다.

언약의 역사를 포함해 모든 역사의 통일성은 창조와 구속의 통일성을 의미한다. 스킬더가 강조한 것이 이러한 통일성이었다. 사람과 맺으신 하나님의 언약은 죄로 말미암은 타락 후에 시작된 것이 아니었다. 그분께서는 '소위 행위언약으로 불리는 것'을—'호의의 언약'이라고 하는 것이 더 낫겠지만[5]—아담과 하와와 낙원에서 맺으시고, 그들의 하나님과 아버지가 되셔서 그들을 믿음의 순종 가운데서 영원

---

5. 스킬더는 행위언약이라는 용어를 좋아하지 않았다. 사실, 그는 종종 그 용어 앞에 '소위(so-called)'라는 말을 덧붙였다. 그 용어는 사람이 이 언약 가운데서 자신의 선한 행위들로 영생을 획득해야 한다는 인상을 줄 수 있었다. 하지만 스킬더는 사람은 결코 하나님과 더불어서 어떤 것을 획득할 수 없다는 것, 심지어 '원의(原義)의 상태'에서도 그렇다는 것을 강력하게 강조했다. 사람이 무엇을 하든지 그것은 하나님께서 그에게 주셨기 때문에 할 수 있는 것이다. 사람은 온전히 자기 자신만의 것을 하나님께 제시할 수 없다. 그래서 이 언약과 관련해서 스킬더는 하나님의 호의(gunst)에 관해 말했다. 하지만 그는 '호의의 언약'이라고 표현하는 데에서조차 어려움을 느꼈다. 이에 대해서는 S. A. 스트라우스, 『전부냐 아니면 전무냐. K. 스킬더의 언약론(Alles of Niks. K. Schilder Oor die Verbond)』, diss. (Bloemfontein, South Africa: Patmos, 1986), 83쪽에서 언급했고, 또한 스킬더 자신도 이에 관해 K. 스킬더, 『강의노트1(Capita Selecta I)』 (Kampen: Theological University, 1949), 45~46쪽에서 가르쳤다. 또한 K. 스킬더, 『하이델베르크 요리문답(Heidelbergsche Catechismus)』, 4 vols. (Goes: Oosterbaan & Le Cointre, 1947~51), 1:392쪽을 보라.

한 생명으로 인도하실 것을 약속하셨다. 죄로 말미암은 타락 이후에도 하나님께서는 그분의 창조세계를 폐하지 않으시고, 그분께서 창조하셨던 것을 유지하셨다. 그리스도께서는 단지 영혼soul만이 아니라 하나님께서 지으신 모든 세계의 구속자이시다. 하나님께서는 그리스도를 통해서 하늘과 땅에 있는 모든 것들을 자신과 화목하게 하셨다골1:20. 그러므로 그리스도께서는 이미 원칙적으로 지금 여기 이 땅에서 창조된 생명의 모든 양상들 안에서 하나님의 자녀들을 위한 구속자이시다. 그리스도께서는 불신앙과 죄로부터 그분을 믿는 자들을 구속하시고, 그들을 하나님을 위하여 다시 살게 하신다. 즉, 그들의 결혼생활, 가정생활, 노동관계, 그리고 일상의 삶 속에서 하나님을 위하여 살게 하시는 것이다골3:18-4:1.

그리스도의 구속사역이 신자들의 결혼에까지 적용된다는 것은 다른 본문들로부터도 명백하다. 하나님께서는 남자와 여자를 창조하셔서 결혼제도를 제정하시되, 남자가 그의 부모를 떠나 법적으로 그의 아내가 된 여자에게 가서 둘이 한 몸이 되는 규례를 정하셨다. 창세기 2장 24절에 있는 이 명령은, 그리스도께서 마태복음 19장 5절에서 그리고 바울이 에베소서 5장 31절에서 보여 주는 것처럼, 죄로 타락한 이후에도 충분히 강제력이 있다. 우리의 죄된 상태에도 불구하고, 하나님께서는 그분께서 제정하셨던 그대로 결혼제도를 유지하시는 것이다. 죄는 하나님께서 창조하셨던 것을 뒤틀고 부숴 버리지만, 그리스도께서는 그분의 구속하심 안에서 우리를 태초부터 시작되었던 하나님의 율법으로 실제적으로 되돌려 놓으시는 것이다.

매일의 삶의 한 부분으로서 이러한 결혼의 예는, 스킬더가 우리의 '문화적 사명'에 관한 가르침을 발전시켰을 때, 그가 성경적으로 옳았음을 보여 주는 것으로 사용될 수 있다. 그것은 아담과 하와, 그리고 그들과 더불어서 온 인류가 에덴동산에서 하나님께로부터 일상의 과제로 받았던 사명, 곧 이 땅을 계발하고 보호하라는 것이다. 스킬더는 이런 문화적 사명을 하나의 '직무office'라고 부르기도 했다. 즉, 우리는 일상의 과제 속에서 하나님께서 임명하신 직무담당자들인 것이다. 이 사명 혹은 직무는 하나님의 형상을 따라서 인간이 창조된 것과 연관된다. 따라서 그것은 왕과 제사장, 선지자로서의 직무이기도 하다. 아담과 하와가 에덴동산을 계발하고 지키는 것, 그리고 우리가 행하는 일상의 과제는 이 땅 위에서 우리에게 주어진 왕적 통치의 직무인 것이다. 그 직무는 인류와 호의로 맺으신 하나님의 언약의 틀 안에서 제사장적 헌신과 예언적 지혜로 하나님을 위하여 수행되어야 한다.

 스킬더에 따르면, 하나님께서 사람을 그분의 직무담당자로서 이 땅에서 그들의 일상의 과제를 행하도록 부르신 일은 사람들이 죄로 타락한 이후에도 동일하게 남아 있다. 우리는 이 땅 위에서 우리가 부름받은 일상의 과제를 성취해야 한다. 그것이 무엇이 되었든 하나님을 섬기는 가운데서, 즉 낙원창조에서 주어진 명령과 하나님께서 창조하신 것이 그리스도로 말미암아 회복구속되는 빛 가운데서 말이다. 골로새에 있던 노예들은 노예로서 매일같이 감당해야 하는 일 가운데서 그리스도를 통한 구속의 복음을 들었다. 그들은 하나님의 형상을 따라 참된 지식 안에서 회복되었기골3:10 때문에 믿음으로 주 예수 그리스도를 위하여 그 일을 할 수 있었다. 이와 같이 태초로부터 주어졌고 타락 이후에도 유지되었다가 그리스도 안에서 회복된 이 명령 혹은 직무가 이 책의 세 번째 논문, 곧 그리스도와 문화에 관한 스킬더의 가르침에 대해 N. H. 호체스Gootjes가 기고한 글이다.

J. M. 바토Batteau가 기고한 네 번째 논문은 교회에 관한 스킬더의 가르침을 다룬다. 스킬더는 성경이 약속과 의무라는 두 부분을 지닌 언약에 대해 가르치고 있다고 이해했는데, 이는 교회에 관한 그의 생각들과 행동들에 큰 영향을 미쳤다. 스킬더에 따르면, 우리는 교회를 정적인 상태로, 곧 모든 택자들이 새로운 땅 위에 있게 될 전체 모임으로 정의해서는 안 된다. 그보다 교회는 우선적으로 그리스도께서 불러 모으시는 활동의 결과이다. 계속되는 하나의 과정으로서 그리스도께서는 영생하기로 선택된 그분의 교회를 그분의 성령과 말씀으로 불러 모으시고 방어하시며 보존하신다. 교회는 새 언약의 백성으로 부를 수 있다. 이는 다른 일들 중에서도 그리스도께서 계속해서 불러 모으시는 활동이야말로 하나님의 약속의 성취라고 볼 수 있음을 의미한다. 이런 약속에 반응해서 신자들은 지금 계시된 하나님의 뜻에 순종함으로써 그리스도와 함께 모여야 하는 것이다. 이것이 우리의 언약적인 의무이다.

스킬더는 그리스도의 참된 교회와 개별적으로 순종하는 교회 구성원들의 규범을 개혁교회 신조들에 표현되어 있는 대로 유지하기를 원했다. 그래서 언약에 관한 스킬더의 이해와 가르침을 특징지었던 것처럼, 교회에 관한 그의 글에서도 "전부냐 아니면 전무냐"하는 주제를 발견하게 된다. 또한 이 주제는 교회와 관련해서 스킬더가 '참된 것'과 '거짓된 것'이라는 성경적인 개념과 고백적인 용어를 강조하며 사용하는 것에서도 발견된다.

최근 교회에 관한 스킬더의 가르침을 비판하는 사람들 중에는 그가 삶의 피폐함과 죄악된 인간의 현실을 충분하게 인식하지 못했다고 지적하는 이들이 있다. 하지만 오히려 스킬더는 죄악된 현실과 삶의 피폐함을 충분하게 인식했으며, 또한 이러한 모습이 교회 안에서 형제자매들이 서로 다른 교파들로 분리되는 지점에서 명백하게 드러나고 있음을 인식했다고 하는 것이 더 적절하다. 그랬기 때문에 그는 교회가 깨어지는 죄악된 현실을 용납하는 경건해 보이는 이유들에 대항하여 싸웠던 것이다. 스킬더는 현재의 상태를 용납하는 것이 계시된 하나님의 뜻에 겸손하고도 단순하게 언약적으로 순종하는 것을 방해할 위험을 민감하게 감지할 수 있었다. 그가 교회에 대해 변증했던 목적은 하나님의 백성들이 하나님의 언약의 말씀에 있는 약속들과 요구들에 눈을 뜨게 하고, 나아가 교회가 되고 교회의 회원권을 가지게 되는 것에 대해서는, 그들이 하나님께서 말씀하신 것들에 순종함으로써 교회에 가입하게 하는 것이었다. 어쨌든 스킬더가 삶의 죄악된 현실을 고려하지 않았다고 비판하는 사람들은, 그렇게 비판함으로써 사실은 그가 이 죄악된 상황을 수동적으로 받아들이는 것을 촉진하고 강화시켰으며, 또한 그런 식으로 "교회의 통일성을 유지하는 데"⁶ 요구되는 형제애적 신실함뿐만 아니라 그 기록된 것에 대해 성경적인 믿음으로 순종하는 것을 방해하고 손상시켰다고 상상할 수도 있다.

언약의 역사의 태초에 있었던 그 직무—문화적 사명—로부터 시작해서 그리스도께서 교회를 불러 모으시는 사역을 지나 언약의 완성에 이르게 된다. 이것이 캄프하이스가 다루는 주제이다. 스킬더에게 천국은 "하나의 정적이고 변함이 없는 영역"이 아니다. 오히려 그것은 "역사의 틀 안에서 얻게 되는 것"이다. 하나님께서는 언약이라는 역사를 통하여 하늘과 땅을 인도하신다. 그분께서는 창조 때 시작하신 것으로부터 오셔서 그분께서 목적하신 바를 성취하시는 데까지, 곧 영광의 언약에까지 이르신다. 그때에 그리스도께서 재림하실 것이고, 하나님께서는 그분의 백성과 함께—그분의 백성은 하나님과 함께—영원한 빛 안에 영원토록 거하실 것이다. 캄프하이스는 약간 비판적인 어조로 그 절정조차도 정적이거나 움직이지 않는 영역이 아니라, 그리스도와 함께 하나님의 영광에 이르도록 영원하고 적극적인 통치가 될 것이라고 강조한다. 그 절정 또는 그 새 땅에서, 곧 새 예루살렘이 지상에 내려오게 될 때, 사람의 직무—태초로부터 제정되었던 그의 문화적 사명—는 완성에 이르게 될 것이다. 아버지께서 아들에게 주셨던, 그리고 그 아들께서 대신하여 죽으시고 부활하셨던

---

6. 『캐나다개혁교회찬송가(Book of Praise of the Canadian Reformed Churches)』 (Winnipeg: Premier, 1984), 462쪽에 실려 있는 벨직신앙고백서 28항.

신자들은 이 땅에서 그리스도와 함께 제사장적 왕으로서 영광과 명예의 관을 쓰고 통치할 것이다.[7]

스킬더는 변증적인 저자였다. 이를 이 책에 있는 여러 글들에서 볼 수 있을 것이다. 그는 카이퍼와 그의 추종자들의 신학적 체계에 있는 스콜라주의적 구분들에 반대했다. 그는 칼 바르트의 변증법적 신학도 거절했다. 또한 그는 국가사회주의철학을 비롯해 모든 형태의 인본주의에 대항하여 싸웠다. 이러한 영적 투쟁에서 그의 무기는 하나님의 계시였다. 즉, 하나님의 말씀이 그의 기초였던 것이다. 그는 어떠한 타협도 없이 하나님의 말씀을 무오無誤, inerrancy하고 무류無謬, infallibility한 것으로, 또한 하나님과의 언약 안에서 신앙과 생활을 유지하기 위한 유일한 기초이자 규범으로 받아들였다. 그는 성경에서 받은 가르침을 따라 그대로 다른 사람들을 가르치면서, 특별히 언약, 교회, 그리고 직무—즉, 인간의 문화사명, 위대한 직무담당자이시며 우리의 위대한 왕이시고 제사장이시며 또한 선지자이신 그리스도께서 회복하신 사람의 일상의 과제—에 관한 성경적이고 개혁신학적인 교리를 강조했다.

스킬더의 기초가 되는 하나님의 계시는 드 용De Jong의 논문 주제이기도 하다. 스킬더는 칼 바르트와 그의 추종자들에 반대하면서 **성**

---

[7] 사람이 통치할 것이라는 것은 시편 8편의 약속으로, 이는 하나님께서 그분의 형상으로 사람을 창조하신 것에 기초한다. 또한 이는 히브리서 2장 5~9절에 있는 그리스도의 빛 가운데서 설명된다. 그리스도께서는 그분의 충분한 수난을 통하여 신자들을 이 영광스러운 완성으로 인도하신다.

경은 **하나님 말씀**이라고 주장했다. 또한 카이퍼와 그의 추종자들에 대항해서는, 하나님의 말씀은 하나님께서 믿음과 중생, 회심을 이루시는 매개라고 강조했다. 그래서 모든 것의 기초가 되는 하나님의 계시와 더불어 스킬더의 가르침을 소개하는 서론이 끝난다.

만약 스킬더에 관한 이러한 글들을 읽고 나서 그와 그의 져서들을 한 마디로 특징짓고 싶다면, 캄프하이스의 글이 처음 실렸던 책의 제목, 곧 "한 치도 안 돼"라는 말로 표현할 수 있을 것이다. "한 치도 안 돼!"라는 표현은 아브라함 카이퍼에게서 시작되었다. 카이퍼는 그 표현으로 그리스도께서 삶의 모든 양상에 대해 왕적으로 통치하신다는 것을 말하고자 했다. 그는 기록하기를, "우리 인간생활의 영역 가운데서 모든 것의 주권자이신 그리스도께서 '나의 것'이라고 말씀하지 않으시는 영역은 한 치도 없다."[8]라고 했다. 즉, 그리스도께서는 인생의 모든 부분에서 왕으로서 인정되셔야 한다는 뜻이었다. 여기에는 정치적인 부분도 포함된다.

그런데 스킬더는 이 표현을 그리스도인이라면 어느 누구도 국가사회주의적 정당에 가입해서는 안 된다는 것을 보여 주고자 했던 1936년에 발간된 한 소책자에서 사용했다. 그래서 히틀러의 독일국가사회주의자들이 1940년 5월에 네덜란드를 정복하였을 때도, 스킬더는 국가사회주의운동에 대항하여 '그의'『개혁 De Reformatie』이라

---

8. 이 인용은 A. 카이퍼(Kuyper), 『영역주권. 자유대학설립기념연설(Souvereiniteit in Eigen Kring. Rede ter Inwijding van de Vrije Universiteit [1880년 10월 20일])』 (Kampen: Kok, 1930), 32쪽에서 가지고 온 것이다.

는 주간지를 통해 계속해서 영적 전투를 전개했다. 그는 '한 치도' 양보하지 않았다. 비록 투옥되고 핍박을 당했다고 하더라도 말이다. 그에게 이것은 오직 주님께 대한 언약적 순종의 문제였고, 또한 자신의 이웃, 특별히 하나님의 백성에 대한 언약적 신실함의 문제였다.

이와 같이 스킬더는 하나님과 그분의 말씀에 대해 똑같이 순종했는데, 그 결과 그는 2차 세계대전 동안 개혁교회 안에서 일어났던 논쟁에 휘말리게 되었다. 그는 1940년대의 총회가 성경과 신앙고백서에 위배되는 교리적 결정을 했고, 또한 그 총회가 이미 채택된 교회정치규범을 따르지 않고 자신과 다른 많은 직분자들을 권징하고 제명했다고 확신했을 때, 이러한 정확하지 못한 선언들과 정당하지 못한 행동들로부터 스스로를 자유롭게 하는 것이 하나님의 말씀에 순종하는 것이요, 교회의 일치에 신실한 것이라고 생각했다.

스킬더는 경건하게 말하면서도 실제로는 성경에 있는 하나님의 말씀에 순종하기를 거부하는 기독교의 형태에 강하게 반대했다. '한 치도 안 돼, 전부냐 아니면 전무냐?' 이것이 스킬더였다. 계시된 하나님의 말씀에 겸손하게 순종하는 것이 그를 특징짓는 것이었다. 하나님께서 이 책의 출판에 복을 주셔서 개혁신앙의 신조들에 고백된 대로 하나님의 말씀을 가르쳤던 스킬더의 통찰이 계속해서 우리에게 "개혁신앙인이 된다는 것은 심오하게 행복한 일이다."라고 결론짓게 할 수 있기를 기도하며 소망한다. 우리의 주시며 구주가 되시는 그리스도 예수 안에서 하나님의 계시대로 순종하면서 사는 것이 우리의 행복이다.

1장
스킬더의 생애와 저서들

J. 파베르Faber

1. 스킬더의 생애

클라스 스킬더는 네덜란드 캄펜Kampen에서 1890년 12월 19일에 태어났다. 그는 개혁신학에 기초한 문법학교를 다녔고, 신학교를 졸업한 뒤 1914년 6월에 암트 폴런호퍼Ambt-Vollenhove에서 말씀사역자가 되었다. 그 후에는 플라르딩언Vlaardingen, 호링헴Gorinchem, 델프트Delft, 욱스트헤이스트Oegstgeest, 그리고 로테르담-델프스하펀

Rotterdam-Delfshaven에서 개혁교회들을 섬겼다. 로테르담-델프스하펀에 있는 동안에는 휴가를 얻어 독일의 에어랑겐Erlangen에 있는 프리드리히 알렉산더대학교Friedrich Alexander University에서 공부하기도 했다. 특히 그곳에서는 자신의 후원자이기도 한 헤리겔E. Herrigel 교수에게서 철학 강의도 들었다. 스킬더는 에어랑겐에서 최우등summa cum laude으로 박사학위를 받았는데, 그의 박사논문은 덴마크의 철학자 쇠렌 키르케고르 이후의 시대에 특별히 주목하면서 키르케고르의 역설 개념과 하나님의 계시에 대한 칼뱅의 역설 개념을 상호 비교한 것이었다.

1933년에 스킬더는 미델부르흐Middelburg 총회에서 만장일치로 캄펜신학교의 교의학 교수로 임명되었다. 그는 1939년과 1947년에 각각 미국여행 때문에 강의를 중단한 적이 있었으며, 전쟁 중에도 독일인들에 때문에 강의를 중단해야만 했었는데, 처음에는 짧게, 나중에는 좀 더 길게 중단해야 했다. 스킬더는 1940년 8월에 매 주일에 발간되던 '그의' 잡지 『개혁De Reformatie』에 원칙적이고도 용감하게 자신의 입장을 표명한 것 때문에 나치Nazi의 보안경찰Sicherheitsdienst, SD에게 체포되어 1940년 12월까지 4개월 동안 아른헴Arnhem에 투옥되었고, 출판금지명령도 그때 받았다. 이후 그는 1942년 7월부터 1944년 9월까지 2년 2개월 동안 도피생활을 해야만 했다.

스킬더는 은퇴한 그의 동료 그레이다너스S. Greijdanus와 함께 1944년 3월 23일에 위트레흐트Utrecht 총회에서 교수와 목사로서의 직분이 정지되었다. 이는 그가 1942년 총회에서 결정된 교리진술—언약과 세례, 가정적 중생, 그리고 '일반은혜'에 대한 것이었다—과 1939년부터 1943년까지, 그리고 1943년부터 1945년까지 열렸던 총회들의 교권주의적 행태들에 반대했기 때문이다. 이러한 교권주의는 1939년 스네이크-위트레흐트Synod Sneek-Utrecht 총회 이후로 나타났던 독단적인 자체 연장에서 분명하게 드러났는데, 스킬더는 그것이 교회정치 50항과 마찰된다는 것을 정확하게 보았다.[1]

1944년 8월 11일에 핍박 속에서 근심하고 있던 교회 구성원들이 헤이그에 있는 루터파교회당에서 모임을 가졌는데, 거기서 스킬더는 이미 준비해두었던 "해방, 혹은 복귀 선언문"을 낭독하였다.[2]

여기서 개인적인 언급을 하나 첨부하겠다. 헤이그에서 있었던 이 기념비적인 날의 일이었는데, 그날 우리 캄펜신학교의 학생들은 모임을 마친 후 스킬더 교수 주변으로 모여 들어—그는 그 학생회의 명예회원이었다—별도의 방에서 그와 만남을 가졌다. 그곳에 모인 사람은 열두 명 정도의 신학생들이었다. 대부분의 캄펜신학교 학생들은 존경하는 그레이다너스와 스킬더 교수가 교단으로부터 권징받았다는 것을 받아들일 수 없었다. 따라서 이런 상황에서 스킬더 교수는 그 학생들의 존경심과 열정을 쉽게 이용할 수 있었을 것이다. 하지만 그 자리에서 그는, 최소한 나에게는, 잊어버릴 수 없는 연설을 했다. "들

---

1. 교회정치 제50항은 총회가 매 3년마다 열려야 할 것을 명시하고 있다.
2. 이 "해방, 혹은 복귀선언문"의 영어번역본은, 『해방: 그 원인들과 결과들(The Liberation: Causes and Consequences)』, ed. Cornelis Van Dam (Winnipeg: Premier Publishing, 1955), 142~163쪽에서 찾아볼 수 있다.

어보세요." 하더니, 그는 "나는 단지 면직된 교수일 뿐이에요."라고 말했던 것이다.

당시에는 베르흐선후크Bergschenhoek에 있는 교회만이―그 교회는 '개혁교회연맹Gereformeerde Bond' 바깥에 있었다―그때까지 개혁교회들 안에서 사역이 허락되지 않았던 스킬더의 사촌 헤르만 스킬더H. J. Schilder[3]를 담임후보자로 청빙할 가능성이 있었다. 이런 상황에서 스킬더는 우리에게 "저는 여러분에게 아무것도 약속하지 못해요."라고 솔직하게 말했다. 그리고는 그레이다너스가 우리에게 해방선언문에 사인할 것을 결정하도록 종용할 때 보여 주었던 것과 동일한 태도로 "우리는 아브라함과 같아요. 우리는 우리가 알지 못하는 땅으로 부름을 받았어요. 우리는 **믿음으로** 나아가야만 해요."라고 말했다. 1944년 8월 11일, 헤이그에서 있었던 그 모임에서 그는 미래에 어떤 일이 일어날지 전혀 알지 못한 채 오직 현재 요구하시는 하나님의 명령에만 순종했던 것이다.

스킬더는 해방파교회들이 그레이다너스 및 R. J. 담Dam과 함께 즉각적으로 목회사역을 위해 학생들을 계속 훈련시켜달라고 요청했기 때문에 교수로서 개혁교회들을 계속 섬길 수 있었다. 댐은 1945년에

---

3. H. J. 스킬더(1916~1984년): 클라스 스킬더의 사촌으로서 스킬더와 함께 해방파의 일원이 되고, 훗날 벤느 홀베르다(Benne Holwerda) 교수의 갑작스러운 서거(1952년)로 말미암아 그를 이어 해방파 캄펜신학교의 구약학 교수가 된다. 여기서 저자가 이 사건을 회고하는 것은, 다른 학생들이 신학교를 졸업한 이후에 목사로 사역하기 위해 청빙 받을 기회가 전혀 없는 상황에서 스킬더가 어떤 태도로 그들에게 말하였는지를 말하고자 하는 것 같다―역주.

독일군에게 처형당했지만, 그레이다너스와 스킬더는 전쟁이 끝난 그 해 가을에 캄펜의 아우더스트라트Oudestraat에 있는 헐어빠진 YMCA 건물에서 교수사역을 재개하였다. 이전에 우리의 신학교였던 곳의 바로 맞은편에서 말이다. 그것이 시작이었다. 침실용 세면대가 두 교수를 위한 교탁으로 사용되었다. 그 두 사람이 모든 강의를 도맡아 했다. 신약교수가 구약주경도 가르쳤을 뿐만 아니라 스킬더는 교의학과 더불어 교회 역사까지도 가르쳤다. 게다가 그는 설교실습시간을 특별히 잊어버릴 수 없는 방식으로 진행했다.

다음 해인 1946년에 엔스헤데Enschede에서 열린 예비총회에서는 세 명의 신임교수들을 임명했는데, 벤노 홀베르다Benne Howerda, 피터 데덴스Pieter Deddens, 그리고 크로넬리스 페인호프Cornelis Veenhof가 그들이었다. 또한 이 총회에서 최종적으로 그 신학교가 신학박사학위를 수여할 수 있는 권한을 인정받았는데, 그때 스킬더가 얼마나 흥분했는지 모른다. 그리고 그가 엔스헤데 총회에서 돌아왔을 때 캄펜의 학생들이 그에게 보여 주었던 환대 또한 얼마나 즐거운 것이었던지!

스킬더는 특별히 신론에 대한 교의학 강의만이 아니라 『개혁』지를 편집하는 일도 다시 시작했다. 그는 치열하면서도 지친 기색 없이 열심히 일했는데, 때로는 밤을 새우고 아침을 시작하기도 했다. 언젠가 한 번은 아침 일찍 그가 우편함으로 가는 것을 보고서 "교수님, 무척 일찍 일어나셨네요." 했더니, 그가 "친구들, 좀 늦었다네!"라고 응

답한 적이 있었다.⁴ 그가 첫 시간 강의 때에 간혹 헝클어진 옷차림이나 뚱한 분위기를 하고 나타나면, 우리는 또 그가 지난밤에 잠을 자지 못했다는 것을 확신할 수 있었다. 스킬더는 안팎으로부터의 공격에 대항해 해방파 교회들을 방어하기 위해서 무리가 될 정도로 일했는데, 이는 이 교회들에게 다가올지도 모를 어려움들에 대비해 참된 신앙의 통일성 안에서 그들을 지키기 위한 것이었다.

1952년 3월 23일에 그는 외부인들로서는 전혀 예상치 못한 상황에서 생을 마감했는데, 실상은 지병으로 갑작스럽게 심장마비가 일어났기 때문이다. 말씀사역자이자 교의학 교수로서의 직분이 정지된 이후 정확하게 8년이 지난 후였다. 그는 어린아이와 같은 신앙으로 동료인 데덴스Deddens에게 "내게는 좋은 일이야, 나는 예수님께로 간다네."라고 말했다고 한다.⁵

---

4. 학생들이 했던 'early'라는 인사말에 대해서 스킬더가 'late'라고 답변한 것인데, 이는 한편으로는 아침이기도 하면서도, 다른 한편으로는 원고작성이 늦은 것도 포함하는 이중적인 답변이었다. 그의 밤늦은 연구나 집필활동과 함께 유머감각을 보여주는 것 같다―역주.

5 영어로 된 스킬더의 전기로는 R. 판 레이스트(van Reest), 『교회의 일치를 위한 스킬더의 투쟁(Schilder's Struggle for the Unity of the Church)』, trans. T. Plantinga (Neerlandia, Alta., Canada: Inheritance Publications, 1990)을 참고하라; 1996년에 Vantage Press에서 출간한 H. 판더캄(Vander Kam), 『스킬더: 신앙의 수호자(Schilder: the Preserver of the Faith)』라는 책도 있다―역주.

2. 스킬더의 저서들

교수사역 외에 스킬더는 출판사역에도 헌신했다. 그로 말미암아 45페이지에 이르는 출판물목록이 1953년 '캄펜신학교 학생회 *Fides Quadrat Intellectum*'의 연감 Almanak에 들어가 있다. 스킬더의 저서들은 세 개의 시기로 분류될 수 있는데, 1920년대에서 30년대까지, 1930년대에서 40년대까지, 그리고 1944년부터 52년까지이다.

1) 1920년대에서 30년대까지

스킬더가 두각을 나타내기 시작했던 시기는 1920년대에서 30년대였다. 카이퍼와 바빙크는 1920년대에 세상을 떠났다. 그 후 한편으로는 카이퍼를 맹목적으로 추종하는 사람들이 대부분의 자리를 차지하게 되었지만, 다른 한편으로는 '더 젊은 세대의 운동'이 발전하기 시작하기도 했다. 이 후기의 운동은 많은 점들에서 개혁교회 신앙고백으로부터 이탈하기 시작했고, 급기야 J. G. 헤일케르켄Geelkerken과 J. J. 부스케스Buskes의 지도 아래 '회복연맹개혁교회the Gereformeerde Kerken in Hersteld Verband'를 설립하는 데까지 이르게 되었다. 하지만 2차 세계대전 이후 이 교회들은 네덜란드개혁교회Gereformeerde Kerken in Nederland 안으로 포섭되어 사라졌다. 또한 이 기간 중에 칼 바르트와 에밀 브루너E. Brunner가 소위 변증법신학을 제창하면서 큰 반향을 일으켰다.

스킬더는 교회잡지들과 『개혁』지에 수많은 글들을 기고하면서 이런 운동들에 대해 언급했고, 이내 개혁교회들 안에서 중요한 대변인이 되었다. 이와 더불어 스킬더는 여러 책들을 출간하기 시작했다. 예를 들어, 지옥에 대한 강의가 심화되어 1919년에 이를 『지옥은 무엇인가?Wat is de Hel?』라는 책으로 발간했다. 여기서 그는 지옥의 두려운 현실을 하나님께서 인간에게 책임이 있다고 여기신다는 것을 전제로 해서 다루었다. 또한 그는 1923년에 『교회의 용어와 생활Kerktaal en Leven』이라는 책을 출판해서 오래전에 유행했던 교회용어들 중 신비주의를 조장하는 용어들에 관해 비판했다. 그리고 같은 해에 논문 두 개를 모아서 『연기 사이의 빛Licht in den Rook』이라는 제목으로 출간했는데, 여기서는 성경구절들이 그 시대의 문제들에 어떻게 연관되는지를 보여 주고자 했다. 마찬가지로 『요한계시록과 사회생활De Openbaring van Johnnes en het Sociale Leven』이라는 책에서는 계시록을 사회경제적인 현황들과 연결시키기도 했다. 한편 헤일케르켄이 창세기 3장에 기록된 에덴동산에 관한 기록의 일부분이 역사적으로 실재하지 않는다고 부인하자, 1926년 아센Assen 총회에서는 이를 잘못이라고 판단했는데, 이때 스킬더는 헤일케르켄에게 반대하고 아센 총회의 교리적 판단을 옹호하면서 『아센을 뿔로 받아 버리는가?Hoornstoot tegen Assen?』라는 소책자를 발표했다.

이외에도 스킬더는 짧은 글들을 모아서 책으로 출판하기도 했는데, 『시인들과 서기관들 옆에서Bij Dichters en Schriftgeleerden』1927년에서는 종교에서의 역설에 관한 에세이를 포함시켰다. 논문을 쓰기 전의 이런 예비적인 저서에서 스킬더는 성경에 기록된 하나님의 계시의 명확성 또는 명징성에 관한 개혁신학적 고백들을 방어했다. 이는 칼 바르트와 T. L. 하이쩌마Haitjema와 같은 변증법적 신학자들에 대항한 것이었다. 그는 성육신하신 말씀께서는 우리 가운데서 단순히 반짝이신 것만이 아니라 우리 가운데 **머무르신** 것이라고 주장했다. 그리고 이를 위해서 신명기 30장과 로마서 10장—말씀이 너에게 가깝도다!—을 소환했다. 그의 두 번째 장문의 책인 『'예'와 '아니오' 사이에서Tusschen "Ja" en "Neen"』1929년에서는 칼뱅과 신앙의 역설에 관한 에세이 하나를 실었는데, 이는 흐로닝엔국립대학교의 하이쩌마 교수가 소개한 한걸음 더 진전된 변증법적 신학을 공격한 것이었다.

이처럼 첫 번째 기간에서는 스킬더가 하나님의 진리를 방어하기 위해서 모든 주제들에 대해 입장을 표명했음을 관찰하게 된다. 그는 영들이 다투는 숲속으로 자신을 던졌다. 그래서 한편으로는 당시 유행하던 '윤리신학'을 공격했고, 다른 한편으로는 개혁교회 진영 내에 있는 신비주의를 책망했다. 나아가 그는 칼 바르트의 개념들에 대해서도 저항했는데, 그 개념들에 담긴 비성경적이고 거짓된 철학적 고안들을 간파한 사람들 중 한 명이 스킬더였던 것이다.

출판활동에서 첫 번째 십년 동안 스킬더는 성경을 새롭고도 적극적으로 연구하는 네 강력한 추진력을 제공하는 저서들을 생산하였다. 그는 판 보텐부르흐Van Bottenburg에 의해 출판된 신약주석들을 비롯해서 C. 판 헬더런Van Gelderen, M. 노르트제이Noordtzij, 그리고 『간단한 주석Korte Verklaring』 시리즈에 실린 F. W. 흐로쉐이드Grosheide와 그레이다너스 같은 개혁신학적 주석가들의 저서들을 활용해 설교에 대한 구속사적이고 계시사적인 접근을 전개하면서 이를 방어했다.[6] 종합하고 상상하는 능력에 큰 은사가 있었던 스킬더는 성경 안에 있는 다양한 사실들이 지닌 일관성과 연결된 지점들을 너무나도 잘 보여 주었다. 그의 저서들은 대부분의 젊은 개혁교회 목사들에게서 하나의 학파를 형성하게 만들고 그들로 하여금 말씀을 영감 받은 방식으로 설교하도록 변화를 이끌었다.

이러한 노력은 1930년도에 절정에 이르러 『수난 당하시는 그리스도Christus in Zijn Lijden』라는 총 세 권으로 구성된 설교집이 발간되었고, 이는 곧 영어로도 훌륭하게 번역되었다.[7] 시적이면서도 때로는 풍부한 언어로 저술된 이 책은 그리스도의 삼중직분, 곧 선지자 직분과 제사장 직분, 왕의 직분을 강조하였다. 뿐만 아니라 개혁신학적 주석과 개혁신학의 교의학을 결합시켰으므로 그 중요성은 의심할 여지가 없이 매우 크다고 하겠다. 스킬더가 사용했던 언어는 지금 보면 약간 구식으로 느껴질 수도 있다. 또한 종합하려는 그의 경향에서 약간은 억지 주석을 한다는 인상도 받을 수 있다. 하지만 그리스도의 **큰 수난**

---

6. S. 그레이다너스, 『오직 성경: 역사적 본문을 설교할 때의 문제점들과 원리들(Sola Scriptura: Problems and Principles in Preaching Historical Texts)』 (Toronto: Wedge Publishing Foundation, 1970), 특히 2장과 4장을 참고하라; 이 책은 권수경에 의해서 『구속사적 설교의 원리』라는 제목으로 SFC에서 1989년에 발간되었는데, 스킬더의 구속사적 설교에 대한 관점을 비판적으로 평가하는데도 불구하고 그 제목을 '구속사적 설교의 원리'라고 해서 오해가 생길 여지가 있다. 그 책의 앞부분에 고재수가 그레이다너스의 관점을 비판한 글이 실려 있으므로 반드시 함께 읽어야만 스킬더의 원래의 관점을 보다 분명하게 알 수 있을 것이다–역주.
7. K. 스킬더, 『수난 당하시는 그리스도(Christ in His Suffering)』, 3 vols., trans. H. Zylstra (Grand Rapids: Eerdmans, 1938).

*passio magna*에 대한 이 3부작 설교집은 오늘날에도 신자들로 하여금 그리스도의 수난이 지닌 헤아릴 수 없는 위대함에 대해 더 깊이 인식할 수 있게 해 줄 것이다. 특히 메시아로서의 그리스도를 더욱 경외하게 해 줄 것이다.

2) 1930년대에서 40년대까지

1930년에 『수난 당하시는 그리스도Christus in Zijn Lijden』가 출간된 것은 스킬더의 출판사역에서 두 번째 기간인 1930년대에서 40년대까지의 전조가 되었다. 그리스도론에 대한 스킬더의 저서에서 너무나도 유명한 『예수 그리스도와 문화생활Jezus Christus en het Cultuurleven』이 이 기간에 발표된 저술군에 속한다. 1947년에 스킬더는 미국으로 여행하는 중에 이 책의 두 번째 판을 준비했는데, 제목을 『그리스도와 문화Christus en Cultuur』라고 다르게 붙였다. 스킬더의 저서에 친숙해지고자 하는 사람들에게는 이 책이 뛰어난 입문서가 되어 줄 것이다. 이 책에서 스킬더는 문화사명이라는 개념을 발전시키면서 그리스도와 그리스도인의 직분을 전면에 내세우는데, 이는 하이델베르크 요리문답 제12주일 문답과 일치되도록 강조한 것이다.[8]

스킬더의 생애를 개관하면서 그의 학위논문인 『'역설' 개념의 역사Zur Begriffsgeschichte des "Paradoxon"』1933년를 언급했었는데, 이 저서

---

8. 이 책은 본 역자에 의해서 『그리스도와 문화』(지평서원, 2018)라는 제목으로 출간되었다―역주.

에서 우리는 그의 철학적 지식을 엿볼 수 있다. 그는 여기서 자신의 초기연구들1927년과 1929년과 보조를 맞추면서 쇠렌 키르케고르와 칼 바르트에게 특별히 주의를 기울였다. 그는 비합리주의에 반대하면서, 비록 하나님께서 우리 생각의 죄악들을 제거하신다고 하더라도 그분께서 정하신 **생각의 법칙들**은 없애지 않으신다고 주장했다.

이 논문은 하나님께서 사람에게 말씀하시는 방식에 대해 칼뱅이 말했던 것을 재확인하면서 결론을 맺는다. 즉, 스킬더는 칼뱅을 따라 성경 속에서 하나님께서 말씀하시는 것은, 비록 모든 것을 완전하게 드러내지는 않더라도, 언제나 순수하고 참되다고 하는 전통적인 개혁신학의 입장을 견지했다. 하나님께서 우리에게 말씀하시는 것은 적응적인 것이다. 다시 말해, 하나님께서는 그분의 계시 안에서 스스로를 우리의 이해능력에 적응시키신다. 스킬더의 이러한 논제는 암스테르담의 자유대학교에서 H. M. 카이테르트Kuitert가 학위논문으로 제출한 『하나님의 신인동형론적 본질De Mensvormigheid Gods』을 통해서 새로운 주목을 받게 되었는데, 그것 또한 성경 속에 나오는 신인동형론과 관련된 주제를 다루고 있다. 그런데 여기서 카이테르트는 스킬더를 비판할 때 그를 부정확하게 읽고 있음을 드러내었다.[9] 하나님의 적응이라는 주제는 동일하게 J. 드 용의 학위논문의 주제이기도 했다.[10]

---

9. J. 파베르(Faber), "카이테르트와 스킬더," 『루커나(Lucerna)』 4, no.5(1979): 10~20.
10. J. 드 용, 『하나님의 적응: 스킬더의 계시신학의 한 주제(Accommodatio Dei: A Theme in K. Schilder's Theology of Revelation)』 (Kampen: Mondiss, 1990). 또한 이 책에 실려 있는 "스킬더의 계시론(Schilder on Revelation)"이란 글을 볼 것.

1934년 1월에 스킬더는 캄펜신학교의 교의학 교수직을 맡으면서 수락연설을 했는데, 그때 그는 한 번 더 변증법적 신학과 실존주의 철학을 주제로 해서 그것들에 대항하는, 성경을 믿는 신앙에 기초한 순종에 대해 강조했다. 비록 스킬더가 이 수락연설을 책으로 출간하지는 않았지만, 그 내용의 많은 부분들이 1934년에 그가 다른 곳에서 기념연설을 한 후 출간했던 『오늘을 위한 '분리운동'의 교의학적 의의 De Dogmatische Beteekenis der Afscheiding Ook Voor Onzen Tijd』의 각주들 속에 광범위하게 포함되었다.[11]

이 강연은 '분리'운동이 도르트 신조에 어떻게 일치되는가를 보여주었다. 도르트 신조는 하나님의 전능하심과 주권적인 은혜를 고백하는 한편, 하나님께서는 역사 속에 현존하시며 또한 역사 속에서 활동하신다고 주장한다. 하나님께서는 죄에 대해서 '아니다'라고 하시는 것이지, 역사에 대해서 아니다라고 하시는 것이 아니다. 그의 시대와 연령에도 불구하고 스킬더는 도르트 신조가 칼 바르트의 신학을 반대하고 있다고 판단했다. 그는 다음과 같이 말한다.

---

11. 스킬더의 수락연설은 E. A. 드 부르(de Boer)에 의하여 '재구성된 형태'로 출판되었는데, 『첫 번째 강의, 교수로서의 첫 번째 활동(Eerste Rede, Eerste Optreden)』 (Franeker: van Wijnen,1989), 39~72쪽이 그것이다. ('분리'[압스헤이딩-Afscheiding, 영: Secession]는 네덜란드개혁교회의 역사에서 헨드릭 드 콕[Hendrik de Cock] 목사가 설교하는 것을 금지시킨 일에서 촉발되어 국가교회로부터 분리해 나오게 된 운동을 일컫는데, 1834년 울럼[Ulrum]에서부터 시작되어 결국 'Christelijke Gereformeerde Kerken[CGK]'가 시작되었다—역주.)

도르트 신조의 전제들을 받아들이지 않는 사람은 누구든지 1834년에 활동하던 가장 확신에 찬 자유주의자들보다 도르트 신조로부터 더 멀리 이탈한 사람입니다. 하지만 그것들을 받아들인 사람이라면 누구든지 우리는 그와 더불어 기꺼이 함께 교제할 수 있습니다. 우리는 그와 함께 교회의 신앙을 공유하고 있는 사람들이며, 선한 애국자들이며, 종교개혁의 후손들이며, 공교회적 기독교 안에 포함되어 있는 사람들입니다.[12]

이와 동일하게 진정성 있고 개혁주의적인 공교회적 논조를 『우리 모두의 어머니—주후 1935년Ons Aller Moeder—Anno Domini 1935』이라는 훌륭한 소책자에서도 들을 수 있는데, 이 책은 "어쩌면 네덜란드어로 지금까지 쓰인 저서들 중 교회에 관한 가장 아름답고 경건한 변증서"[13]라고 불리기까지 했다. 스킬더는 다음과 같이 정곡을 찌르는 질문으로 네덜란드개혁교회를 향하여 호소력 있게 요청하면서 결론짓는다.

우리 주 예수 그리스도께서 통치하시는 때에 하늘에 거하시며 그곳에 좌정하사 만물을 다스리시는 분을 위하여 우리가 무엇

---

12. K. 스킬더, 『오늘을 위한 '분리'의 교의학적 의의(De Dogmatische Beteekenis der Afscheiding Ook Voor Onze Tijd)』 (Kampen: Kok, 1934), 41.
13. G. 푸칭어(Puchinger), 『개혁신앙의 고백자 스킬더박사를 기념하면서(In Memoriam Prof. Dr. K. Schilder. Gereformeerd Confessor)』 (Goes: Oosterbaan & Le Cointre, 1952), 21.

을 해야겠습니까? 나아가 하늘의 위계질서를 위하여 그리고 '우리 모두의 어머니'를 위하여 우리가 무엇을 해야겠습니까? …… 자, 계시된 말씀은 이렇게 말합니다. "회개하라, 그것도 지금 바로 해라, 언약적 복종의 마음으로 지금 곧 행하라. 주후 1935년." 하나님께는 어떤 것도 불가능하지 않습니다.[14]

이 소책자는 경건한 체하는 모든 분파주의뿐만 아니라 신성한 체하는 교회의 모든 불순종—이는 그리스도 안에서 그분의 교회를 모으시기 위해 일하고 계시는 살아 계신 하나님에 대한 불순종이기도 하다—에 대항해 지금도 타당한 것이라고 생각한다.

스킬더는 독일에 머무는 동안 1933년 국가사회주의의 냉혹한 얼굴을 경험했었기 때문에 네덜란드에서 국가사회주의운동에 대항해 믿음과 용기로 싸울 수 있었다. 그는 국가사회주의의 철학적인 배경을 지적하였다. 그는 헤겔과 와그너, 니체를 알았다. 그리고 로젠버그와 20세기에 대한 그의 신화도 꿰뚫어 보았다. 1936년에 쓴 그의 소책자 『한 치도 안 돼!Geen Duimbreed!』[15]의 제목과 내용들은 H. H. 카이퍼[16]에 반대하여 1936년의 암스테르담 총회에 제출한 조언과 더불어

---

14. K. 스킬더, 『우리 모두의 어머니—주후 1935년("Ons Aller Moeder"—Anno Domini 1935)』 (Kampen: Kok, 1935), 97.
15. K. 스킬더, 『한 치도 안 돼! 국가사회주의운동의 회원권에 대한 총회결정과 기독민주연맹("Geen Duimbred!" Een Synodaal Besluit Inzake 't Lidmaatschap van N.S.B. en C.U.D.)』 (Kampen: Kok, 1936).
16. 아브라함 카이퍼의 장남으로서 나치 체제에 대해서 우호적인 태도를 보였다—역주.

그 스킬더가 아브라함 카이퍼에 의해 설립된 반혁명당의 원리들을 충실하게 고수하는 자임을 보여 주었다.

그 와중에 학생들은 스킬더의 강의노트를 출판하려고 준비하였다. 그의 강의에서는 철저하고 광범위하게 신학의 서론적 질문들을 윤리와 더불어, 특히 교의학에서 신론과 더불어 다루었다. 이와 병행하여 스킬더는 개혁주의 신앙고백서들에 나오는 교회와 하나님의 언약에 관한 주제 강의들도 하였다. 그런데 이 주제와 관련해 책을 출간한 뒤에는 다시 언약교리에 온 신경을 집중해서 열 개에 이르는 글들을 시리즈로 발표하였다.[17] 스콜라주의Scholasticism적 카이퍼주의에 반대한 스킬더는 16세기의 종교개혁자들에게로 되돌아갔다. 2차 세계대전 후인 인생 후반기에도 그는 비슷한 입장으로 교의학을 연구하면서 더욱 과거로, 곧 소위 교부들에게까지 되돌아갔다.

스킬더는 『천국은 무엇인가?Wat is de Hemel?』라는 책에서 이미 아브라함 카이퍼의 '일반은혜'에 대한 입장을 수정하였다.[18] 카이퍼에 대한 일체의 비판에 혐오감을 내비친 자들이 그러했던 것처럼, 1930년대에 언론에서 논쟁이 전개되는 동안 그의 비판은 더욱 날카로워

---

17. K. 스킬더, "교회생활(Kerkelijk Leven)," 『개혁』, 19, nos. 40~51(1938~39). 그는 G. C. 알더스(Aalders)의 책, 『하나님의 언약(Het Verbond Gods)』 (Kampen: Kok, 1939)에 반발하였다. 그는 동일한 호의 초반부에도 언약론에 대한 시리즈를 썼다. 스킬더의 언약사상에 대해서는 이 책에 실려 있는 S. A. 스트라우스, 「스킬더의 언약론(Schilder on the Covenant)」을 참고할 것.
18. 동일한 내용을 M. M. 스홀란트(Schooland)가 『Heaven: What Is It?』란 제목으로 Grand Rapids의 어드만사에서 축약, 번역하였다(1950년). 이 작품에 대해서는 이 책의 J. 캄프하이스, 「스킬더의 천국론(Schilder on Heaven)」을 참고할 것.

졌다. 그는 1936년 암스테르담 총회에서 그리고 V. 헵Hepp이 쓴 시리즈 소책자물인 『위협적인 변질Dreigende Deformatie』[19]에서 그들의 신학이 바닥에까지 이르게 되었다고 암시할 정도로 날카롭게 비판했다.

또한 그는 언론에서 카이퍼의 교회의 다양성the pluriformity of the church에 대해서도 논쟁했다. 그 논쟁에서 스킬더는 언약적 순종과 참된 교회연합으로의 부르심에 관해 올바른 관점을 형성하기 위해서 참된 교회들과 거짓된 교회들을 신앙고백적으로 구별하는 방법에 대해 전심으로 강조했다. 이런 변증들을 주고받는 중에 전쟁이 발발했고, 독일군이 네덜란드를 침공하게 되었다.

도덕적 연약함과 윤리적 강건함이 동시에 드러나게 되는 것이 바로 이러한 때인데, 스킬더의 글들에서는 윤리적 강건함에 대한 증거들이 많이 나타난다. "여러분의 피난처를 떠나셔서 제복을 착용하십시오!" 스킬더는 국제법에 강력히 호소하면서 영적 자유를 위해 싸웠을 뿐만 아니라 자신의 날카로운 펜을 사용해 국가사회주의라는 반기독교적 이념에 대항해 지속적인 싸움을 계속해 갔다.

1940년 8월에 그는 이렇게 썼다.

다행스럽게도 **권위**authority와 **권력**power, 이 두 가지 사실들만이 남게 됩니다. 결국 적그리스도는 후자권력를, 교회는 **전자**권위를 지니게 될 것입니다. 그리고 그 후에 위대한 추수의 날이

---

19. V. 헵(Hepp), 『위협적인 변질(Dreigende Deformatie)』 (Kampen:Kok, 1937).

올 것입니다. 오소서, 추수의 주님이시여, 예, 급히 오소서, (영
국)해협을 넘어서 그리고 브렌너 협곡을 넘어서, 몰타와 일본
을 통해서 오소서, 그렇습니다. 땅 끝에서부터 오시되, 주의 가
지치기하는 칼을 가지고 오소서. 그리고 주의 백성들에게는 자
비를 베푸소서. 그것은 풍성하게 그러나 오직 주를 통해서, 주
님만을 통해서, 주님의 영원하시고 선하신 즐거움을 따라서,
권위를 지니게 되나이다.[20]

그리고 스킬더는 체포되었다. 『정복당한 소유물Bezet Bezit』이라는
책은 지금도 읽기에 매력적인 책이다. 그런데 국가사회주의에 대해
스킬더가 보여 준 기독교인으로서의 저항이 공식적으로 인정된 것은
전쟁 이후 오랜 기간이 지난 1982년의 일이었다는 것은 하나의 미스
터리가 아닐 수 없다.[21]

이와 비슷하게 이해할 수 없는 또 다른 것 하나는, 이 전쟁 중에
스킬더가 베르까우어G. C. Berkouwer가—훗날 그는 자신이 했던 처신

---

20 K. 스킬더, "교회생활(Kerkelijk Leven)," 『개혁』, 20, no. 45(1940): 350. 또한 『정복
당한 소유물(Bezet Bezit)』 (Goes: Oosterbaan & Le Cointre, 1945), 92~93쪽을 보
라. 이 책은 1940년 5월부터 8월까지 체포되기 이전에 국가사회주의에 대항해 썼던
스킬더의 글들을 담고 있다. 그 이후에 『개혁』지는 출판이 금지되었다.
21. 1980년 12월 29일에 왕궁에서 결정되어 제정된 '레지스탕스십자훈장
(Verzetsherdenkingskruis)'이 그가 죽은 뒤 1982년 4월 1일에 스킬더에게 수여되었
다. 이는 "국가사회주의에 대한 (영적) 저항에 대한 그의 역할"을 인정하는 것이었다.
이런 인정에 대한 언급은 W. G. 드 프리스(de Vries), "K. 스킬더에게 서거 이후 헌정
된 레지스탕스십자훈장(Het Verzetsherdenkingskruis Posthuum Toegekend aan K.
스킬더)," 『개혁』, 57, no.26 (1982): 405~409쪽에 담겨 있다.

을 후회한다—사회를 진행하는 가운데서 그의 직분에서 면직되고 축출되었다는 사실이다. 캄펜의 그 교의학자[22]는 전심을 다해 '개혁교회the Reformed Churches'를 사랑했으며, 엄청난 정신적 능력을 발휘해 바깥에서 오는 공격과 안에서 오는 변질로부터 이 교회와 고백서들을 방어했다. 그런데 1944년, 그 어둠의 해에 이 교회들의 총회는 스킬더를 그가 독일군에게 쫓겨 도망 다니고 있는 중에 교수와 목사직에서 면직시켜 버렸다.

네덜란드의 해방 및 '개혁교회' 안에서 일어난 해방의 사건은 스킬더의 생애와 저서들에서 제3기이자 마지막 기간의 시작이었다.

3) 1944~52년

마지막 기간은 스킬더의 생애에서 마지막 8년 동안1944~52년을 형성한다. 이 기간에 스킬더는 교회의 해방을 위한 싸움, 새로운 교권적 교회정치에 대항한 싸움, 그리고 1939년부터 42년까지와 1943년부터 45년까지의 총회들에 의해 부과된 성경을 넘어서는 교리들에 교회가 매이는 것에 대항한 싸움들에 관해 수많은 글들을 쓰고 소책자들을 발간하였다.

스킬더는 『정제되지 않은 모르타르Looze Kalk』라는 소책자에서[23] 하나님의 언약을 중생을 통해서 그리고 중생 안에서 세워지는 것이

---

22. 스킬더—역주
23. K. 스킬더, 『정제되지 않은 모르타르(Looze Kalk)』 (Groningen: Erven A. De Jager, 1946).

라고 주장했던 리델보스J. Ridderbos의 이론에 반대했다. 스킬더는 언약과 선택을 상호간 동일한 것으로 여기지 않았다. 또한 그는 하나님께서 약속하시는 말씀이 지닌 독특한 성격을 분연히 방어하였다. 우리는 약속이 선택된 사람에 대한 예견인 것처럼 취급되도록 해서는 안 된다. 하나님의 약속은 그분의 언약의 자녀들 모두에게 차별 없이 그리고 진지하게 주어진다. 하나님의 약속은 회개하고 믿으라는 명령을 수반한다. 스킬더는 신자들의 권리와 의무를 지속적으로 강조했는데, 그것은 그들에게 부과되는 잘못된 신학적 견해들과 불합리한 교회의 권징들로부터 스스로를 해방시키는 것이었다. 그는 너무나도 소중한 시간과 에너지를 사소한 많은 일들에 소진했는데, '해방된 교회들the Liberated Churches' 안에서 일어나는 차이점들에 대한 것도 그중 하나였다.

하지만 동일한 기간에 스킬더는 여러 책들의 새로운 판들―예를 들어, 『수난 당하시는 그리스도Christus in Zijn Lijden』의 1권과 2권―을 준비했고, 하이델베르크 요리문답에 대한 주석도 계속해 갔다. 그는 전쟁 전부터 이 주석을 『개혁』지에 매주 삽입하는 형식으로 시작했었는데, 전쟁 후에 첫 번째 부분을 다시 썼고 그 뒤로 계속해서 집필해 갔다. 네 권의 기념비적인 이 책들은 '주의 날' 1주에서 10주까지의 내용을 다루고 있다. 그가 죽음으로 말미암아 이 책이 비록 완성되지는 못했지만, 그럼에도 이 책은 그의 교의학 글들 중에서도 단연 최고작이라 할 수 있다. 그것은 그의 강연들을 구체화시켜 줄 뿐만 아니라, 종교개혁 이후의 신학적인 저작들을 비롯해 그리스 및 라틴 교부들의 저작들을 아우르는 그의 광범위한 독서량을 보여주기도 한다.

그의 『하이델베르크 요리문답Heidelbergsche Catechismus』을 보면, 변증법적 신학에 대항하는 싸움이, 예를 들어, 하나님의 창조행위에 관해 바르트가 추론한 것을 탐색적으로 재고하는 중에도 계속되고 있음을 알 수 있다. 바르트는 무無, das Nichige의 개념에 관해 말하면서 하나님의 오른손의 일과 왼손의 일을 구분했다.[24] 이에 스킬더는 『하이델베르크 요리문답』 제3권에서 바르트의 가정들과 전제들에 대해 논의했다. 뿐만 아니라 그 책에는 일반은혜에 관한 보고서로 발행된 내용도 포함되어 있는데, 이는 카이퍼의 맹목적인 추종자들에 대항해서 1939년에 '개혁교회'의 총회를 위해 폴렌호번D. H. T. Vollenhoven과 더불어 준비한 것이었다. 또한 스킬더는 2차 세계대전 이후의 강연들에서 **일반은혜**라는 표현이 신학적으로 정당한지에 대한 질문에 많은 관심을 기울였다. 훗날 다우마J. Douma가 제시한 비판[25]에도 불구하고, 스킬더가 이 문제에 대해서 부정적으로 답변한 것이 옳았다고 판단된다.

---

24. 하나님의 오른손과 왼손의 일이란 비유는 종교개혁 당시에 국가와 교회의 관계를 설명하면서 사용되기도 하였다. 그때 칼뱅은 하나님(의 천사)과 야곱이 씨름하는 것을 설명하면서 하나님께서는 왼손으로는 싸움을 걸어오시고 오른손으로는 방어해주신다고 주석했다(창32:24, 호12:3~5). 하지만 칼 바르트는 하나님의 오른손의 일을 선택, 왼손의 일을 유기와 관계해서 설명했다. 스킬더는 칼 바르트의 신학이 이렇게 하나님의 오른손과 왼손에 대한 비유를 기존 종교개혁자들, 특별히 칼뱅과 다른 전제와 방식으로 사용한 것을 경계하였다. 특히 '무(無)'와 역설에 대한 이해에서 더욱 그러하였다 —역주.

25. J. 다우마, 『일반은혜(Algemene Genade)』 (Goes: Oosterbaan & Le Cointre, 1966).

1951년 12월에 캄펜신학교에서 스킬더가 했던 마지막 연설은 『하이델베르크 요리문답』 제4권에 나오는 하나님의 섭리에 대한 토론 속에 압축되어 있다. 죽음이 다가오자 스킬더는 마지막으로 『개혁』 지에 짧은 글을 남겼는데, 여기서 그는 자신의 마지막 연구주제와 보조를 맞춰, 여시는 분도 하나님이시요 닫으시는 분도 하나님이시라고 고백한다. 1952년 3월 23일에 그 열고 닫으시는 하나님의 손이 스킬더를 이 땅에서 데려가시어 그 수고로부터 안식하게 하셨다. 그가 행한 일들이 그를 뒤따를 것이다계14:13.

3. 스킬더의 생애와 저서들이 지닌 의의

이상 세 개의 기간으로 나누어 그의 저서들을 살펴볼 때, 우리는 스킬더가 언약의 하나님께서 인류의 역사 가운데 주신 신뢰할 만한 말씀에 전념했다고 결론내릴 수 있다. 이는 소극적으로는 주관주의에 대항해 싸웠다는 의미이며, 적극적으로는 성경의 권위를 위해 싸웠다는 의미이다. 스킬더는 언약의 하나님께서 주신 말씀의 신뢰성과 내용들에 충분한 정당성을 부여하지 않는 모든 사상에 대항해서 전투를 벌였다. 성경에 철저하게 복종했던 그는 개혁신앙의 고백서들을 신앙의 통일성을 훌륭하게 표현한 것으로, 그리고 하나님의 진정한 통일을 위한 적절한 수단으로 생각했다.

이러한 결론을 조금 더 발전시켜보면, 스킬더의 신학에 대한 정의,

특히 그의 교의학에 대한 정의를 고려해 볼 수 있다. 신학은 하나님께서 그분의 말씀 속에 그분 자신을 계시하시는 그분에 관한 과학적 지식이다. 그리고 교의학은 성경에 복종하면서 교의적인 문제들을 공교회적 신조들과 일치되는 선에서 공감하고 비판하는 한편, 그 내용들을 재생산하는 일을 조직화하고 체계적으로 취급하는 과학이다. 이러한 정의를 아브라함 카이퍼의 것과 비교해 볼 때, 스킬더는 성경 속에 나타내신 하나님의 계시 안에서 하나님의 말씀의 정당성을 충분히 보여 주고자 했다고 분명하게 말할 수 있다. 하나님께서 그분 자신에 관해 알려 주셨고 그분 자신에 관한 이야기를 제공해 주셨기 때문에 성경 속에 기록되어 있는 그분에 관한 설명 또한 권위와 선명성을 지니게 된다. 하나님께서는 우리에게 말씀하시되 신뢰할 수 있는 방식으로 말씀하신다.

스킬더는 세 가지 방식으로 하나님께서 역사 속에 나타내신 계시가 지니는 의의와 언약의 하나님께서 주신 말씀의 신뢰성을 변호했는데, 그것은 첫째, 바르트와 브루너의 변증법적 신학에 대항하는 방식, 둘째, 카이퍼 신학의 스콜라주의적 요소들에 대항하는 방식, 그리고 셋째, 도이어베르트의 철학 속에 있는 몇 가지 카이퍼적 개념들에 대항하는 방식이었다.

(1) 바르트와 브루너의 변증법적 신학에 대항하는 방식

변증법적 신학과 싸울 때, 스킬더는 하나님의 언약적 관계의 신뢰성이라는 주제로 반복해서 되돌아갔다. 그는 성경—인류의 역사 속에

계시된 살아계신 하나님의 신뢰할 수 있는 말씀—앞에 무릎을 꿇는 이들에게는 결코 오만하게 굴지 않았다. 하지만 거짓된 철학적 전제에 기초해서 성경의 저자들의 말이 하나님의 말씀이 **될 수 없다**cannot be고 주장하는 이들에 대해서는 단호하게 오만한 태도로 대응했다.

1927년에 이미 스킬더는 『시인들과 서기관들의 곁에서Bij Dichters en Schriftgeleerde』라는 책에서 다음과 같이 말했다.

> 누구든 계시에서의 명확성을 조롱해서는 안 됩니다. 모세는 이미 이에 관해 언급했습니다신30:11~14. 그는 계시에서의 명확성을 말하기 전에는 세상을 떠날 수가 없었습니다. 그리고 사도 바울은 계시된 말씀의 명확성에 관한 모세의 이러한 언급을, 그것 위에 모든 기독론을 세우면서, 메시아의 도래라는 주제에 통합시키고 있습니다롬10:5~9.
>
> 그것 외에 그가 할 수 있는 일이 무엇이었겠습니까? 왜냐하면 성경으로 나타난 그 말씀의 명확성이 육체가 되신 그 말씀 안에서 성취되었기 때문입니다. 성육신하신 이 말씀은 우리 가운데서 단순히 반짝거리는 것이 아닙니다. 오히려 그것은 우리 가운데 거하시는 것입니다. 그것이 교수석을 차지한 채 우리에게 하나님을 알게 해 주고 있습니다.[26]

---

26. K. 스킬더, 『시인들과 서기관들의 곁에서(Bij Dichters en Schriftgeleerden)』 (Amsterdam: Holland, 1927), 147.

그리고 1929년에는 이와 같은 그의 입장을 『'예'와 '아니오' 사이에서 Tusschen "Ja" en "Neen"』라는 책에서 이렇게 재진술하였다.

'위기 속으로 들어가는 것', 이것은 의심할 바 없이 칼 바르트가 진지하게 의도했던 바입니다. 하지만 실제로 이것은 많은 사람들에게 '명백한 것을 요구하는 것'에 대한 희롱 섞인 완곡어법입니다. 또한 이것은 어린아이들이 때때로 저지르는 범죄이기도 합니다. 어린아이들은 아버지가 말씀하셨던 것을 이미 너무나도 잘 알고 있으면서도 또 다시 질문합니다. 왜냐하면 그 안에 아버지로부터 들었던 것과는 다른 식으로 행동하고 싶어 하는 마음이 은밀하게 숨어 있기 때문입니다. 따라서 그는 명백한 것인데도 그 명백한 것을 회피하기 위해 질문하는 그런 자로 여겨질 뿐입니다. 인정하기 어렵겠지만 마음속에서 일어나는 이런 위선적인 게임을 하나님께서는 금하십니다. 왜냐하면 말씀은 여러분 가까이에 있기 때문입니다. 그것은 여러분의 입술에 있고 마음에 있다고 모세는 말합니다. 그는 마지막 고별인사를 하면서 그의 백성과 그 역사를 탐사하면서 그렇게 말했습니다. 모세의 언설 속에는 그와 같은 율법의 명확성, 명백성, 습득가능성, 수평적인 유용성이 명백하고 위로 섞인 말로 표현되어 있습니다.[27]

---

27. K. 스킬더, 『'예'와 '아니오' 사이에서』 (Kampen: Kok, 1929), 358.

2차 세계대전 이후 그의 생애의 마지막 시기에는 다음과 같이 G. C. 판 니프릭van Nifrik에게 편지를 보내기도 했다.

반 니프릭 교수는 바르트주의자가 되기를 원하시는데, 바르트는 성경에 관해 전체적으로 그것은 하나님의 말씀의 한 형태로서, 여러 형태들 중의 하나라고 말합니다. 이렇게 하나님의 말씀의 한 '형태gestalt'가 된다는 것은 '내용gehalte'의 반대를 뜻합니다. 역설적으로 '형태gestalte'는 '내용gehalte'의 정반대입니다. 다른 말로 하자면, 성경의 모든 장들이 하나의 형태로서 존경받게 된다는 것입니다. 하지만 성경을 하나님의 말씀의 한 형태가 아니라 하나님의 말씀 그 자체로 받아들이는 자들은 다음의 말에 동의해야 합니다. "이 신학자들은 성경의 모든 장들을 공간에다 하나의 형태로서 모아 두고 있다." 하지만 그들은 내용으로서는 그것들 모두를 지워버리고 있습니다. 이렇게 말하는 것이 너무 모욕적입니까? 아닙니다. 이것이야말로 상황을 엄정하게 평가하는 것입니다. …… 바라건대, 반 니프릭 교수께서는 우리에게 더 이상 무례하지 않으셨으면 합니다. 우리에게는 다르게 선택할 길이 없습니다. 그리고 우리는 눈에 거슬리는 불신앙의 세력들에 대항해 싸우고 있는 중입니다. 마지막 요새로서, 내용들을 전달하는 하나의 메시지로서, 하나님의

계시의 신뢰성을 방어하기 위해서 말입니다.[28]

여기서 우리는 언약의 하나님께서 주신 말씀의 신빙성, 성경 속에 나타난 하나님의 계시의 신뢰성이라는 주제를 지속적으로 보게 된다.

(2) 카이퍼 신학의 스콜라주의적 요소들에 대항하는 방식

스킬더는 카이퍼의 '직접적 중생immediate regeneration'론을 반박하면서, 그것은 중생케 하는 말씀에 관해 충분히 인식하지 못하고 있다고 지적한다. 이는 또한 언약과 세례에 대한 '총회파의' 관점에 대항해 그가 싸웠던 바로 그 주제이기도 했다. 하나님께서는 우리에게 그분의 약속에 관해 말씀하신다. 그러나 이것은 선택받은 사람의 머리 위로 지나가는 어떤 예견을 주시는 것이 아니다. 그분의 약속은 개인적인인격적인 서약이다. 그것은 우리에게 주시는 메시지이며, 회개와 믿음을 가지라는 명령을 수반한다. 스킬더는 이 점에 관해 뿌리 깊은 확신을 지니고 있었고, 그래서 자기 친구 H. 훅서마Hoeksema와 미국의 '개신교개혁교회Protestant Reformed Church: PRC'에도 반대했던 것이다. 하나님의 언약과 하나님의 영원한 선택을 기본적으로 동일시하는 '개신교개혁교회'의 교리적 진술에 대응하여 그는 성경을 넘어서는 것이 지속적으로 위험을 안고 있다고 경고하는 전단1950년을 썼다. 그것은 캐나다와 미국의 개혁교회들의 역사에서 중요한 것이었

---

28. K. 스킬더, 『개혁』, 24, nos. 31~32(1949):255, 263. 몇 마디 문장들은 저자가 생략했다.

다고 말할 수 있다.[29]

(3) 도이어베르트의 철학 속에 있는 몇 가지 카이퍼적 개념들에 대항하는 방식

마지막으로, 도이어베르트의 『법개념철학Wijsbegeerte der Wetsidee』[30]과 관련해 스킬더의 입장을 살펴볼 때, 우리는 그가 하나님께서 우리에게 주신 말씀의 중요성에 얼마나 민감했는지 놀라움을 금치 못하게 된다.

여기서 사람들은 도이어베르트가 믿음의 기능faith function, 곧 소위 신앙적 기능pistical function이라고 불렀던 개념에 대해 스킬더가 소리 높여 비판했던 것을 염두에 둘지도 모르겠다. 스킬더는 하이델베르크 요리문답 중 일곱 번째 주일문답을 해설하면서 이 문제에 관해 아브라함 카이퍼의 관점을 무비판적으로 수용하기를 거부한다. 여기서도 요점은 스킬더는 역사 속에서 하나님께서 우리에게 말씀하신 것이 중요하다고 생각했다는 것이다. 우리의 신앙은 그분의 계시에 대

---

29. A. C. 드 용(de Jong), 『의도가 선한 복음제시: 혹서마와 스킬더의 관점들(The Well-meant Gospel Offer. The Views of H. Hoeksema and K. Schilder)』, diss. (Franeker: Wever, 1954)을 참고할 것. T. 플란팅가(Plantinga)는 『교회의 일치를 위한 스킬더의 투쟁(Schilder's Struggle for the Unity of the Church)』을 번역하면서 북미에서의 발전상황에 대하여 한 장을 첨가했고, 또한 스킬더가 H. 혹서마에 대해 보인 반응을 번역한 것도 첨가하고 있다(407~433).
30. H. 도이어베르트, 『법개념철학(Wijsbegeerte der Wetsidee)』, 3 vols. (Amsterdam: Paris, 1935); 영어번역판은 D. H. 프리만(Freeman)과 W. S. 영(Young), 『이론적 사상의 신비평(A New Critique of Theoretical Thought)』 (Philadelphia: Presbyterian and Reformed, 1953)이다.

한 반응이다. 믿음은 하나님의 창조행위로 찾아오는 것이 아니다. 오히려 그것은 사람에게 주신 그분의 말씀 속에 나타난 그분의 계시를 통해서 오게 된다. 스킬더는 도이어베르트가 주장한 우주법개념 철학체계 속에서는 말씀과 더불어 그 내용들도 마땅히 차지해야 하는 중심적인 위치에 오지 못한다고 결론을 내린다.

그렇다면 스킬더 자신은 자신의 글 속에도 거짓된 철학적 전제들이 언제든 있을 수 있음을 의식하고 있었느냐고 누구나 질문하게 될 것이다. 왜냐하면 그 또한, 특히 『천국은 무엇인가?Wat is de Hemel?』라는 책에서, 때때로 하나님의 언약의 말씀에서는 생소한, 영원과 시간의 이원론으로부터 추론하곤 했기 때문이다. 그럼에도 불구하고―그의 죄와 약점들에도 불구하고―그의 생애와 저서들은 하나님의 은혜로 말미암아 그리스도의 보편적 교회를 불러 모으는 일에서 중요한 역할을 했다고 말할 수 있다.

4. 요약

부정적으로 보자면, 스킬디의 중요성은 성경의 표준성을 대체하려는 주관주의에 대항한 전투에서 드러난다고 하겠다. 반면 긍정적인 측면에서 스킬더가 지니는 의의는 인류의 역사에서 하나님의 언약적 말씀이 지닌 신뢰성을 인식했다는 점이라고 할 수 있다. 그는 말씀하시는 하나님의 계시를 치열하면서도 지속적으로 방어했다. "말씀이 네게 너무 가까우니라" 신30장, 롬10장.

언젠가 스킬더는 개혁신앙인이 된다는 것은 심오하게 행복한 일이라고 말했다.[31] 그는 이러한 행복을 낙원에 관한 자신의 생각과 연결시키면서 고백했다. 개혁신앙인이 된다는 것은 성경 속의 그리스도를 인식함은 물론 그리스도의 성경을 인식한다는 점에서도 심오하게 행복한 일이다.

---

31. "개혁신앙인이 된다는 것은 심오하게 행복한 일이다(Het is een diepe weelde, gereformeerd te zijn.)." K. 스킬더, 『하이델베르그문답』, 4 vols. (Goes: Oosterbaan & Le Cointre, 1947~51), 1:312. (여기서 'gereformeerd'는 '개혁적'이라고 해야 하지만, 그것은 일반적인 사항에 대한 개혁이 아니라 신학과 신앙에 대한 개혁을 말하는 것이기 때문에 '개혁신앙인'이라고 번역하였다. '개혁신앙인'은 '개혁신학'과 '개혁신앙'을 추구하는 자들이기 때문이다—역주.)

2장

스킬더의 언약론

S. A. 스트라우스 Strauss

1. 원천으로 돌아가라

스킬더에 대해 거의 알지 못하는 사람이라도 그가 언약에 관해 광범위한 저서들을 남겼다는 것은 인정할 것이다. 그런데 여기서 한 가지 강조해야 할 점은, 그의 수많은 저서들 가운데 어디에도 언약에 관한 그의 관점이 자세하면서도 체계적으로 기술된 곳은 없다는 것이다. 그보다 그의 신학적 저서들에서 언약이라는 용어나 개념은 종종 갑자기, 항상 예상치 않은 자리에서 튀어나오곤 한다.

이런 상황 때문에 언약에 대해서 스킬더가 가르치는 바를 정확하게 제시하는 것은 매우 어려운 일이다. 더군다나 언약에 관한 그의 관점을 이렇게 짧은 한 장으로 요약한다는 것은 거의 불가능하다. 따라서 이를 위해서는 특별하게 2차 자료 하나를 활용하는 것이 필요

하다.[1, 2]

그렇게 하면 스킬더의 복잡한 사고의 흐름을 전체적으로 논리적이고 이해할 만한 것으로 해석해 제시할 수 있을 것이다. 또한 이로써 스킬더의 관점에 익숙하지 못한 독자들도 그를 보다 쉽게 이해할 수 있게 될 것이다.

한편 이와 더불어 잊지 말아야 할 것은, 이번 장의 주된 관심은 스킬더와 언약에 관한 그의 관점을 독자들에게 소개하는 데 있다는 것이다. 그러므로 "원천으로 돌아가라!"라는 유명한 격언이 여기서도 고려될 수 있다. 하지만 문제는 스킬더는 네덜란드어로 저술활동을 했고, 대부분의 사람들은 그 네덜란드어를 잘 알지 못할 것이라는 점이다. 그래서 이런 문제를 극복하기 위해서 스킬더의 저서들을 영어로 직접 번역할 것이다. 단지 중요한 측면을 강조해야 할 필요가 있을 경우에만 네덜란드어 원본을 첨가할 것이다.

스킬더의 언약론에 관한 검토를 어디서부터 하는 것이 좋을까? 스킬더의 저서들을 집어 들기 전에 그의 생애에 관해 약간 알아 둘 필요가 있다. 이를 위해서는, 네덜란드어에 익숙한 독자라면, J. J. C. 데

---

1. S. A. 스트라우스, 『전부냐 아니면 전무냐: K. 스킬더의 언약론(Alles of Niks: K.Schilder Oor die Verbond)』, diss., Bloemfontein, South Africa: Patmos, 1986.
2. 우리말로 '전부냐 아니면 전무냐'라고 번역된 단어는 원래 스킬더가 사용한 네덜란드어로는 Alles of Niets이다. 그런데 남아프리카공화국에서 활동하며 이 글을 쓴 S. A. 스트라우스가 아프리카 네덜란드어로 쓴 제목에는 Alles of Niks라고 표기되어 있다— 역주.

이Dee가 최근에 발표한 논문을 참고하는 것이 좋다.[3] 이 책이 특별히 공헌하는 바는 스킬더의 저서들1934년까지을 그의 생애의 맥락과 연관해서 분명하게 제공해 준다는 점이다. 각각의 소논문이나 책자들이 기록된 맥락을 알게 될 경우 그 내용들을 이해하는 데 매우 용이할 수 있다.

스킬더의 언약론을 이해하는 데 필요한 배경정보를 위해 그가 언약에 관해 다소 분명하게 다루고 있는 몇 가지 중요한 저서들을 여기서 언급해보겠다. 먼저 지옥에 관한 책[4]에서, 그는 이미 "설교의 영역에서 언약의 개념은 중심자리를 차지할 자격이 있다."라고 말했으며, 또한 모든 설교들은 "사실 언약에서 그 출발점을 취해야 한다."[5]라고 진술함으로써 자신의 관점을 잘 요약한다. 천국에 관한 유명한 책[6]에서도, 스킬더는 언약의 다양한 단계들에 대해서 상당히 자세하게 토론한다. 네덜란드의 개혁교회 안에서 다양한 의견들이—여러 가지 중에서 특별히 언약과 세례에 관해—분출되었던 것이 바로 이때였다. 그리고 그것들이 1936년에 열린 총회석상에서 제시되었다. 스킬더는 열정적으로 이 토론에 참여했다. 그 해에 그는 언약에 관한 묵상글들을 시리즈로 쓰고 있었다. 그 묵상글들은, 비록 1936년 1월에 이미 인쇄에 들어가기는 했지만, 그가 죽은 후에야 처음으로 출판되었

---

3. J. J. C. 데이(Dee), 『K. 스킬더: 그의 생애와 저서들, 1권. 1890~1934(K. Schilder: Zijn Leven en Werk. Deel I. 1890~1934)』, diss., Goes:Oosterbaan & Le Cointre, 1990.
4. K. 스킬더, 『지옥은 무엇인가?(Wat is de Hel?)』(Kampen: Kok), 1932, 185~197.
5. 같은 책, 188.
6. K. 스킬더, 『천국은 무엇인가?(Wat is de Hemel?)』 (Kampen: Kok, 1935), 237~268.

다. 그런데 그 제목이 "전부 아니면 전무"라는 의미심장한 뜻을 지니고 있다.⁷

그가 매주 출간하던 『개혁』지를 통해서 V. 헵Hepp 및 J. 테이스Thijs와 나눴던 변증적인 토론의 글에도 언약에 관한 가치 있는 주석들이 포함되어 있다.⁸ 또한 당연하겠지만, 스킬더는 1944년 '해방Liberation'⁹ 이후에도 여러 번 언약에 관한 분명한 입장의 글들을 썼다. 예를 들면, '총회파Synodaal' 개혁교회 편에 있는 저자들의 고소에 대항해 그가 쓴 반박 글¹⁰과 하이델베르크 요리문답에 관한 그의 주석 두 번째 권¹¹에 있는 글들이 대표적이다. 그의 출판물들 외에 그의 강의노트들도 언약에 관한 그의 가르침들에 대해 가치 있는 정보를

---

7. K. 스킬더, 『전집, 2부. 묵상들(Verzamelde Werken, Deel II. Schriftoverdenkingen)』 (Goes: Oosterbaan & Le Cointre, 1957), 91~185.
8. K. 스킬더, "헵(Hepp) 교수의 일반은혜 문제에서의 오해(Prof. Hepp's Misverstanden Inzake de Algemeene Genade)," 『개혁』, 18, nos. 6~23(1937~38). J. 테이스(Thijs)에 대한 비판은 K. 스킬더, "감춰진 일과 나타난 일(Verborgene en Geopenbaarde Dingen)," 『개혁』, 18, nos. 38~44, 50~53(1938); 19, nos. 1~7(1938)로 시작되었다.
9. 스킬더는 1944년에 위트레흐트(Utrecht) 총회에서 카이퍼의 추종자들에 의해 목사직과 교수직에서 해임되었다. 그러나 몇몇 교회들이 이 총회의 결정이 비성경적이라고 반발하면서 해방파 개혁교단(Gereformeerde Kerken vrijgemaakt, GKV)을 세웠고, 스킬더는 삶을 마칠 때까지 이 교단의 신학교에서 교의학과 윤리학 교수로 재직했다. '해방'은 미국의 '자유개혁교단(Free Reformed Churches of North America, FRCNA)'과는 무관하고, 1944년도에 네덜란드개혁교회(GKN) 총회의 교권으로부터 해방되었다는 뜻이다—역주.
10. K. 스킬더, 『정제되지 않은 모르타르(Looze Kalk)』 (Groningen, the Nederlands: De Jager, 1946).
11. K. 스킬더, 『하이델베르크 요리문답』, 4 vols. (Goes: Oosterbaan & Le Cointre, 1947~51), 2:499~520.

제공해 준다. 이와 관련해서는 그가 미국에 처음 방문했을 때 강연했던 것들,[12] 그리고 1943년 '개혁교회'의 총회보고서에 관해 비판적으로 고찰한 그의 강연들을[13] 언급할 수 있다.

이렇듯 우리의 주제와 관련해 가장 중요한 자료들을 짧게 개관하는 것에서부터 이미 분명해지는 것은, 스킬더는 단지 연구실에만 처박혀 있던 학자가 아니었다는 점이다. 그는 당대의 교회의 논쟁들에 깊이 연루되었으며, 그러한 치열한 토론들 가운데서 자신의 관점을 개발시킨 인물이었다. 특히 그는 한편으로는 아브라함 카이퍼와 그 후계자들의 스콜라적 신학과 대항해서, 다른 한편으로는 칼 바르트의 현대신학과 대항해서 싸웠다.

스킬더는 이들 두 학파 가운데서 동일한 약점을 발견하였다. 비록 그 약점의 동기들이 서로 다르기는 하지만 말이다. 언약론의 관점에서 볼 때, 두 학파는 모두 지나칠 만큼 강하게 하나님의 영원하신 작정이라는 관점에서 사고했기 때문에 정작 언약에서 인간의 책임은 평가절하 되고 말았다. 그에 반해 스킬더 신학에서는 이 책임감이라는 것이 기본적인 동기였다. 즉, 언약과 관련해 하나님께서는 인간을

---

12. K. 스킬더, 『아메리카나, 미국에서 했고 1939년 4~6월에 학생들의 요청으로 다시 했던 강연보고서(Americana, Verlag van de in Amerika Gehouden Lezingen, op Verzoek van de Studenten Herhaald op de Colleges van April-juni 1939)』 (Kampen: Library of the Theological University. 이것들은 그의 학생들이 수집해서 스킬더의 허락 없이 출판했던 강의노트들이다.
13. K. 스킬더, 『교리의 역사: 위원회의 사전조사에 관한 교의학에서의 사전, 중간강연 I, 1943(Dogmahistorie Praeadvies - Intermezzo College Dogmatiek over het Praeadvies van Commissie I, 1943)』. 이것들은 비공식적으로 발간된 강의노트들이다.

책임감 있는 존재로 취급하시며, 인간에게 "전부냐 아니면 전무냐"라고 선택하게 하신다는 것이었다. 한마디로 하나님을 위할 것이냐, 아니면 하나님을 대적할 것이냐 하는 것이다. 따라서 스킬더는 최선을 다해서 언약을 인간의 책임감에 정당성을 부여하는 것으로 정의하고자 했다고 하겠다. 이를 위해 그가 어떻게 했는지는 아래에서 논의할 것이다.

2. 역사적 실재

스킬더는 그가 활동하던 시대에 역사의 의미를 매우 강조했다. 그 당시 개혁신학적 교의학자들 사이에서는 하나님의 영원한 작정이 논의의 출발점이 되어야 한다는 견해가 지배적이었다. 하지만 스킬더는 이런 견해에 반대해 하나님의 역사적 행위를 그의 논의의 출발점으로—어쨌든 언약교리에 한해서—삼고자 했다. 그래서 그는 시간을 강조했으며, 나아가 언약은 단순히 하나의 비유가 아니라 오히려 역사적 실재라고 생각했다. 그 당시 진행되던 언약에 관한 논쟁들을 요약하는 끝부분에서, 스킬더는 하나님의 평화의 협의vrede raad와 그분의 은혜의 언약을 서로 분명하게 구별하는 것이 본질적으로 중요하며, 또한 선택과 언약을 동일시해서는 안 된다고 확신에 차서 말했다. 언약은 하나님의 말씀의 계시라는 수단을 통해 "시간 속에서" 맺어지는 것이며, 그것으로 말미암아 언약이 "실제적이고, 역사적

werkelijke, historische"으로 성립하게 되는 것이다.[14]

물론 이렇게 역사 속에 출발점을 둔다고 해서 스킬더가 초역사적인 하나님의 작정이라는 언약의 배경까지 부인하는 것은 아니었다. 오히려 반대로 스킬더는 하나님의 작정에 관해 매우 많이 언급했다. 심지어 너무 많이 언급해서 간혹 그를 비판하는 사람들은 그가 이중 예정선택과 유기에서 논의를 시작해 타락전예정론의 방향으로 너무 많이 기울었다고 비난할 정도였다. 스킬더가 말한 어떤 진술들은 이런 비판을 정당화하는 것처럼 보이기도 한다. 하지만 스킬더가 쓴 모든 저서들, 특히 언약에 관해 그가 진술한 것들을 주의 깊게 들여다본 사람이라면, 그가 대부분 양면—하나님의 영원한 협의Gods daad in de eeuwigheid와 하나님의 역사 속에서의 행동Gods daad in de geschiedenis—을 모두 말하고 있다는 것을 인정하게 될 것이다. 물론 이 두 가지 진리들은 서로 분리될 수 없다. 하지만 그렇다고 해서 이 두 가지 진리들을 동일한 것으로 여겨서도 안 되는 것이다. 이런 이유로 스킬더는 자신의 신학방법론을 "삼위일체론적-역사적" 방법론이라고 부르는 것을 선호했다. 즉, 그럼으로써 한 방향으로 기울어지는 것을 피하고자 했던 것이다.[15]

스킬더가 언약의 역사적 측면을 그렇게 많이 강조한 이유에 관해서는 또 다시 그의 신학적 입장에서 찾아야만 한다. 그는 1934년에

---

14. K. 스킬더, "은혜언약에 대해서는 일치되는 것이 있는가?(Is er Eenstemmingheid over het Genadeverbond?)", 『개혁』 21, nos. 6~9. 언급된 것은, nos. 9, 65쪽에서 온 것.
15. K. 스킬더, 『하이델베르크 요리문답』, 3:7.

교수직을 받아들인 직후, 1834년에 있었던 네덜란드국가교회로부터의 '분리' 운동이 지닌 교의학적 의의에 대해 중요한 강연을 하게 된다.[16] 그때 그는 칼 바르트의 초월주의적, 문화비판적, 변증법적 신학을 정면으로 비판했다. 더불어서 개혁신학적 견해를 지지하는 사람들은 전적으로 다른 역사관을 고백하게 된다고 진술했다.[17] 만약 우리가 도르트 신경에 따라 중생과 성도의 견인을 고백한다면, 우리는 또한 하나님께서 한편으로는 우리의 삶에 은혜롭게 개입수직적하시지만, 다른 한편으로는 수평적으로 우리를 간섭하신다고 믿는 것이다. 하나님의 은혜는 어떤 선이 원둘레에 접하는 것과 같이 우리의 현실에 접촉하는 것이 아니다. 오히려 그것은 우리의 존재 속으로 들어오는 것이며, 현존하는 구원a praesentia salutis을 가지고 오는 것이다. 마찬가지로 스킬더는 카이퍼의 추종자들에 대해서도 반대했는데, 예를 들면, 영원 전부터 의롭게 된다는 그들의 관점에 반대해서 시간 속에서 믿음을 통해 의롭게 된다는 견해를 취하였다.[18]

역사의 의미를 강조하는 스킬더의 묵상들은 그로 하여금 계시의 전체 역사가 통일성을 지니고 있음을 강조하도록 이끌었다. 심지어

---

16. K. 스킬더, 『오늘을 위한 '분리'의 교의학적 의의(De Dogmatische Beteekenis der Afscheiding Ook Voor Onzen Tijd)』 (Kampen: Kok,1934); 또한 K. 스킬더, 『전집, 3부. 교회(Verzamelde Werken, Deel III, De Kerk)』 (Goes: Oosterbaan & Le Cointre, 1962), 2:7~76.
17. K. 스킬더, 『전집: 교회(Verzamelde Werken: De Kerk)』, 34, 38 (=『교의학적 의미[De Dogmatische Beteekenis]』, 35, 39).
18. S. A. 스트라우스, 『전부냐 아니면 전무냐』, 70.

죄로 타락하기 이전의 낙원의 역사조차도 결코 역사 이전의 시간이 아니었다! 따라서 스킬더가 언약의 역사를 소위 행위언약에까지 역추적하게 되었던 것은 '신앙의 전제'라는 기초 위에서였다. 교의학의 다른 모든 분야들에서처럼, 언약의 교리에 있어서도 우리는 태초에서 출발해야 한다. 우리는 태초에서 언약의 근본적인 구조를 배우게 된다. 그 뒤에 따라오는 것은—예를 들어, 아브라함과의 언약이나 시내 산에서 이스라엘과의 언약, 혹은 그리스도 안에서의 새 언약은—다른 언약이 아니라 오히려 그와 동일한 언약의 다른 단계들일 뿐이다. 스킬더는 그의 통찰을 다음과 같이 인상적으로 표현한다.

> 은혜언약은 두 번째 언약이 아닙니다. 하나님께서는 복제하지 않으시기 때문입니다. 사실 복제는 언약과는 너무나도 다른 것입니다. 언약은 '전부냐 아니면 전무냐' 하는 규칙에 서거나 넘어지는 것입니다. 그래서 또한 '단 한 번에 모든 것once and for all'이라는 규칙뿐만 아니라, '항상 그런 것이 아니라면, 전혀 아니다always or never'라는 규칙과 함께 일어서고 넘어지는 것입니다.[19]

---

19. K. 스킬더, 『천국은 무엇인가?(Wat is de Hemel?)』, 252.

3. 계속성의 범주

스킬더는 언약을 역사적 실재로 강조했기 때문에 언약의 다양한 단계들 사이는 계속성의 범주로 기술될 수 있음을 정확하게 볼 수 있었다. 다시 말해, 스킬더는 언약의 다양한 단계들 사이에 있는 관계들을 단순히 동질성의 관계로만 보지 않았다는 것이다. 왜냐하면 언약을 동질성의 관계로만 볼 경우, 낙원에서 시작된 그 **태초**proton로부터 새 하늘과 새 땅에서 이뤄질 그 **마지막**eschaton에까지 계속되는 언약의 역사를 통해서 진행되는 점진적인 과정을 부인하게 될 것이기 때문이다. 동시에 스킬더는 언약의 다양한 세대들 사이에는 어떠한 모순도 없다고 생각했다. 왜냐하면 모순이 있을 경우, 언약의 역사에 있는 근본적인 통일성을 무시하는 것이 되기 때문이다.[20]

스킬더는 이러한 기본적인 확신들이 있었기 때문에 소위 행위언약에 관해서 광범위하게 쓸 수 있었다. 그는 이를 위한 성경적 토대를, 특히 바울이 설명했던롬5:12, 고전15:45 아담과 두 번째 아담인 그리스도 사이에 있는 평행 속에서 찾았다. 그는 먼저 첫 부분에서 행위언약으로 시작하지 않으면 은혜언약에 대해서도 거의 이해할 수 없을 것이라고 확신했다. 사실 은혜언약이란 행위언약의 연장선상에 있는 것이다. 그러므로 스킬더는 행위언약과 은혜언약 사이에 다양한 유사성이 있다고 지적한다. 실제로 이 둘 사이에는 본질상 아무런 차이

---

20. S. A. 스트라우스, 『전부냐 아니면 전무냐』, 112.

가 없다. 단지 방법이나 수단 상에서만 차이가 있을 뿐이다. 그 차이는 언약이 성취되는 방법에 관심을 둔다. 언약은 근본적으로 죄악으로 타락한 이후부터 약속된 중보자창3:15를 통해 그리고 그분에 대한 믿음의 길을 통해 성취되는 것이다.[21]

스킬더는 옛 언약그리스도 이전과 새 언약그리스도 이후 사이의 관계를 논의할 때도 비슷하게 계속성의 범주를 적용한다. 이 주제는 당시에 광범위하게 논의되었다. 칼뱅을 따르는 전통적인 개혁신학은 언제나 본질의 통일성을 강조하는 동시에 언약의 두 세대들 간에 있는 집행 상의 차이에 대해서도 강조했다. 하지만 후기의 개혁신학은 카이퍼의 후예들에 의해서 옛 언약과 새 언약 사이의 대조를 지나치게 강조하는 쪽으로 너무 많이 기울어지게 되었다. 마치 전자는 율법으로 특징되고, 후자는 복음으로 특징되는 언약인 것처럼 말이다.

이런 관점에 대해서 스킬더는 강력하게 반대했다. 특히 J. 테이스에게 포괄적으로 대답하는 가운데서 이 문제를 깊이 있게 다루었다.[22] 그는 초기의 개혁신학자들에게 호소하면서 옛 언약과 새 언약 사이의 차이는 외적인 것과 내적인 것의 견지에서 표현될 수 있는 것이 아니라고 확신 있게 진술했다. 오히려 그것은 외적인 복들과 내적인 복들에 관해 계시된 것들이 더 풍부하냐 아니면 덜 풍부하냐 하는

---

21. 같은 책, 96; 또한 K. 스킬더, 『개혁주의신조들 안에서의 언약(Het verbond in de Gereformeerde Symbolen)』, 9. 이것은 스킬더의 학생들이 독립적으로 출판한 강의 노트들이다.
22. 『개혁』, 18, nos. 38~44, 50~53(1938); 19, nos. 1~7(1938)에 실린 연속적인 소논문들을 볼 것.

문제일 뿐이다.²³ 그렇기 때문에 옛 언약은 쌍방적이고 그래서 깨질 수 있는 반면, 새 언약은 그렇지 않다는 식으로 주장하지 않도록 주의해야만 한다. 테이스는 이런 점에서 잘못 주장하고 있었던 것이다.

그렇다. 하나님께서는 새 언약 안에서도 심판하시는데—심지어 더욱 심하게 심판하신다—이는 그분의 언약의 백성들이 빠져드는 불순종을 언약의 저주로 심판하시는 것이다. 그러므로 언약의 위협은 새 언약의 세대에서도 여전히 본질적인 요소이다. 이런 이유로 스킬더는 참된 "언약적 설교는 인간의 책임감에 최고도로 호소한다. 이것이 왜 이런 설교가 그렇게도 심각하고 진지하며, 또한 감춰진 것을 드러내며 …… 위로가 있으며, 그럼에도 불구하고 게으름에 대한 모든 변명들을 파괴하고 있는지maar met stuksnijding van alle duivels-oorkussens를 설명해 주는 이유인 것이다."²⁴라는 관점을 견지하는 것이다. 이런 언약적 설교는 자신이 천국에 가고 있으면서도 지옥에 가고 있는 것처럼 상상하는 것을 금지하는 한편, 반대로 지옥에 가고 있으면서도 천국에 가고 있는 것처럼 상상하는 것도 막는다.²⁵

이런 식으로 스킬더는 언약의 역사를 취급하면서 계속성의 범주

---

23. 『개혁』, 18, no. 43(1938):383~384.
24. 『개혁』, 19, no. 7(1938):51.
25. S. A. 스트라우스, 『전부냐 아니면 전무냐』, 111쪽과 C. 페인호프(Veenhof), ed., 『말씀과 교회를 위하여(Om Woord en Kerk)』 (Goes: Oosterbaan & Le Cointre, 1948), vol. 1에 실린 스킬더의 설교 두 편을 언급한다. 첫 번째는 80~104쪽에 나오고, 두 번째는 205~230쪽에 나오는데, "성령을 모독하는 죄(De Lastering Tegen de Heilige Geest)"라는 설교이다. 또한 스킬더, 『하이델베르크 요리문답』, 1:461~472쪽을 보라.

를 다루었다. 이런 접근이 교회에서 행하는 설교와 영적 생활에 어떤 결과를 가져다줄 것인지는 즉각 분명해진다. 언약의 틀 안에서 이런 방식으로 설교할 수 있는 자라면 누구라도 거짓된 안전감에서부터 회중들을 분명하게 불러일으킬 것이다. 이런 면이 스킬더의 언약론이 지닌 근본적인 특징이다.

4. 언약의 두 당사자들

특별히 1936년 총회 이후, 언약의 구조는 개혁파 교계에서 상시적으로 토론하고 논쟁하던 주제였다. 스킬더는 논의가 진행되는 의견상의 차이점들을 다음과 같은 질문들로 요약했다.[26]

① 누가 은혜언약 안에 있는 자들인가? 택자들만인가? 아니면 다른 이들도 포함되는가?
② 은혜언약은 조건들을 포함하는가? 포함하지 않는가?
③ 은혜언약은 일방적인가? 아니면 쌍방적인가?
④ 은혜언약은 하나님 편에서부터 깨질 수 있는 것인가?
⑤ 새 언약은 인간 편에서부터 깨질 수 있는 것인가?
⑥ 새 언약 안에는 언약의 저주라는 것이 있는가?

---

26. 『개혁』, 21, nos. 7~8(1945), 49~50, 57~58.

⑦ 언약에서 내용과 형태 사이를 구분해야 하는가?

⑧ 언약은 누구와 맺게 되는 것인가? 그리스도와 함께 맺는 것인가? 아니면 하나님의 백성들과 함께 맺는 것인가?

애당초 스킬더는 일반적으로 받아들여지는 개혁신학적 입장, 즉 언약은 기원에 있어서는 일방적monopleurisch이고, 계속되는 존재방식에 있어서는 쌍방적dipleurisch이라는 입장에 동조하고 있었다. 하지만 그는 그의 반대자들이 언약의 쌍방적 측면을 지나치게 평가절하하고 있었기 때문에 점차적으로 언약의 쌍방적 특성을 더욱더 강조하게 되었다. 우리는 "하나님의 동역자들fellow-workers 혹은 co-workers, 고전3:9"이라는 성경의 진술에서, 그는 언약에는 당연히 양 편 하나님과 인간이 있어야 한다는 것을 특별히 강조하고 있음을 발견했다. 특히 1936년에 있었던 O. 노르드만스Noordmans와의 논쟁에서 스킬더는 이 주제를 광범위하게 다루었다. 그는 이 구절을 주석하면서 '동역자 co-workers'라는 용어에 있는 '동co-, 함께'이란 접두사가 비유적으로 해석되어서는 안 된다고 주장했다. 특별히 언약에 있어서 이 접두사는 대단히 문자적인 의미를 담고 있는데, 즉 하나님께서는 일방적으로 unilaterally 그분 자신과 우리 사이에 쌍방적인bilateral 관계를 창조하신다는 것이었다.[27]

---

27. S. A. 스트라우스, 『전부냐 아니면 전무냐』, 130; 『개혁』, 16, no. 10(1935), 서론, nos. 15와 16(1936; 일반은혜에 대한 O. 노르드만스의 소논문)을 보라. 이 토론은 G. 푸칭어(Puchinger), 『토론 중인 신학(Een Theologie in Discussie)』(Kampen: Kok,

일 년 후에 V. 헵Hepp은 공개적으로 언약을 쌍방적이라고 하는 모든 사람들을 향해 공격을 퍼부었다. 이에 스킬더는 헵에게 반박하면서,[28] 개혁신학은 언제나 언약이 양 편 하나님과 인간으로 구성되어 있다고 가르쳐 왔다고 감동적으로 진술했다. 이 같은 진리를 부인하려는 자들은 누구라도 언약의 개념이 지닌 핵심을 공격하는 것이다. 따라서 누구든지 언약의 일방적인 기원을 조금도 부인하지 않으면서 동시에 그것의 쌍방적인 존재방식을 확고한 신념을 갖고 주장해야 하는 것이다. 다시 말해, 언약은 쌍방적인 것이다. 비록 헤아릴 수 없을 만큼 차이가 나는 두 당사자들 사이의 언약이라 할지라도, 결국 그것은 양방간의 상호적 동의인 것이다.[29]

그런데 스킬더는 왜 이런 관점을 그토록 열정적으로 방어했을까? 그것은 언약 가운데서 하나님께서는 인간을 하나의 실제적이고 책임 있는 상대자로 여기신다는 것을 충분하고도 분명하게 강조하기 위해서였다. 인간은 언약에서 하찮은 존재가 아니다. 오히려 엄청나게 결정적이면서도 중요한 존재이다.[30] 스킬더는 사람을 책임감 있는 위치에 있게 하는 것이 언약을 성립시키는 한 부분을 형성한다고 말했다.[31] 우리의 책임에 대한 호소가 언약의 본질적인 요소들 중의 하나

1970)에 다시 인쇄되어 있다.
28. 『개혁』, 18, 특별히, no. 40(1938):358.
29. S. A. 스트라우스, 『전부냐 아니면 전무냐』, 138; K. 스킬더, 『하이델베르크 요리문답』, 1:317~320.
30. K. 스킬더, 『하이델베르크 요리문답』, 1:321.
31. 같은 책, 3:365.

를 구성한다는 것이다.³² 스킬더가 이 점을 얼마나 중요하게 여겼는지는 다음과 같은 수사적인 선언에서도 잘 알 수 있다.

> 사람들은 간혹 바닥을 뜨겁게 만든 방 안에서 곰들로 하여금 춤을 추게 합니다. 언약에 관해서도 이런 식으로 생각할 수 있습니다. 즉, 언약을 맺는다는 것은 당사자들을 부채질해서 자꾸 열을 올리는 것입니다. 우리로 하여금 이보다 더 책임 있게 하는 일은 없습니다. 언약에 들어가는 것은 우리의 책임이 무한하게 강조되는 것입니다.³³

이제 스킬더가 언약에 있어서 일방적인 기원과 쌍방적인 존재방식 둘 다를 동시에 유지하는 데 어려움이 없었다는 점은 분명해진다. 스킬더는 하나님의 주권적인 언약의 집행을 인정하는 것에서 이탈하지 않아야 하지만, 그렇다고 해서 우리 인간의 책임을 손상시키는 방식으로 예정론을 이야기해서도 안 된다고 주장했다. 그는 언젠가 한 설교에서 "'네 창조주가 네 남편이라'사54:5는 성경의 진술이 언약론의 ABC가 된다."라고 하였다. 하나님께서는 그분의 순전한 은혜로 말미암아 우리를—잃어버린 죄인들을—그분의 백성으로 삼으신다. 하지만 그때 하나님께서는 마치 남편과 아내의 관계와 같이 우리와

---

32. K. 스킬더, 『정제되지 않은 모르타르』, 52.
33. K. 스킬더, 『아메리카나』, 11.

쌍방적인 관계 속으로 들어가시는 것이다.³⁴

언약은 쌍방적 관계를 구성하기 때문에, 그것은 양쪽 편 모두에게 하나의 '상호적 의무mutual obligation' 사항이 주어진다는 것을 함축한다. 초기 개혁신학자들은 이 용어를 법학부the Faculty of Law 동료들에게서 빌려왔다.³⁵ 스킬더는 쌍방적 관계로서의 언약은 법적인 성격을 지닌다는 점이 자신의 입장을 지지해 준다고 생각했다. 그는 이를 대단히 중요한 것으로 여겼다. 그가 끊임없이 강조했던 것은 언약은 언약백성의 구성원들에게 **법적**legal 신분을 부여해 주는 하나의 **법적** legal 절차라는 점이었다. 물론 그렇다고 해서 언약이라는 것이 하나님과 사람 사이의 단순한 법적 계약일 뿐이라고 말하는 것은 아니다. 그런 생각은 이단적인 것이다. 그보다 우리와 하나님의 언약은 은혜의 언약이다! 하지만 언약 안에 있는 하나님의 사랑의 선물들은, 하나의 법적인 관계 속에서 법적 보증들rechtgaranties을 지닌 채로 우리에게 오는 것이라고 스킬더는 말한다. 즉, 사랑과 법적인 권리들이 손에 손을 잡고 함께 걸어가는 것이다. 이것이 하나님의 옷 끝자락을 잡아당길 수 있는 권리가 우리에게 있는 이유를 설명해 주는 것이다.³⁶

언약이 지닌 이러한 법적 성격은, 스킬더의 관점에서 볼 때, 최소한 두 가지 중요한 결과에 이르게 한다. 한편으로 하나님의 약속은,

---

34. S. A. 스트라우스, 『전부냐 아니면 전무냐』, 141; 또한 K. 스킬더, 『전집. 설교들 (Verzamelde Werken. Preken)』 (Goes: Oostervaan & Le Cointre, 1955), 3:44.
35. S. A. 스트라우스, 『전부냐 아니면 전무냐』, 147. 『개혁』, 18, no. 8(1937):98쪽을 언급함.
36. K. 스킬더, 『아메리카나』, 16.

하나의 법적인 관계가 우리에게 제공해 줄 수 있는 순전한 보증물과 함께, 언약 안에서 우리에게 오는 것임을 함축한다. 또 다른 한편으로 그것은 언약에 있어서 우리의 맞은편에 서 계시는 하나님께서 우리에게 요구하시는 것을 진지하게 간주해야 한다는 것을 의미한다. 하나님께서는 구약의 선지자들이 반복해서 선포했던 것처럼, 그분의 백성들에게 '법정소송'을 제기하시기에 가장 충분한 권리를 지니고 계신 것이다. 아래에서는 이런 언약의 약속과 요구에 관해서 좀 더 자세히 다룰 것이다.

5. 언약의 두 부분들

우리는 지금까지 스킬더가 언약에 관한 질문들로 요약했던 것들 중 몇 가지에 대해 어떻게 반응했는지를 살펴보았다. 그것의 핵심은 언약은 법적인 성격을 지닌 쌍방적 관계라는 것이었다. 이제 우리가 마땅히 주목해야 하는 것은 언약을 함께 구성하고 있는 요소들에 관한 것이다. 스킬더는 세례에 대한 개혁신앙적 형태에 동의하면서 이를 언약의 두 부분들에 연관시킨다. 곧, 약속promise과 요구demand에 대해서이다. 하지만 스킬더에게 특징적인 것은, 이 두 부분에 언약의 제재규정들sanctions을 첨가했다는 점이다. 곧, 믿음의 길 안에서 보상이 있으리라는 확신과, 불신앙과 불순종의 경우 심판의 위협이 있다는 제재규정들이다.[37] 스킬더는 이 약속보상의 확신과 요구심판의 위협의 요소들을, 언약의 역사의 모든 단계들 속에 담겨 있는 언약의 본질에 속하는 부분들로 간주했다. 그러므로 언약의 진노레26:25는 구약의 경륜에서만 발생하는 것이 아니다. 그것은 의심할 바 없이, 스킬더에 따르면, 그리스도 안에 있는 새 언약을 특징짓는 것이기도 하다. 그래서 이 요소들은 언약에 대한 그의 기본적인 확신을 강조하는 데 도움을 준다. 즉, 그것은 인간의 책임을 강조한다는 것이다.

그런데 이렇게 인간의 책임을 강조하게 되면, 언약의 확실성을 손상시키지 않겠는가 하는 질문이 따를 수 있다. 언약은 정확하게 법적 보증들rechtsassuranties과 함께 우리에게 오는 것이기 때문에, 그것은 우리에게 약속들을 제공해 주시는 분에 대한 믿음의 신뢰를 자극한다. 하지만 언약의 약속은 언약의 요구로부터 결코 분리되지 않는다. 약속과 요구는 언약 안에서 절대적으로 연결되어 있다. 만약 요구로부터 약속을 분리시키려고 한다면, 그것은 약속을 단순한 예측으로 변질시키고 말 것이다. 반대로 약속으로부터 요구를 분리시키려고 한다면, 그것은 율법적 성격을 가진 새로운 법을 도입하게 될 것이다. 이 두 부분들, 곧 약속과 요구를 상호간에 분리시키는 것은 전적으로 불가능한 것이라고 스킬더는 말한다. 그것은 마치 결혼의 유대 속에서 남편과 아내가 나눠질 수 없는 것과 같다.[38]

---

37. S. A 스트라우스, 『전부냐 아니면 전무냐』, 157. 이곳에서 스트라우스는 『개혁』, 18, no. 8(1937):98~99쪽과 K. 스킬더, 『정제되지 않은 모르타르』, 12, 37쪽을 언급하고 있다.
38. K. 스킬더, 『정제되지 않은 모르타르』, 60~61.

언약 백성의 삶에서 이러한 언약의 두 부분들이 어떻게 기능하는가는 스킬더가 세례에 관해서 말한 것으로 설명될 수 있다. 왜냐하면 세례는 성례적인 방식에서 복음의 **약속**promise에 인을 치는 것이기 때문이다.[39] 이 약속은 사실 믿음 안에서 약속되는 것을 우리에게 준용해서 우리의 것으로 만들어야 할 것을 우리에게 **요구**demand하는 것이다. 이런 형편 때문에 스킬더는 믿음을 언약 안에서의 한 조건condition이라고 말하는 것을 주저하지 않는다. 물론 이것은 마치 사람이 복종을 통해서 무슨 공로를 얻을 수 있는 것처럼 말하는 아르미니우스주의적인 의미에서의 **조건**condition을 뜻하는 것이 아니라, 개혁신앙적인 의미에서의 **조건**condition을 뜻하는 것이다. 스킬더는 믿음은 당연히 언약의 하나님의 선물이라고 말한다.[40] 하지만 그것은 동시에 하나님에 의해 설정된 조건이기도 하다. 여기서 조건이라는 단어는 분명히 한 가지 의미 이상의 뜻으로 해석될 수 있다. 스킬더가 "개혁주의 조건교리"[41]라고 말할 때 그가 생각하고 있었던 것은, 하나님께서는 구원을 믿음 없이는 실현될 수 없는 것으로 작정해 놓으셨다는 것이다. 그러므로 어떤 사람이 세례를 받게 되는 것은, 예를 들어, 하나님께서 택한 사람에게 구원을 수여하신다는 교의적 선언을 함축하는 것이 아니다. 오히려 나는 세례를 받을 때 하나님께서 내게

---

39. Cf. 『하이델베르크 요리문답』, 66문답.
40. K. 스킬더, 『정제되지 않은 모르타르』, 61.
41. S. A. 스트라우스, 『전부냐 아니면 전무냐』, 183; 또한 K. 스킬더, 『하이델베르크 요리문답』, 2:344, 349.

주시는 구체적인 언설을 받게 된다. 즉, 하나님께서 세례를 받는 모든 사람에게 선언해 주시는 메시지—네가 믿으면 구원을 받을 것이다—를 내게도 개인적으로 말씀해 주시는 것이다.

6. 지속적인 의의

스킬더의 신학이 그 시대의 산물이라는 것은 너무나도 분명하다. 그에게서 특징적인 선언들은, 또한 언약과 관련된 선언들은, 그 당시의 신학적 논쟁들에 의해 결정된 것이었다. 그렇기 때문에 그를 문맥에서 떼어내어 인용하는 것은 조심해야 할 일이다. 그럼에도 불구하고 어떤 면에서 그가 공헌한 것은 너무나도 가치가 있어서, 오늘날에도 언약에 관해 하나님의 말씀이 우리에게 계시한 것을 더 잘 이해할 수 있도록 여전히 도움이 된다는 것은 부인할 수 없다.

스킬더가 언약을 역사적 실재로서 강조했던 점은 현대 신학자들이 정말로 감사해야 할 일이다. H. 벌콥 같은 이들은 자기 자신을 분명하게 그것과 연관시키고 있다.[42] 하지만 스킬더는 역사 속에서 언약의 쌍방적인 존재방식만을 강조하였던 것은 아니다. 우리가 보았

---

42. H. 벌콥, 『그리스도인의 신앙. 신앙의 연구를 위한 서론(Christelijk Geloof. Een Inleiding to de Gelofsleer)』 (Nijkerk: Callenbach, 1973); S. 우드스트라(Woudstra) 역, 『그리스도인의 신앙. 신앙의 연구를 위한 서론(The Christian Faith. An Introduction to the Study of the Faith)』 (Grand Rapids: Eerdmans, 1979), 178.

던 것처럼, 그는 영원 속에서 언약의 일방적인 기원도 강조하였다. 그런데 이 측면에 대해서는 현대신학이 깊이 인식하지 못하고 있다. 그보다 오늘날에는 영원한 작정들에 대한 언급을 '형이상학적'인 것으로 여겨 거절하면서, 어떻게든 그 작정들을 언약과 연관시키는 것을 거부하려는 경향이 있다. 하지만 우리는 이런 관점을 받아들일 수 없다. 왜냐하면 그것은 우리의 구원을 너무나도 불확실하게 만들 뿐 아니라, 모든 종류의 아르미니우스주의적 개념들에게 문을 활짝 열어 주는 것이기 때문이다. 만약 언약이 더 이상 하나님의 영원한 작정에 기초하지 않는다면, 사람이 그 언약 안에 포함될 것인지 아닌지에 대한 문제는 궁극적으로 인간 자신의 자유선택에 의존하게 된다. 이런 집단들 안에서는 언약의 교리와 너무나도 밀접하게 연관되어 있는 유아세례 교리도 재침례파적인 견해로 바뀌어 버릴 것이다.

물론 언약이 그 근거를 두고 있는 이중예정에 관한 스킬더의 모든 주석에 동의해야 할 필요는 없다. 이미 그것에 대한 비판이 등장한 바가 있다.[43] 하지만 우리가 스킬더에게 감사해야 할 것은, 우리가 하나님의 영원한 작정들과 역사적 실재로서의 언약을 동시에 고백할 수 있는 길을 그가 보여 주었다는 점이다. 스킬더는 선택과 언약을 동일시하지 않도록 우리에게 가르쳐 주었다. 그러므로 우리는 구원의 언약그리스도와 함께, 그리고 그분 안에서 모든 택자들과 함께 영원 전에 세워졌던 언약과 은혜의 언약신자들, 그리고 그들의 자녀들과 시간 속에서 세워졌던 언약 사

---

43. S. A. 스트라우스, 『전부냐 아니면 전무냐』, 188-196.

이를 구분해야 한다. 그렇게 함으로써 우리는 도르트신경1장을 따라 선택에 대한 신앙을 고백할 수 있으며, 또한 동시에 복음의 **약속**은 예외 없이 모든 인류에게 회심과 **믿음**을 요구하면서 선포되어야 한다2장 5항고 말할 수 있게 된다. 스킬더가 보여 준 대로, 하나님의 영원한 선택과 유기의 고백은 결코 인간의 책임을 제외시키지 않는다.

마찬가지로 언약의 양면성에 관한 스킬더의 관점도 여전히 오늘날과 관련성이 있다. H. 벌콥의 견해에 따르면,[44] '간間주관성 intersubjectivity'이라는 현대적 개념은 언약의 두 당사자들 사이에 있는 관계를 기술하는 데 적절하게 일치한다. 그래서 벌콥은 언약에서 인간의 책임과 협력의 개념에 대하여 열린 마음을 갖게 되었다. 하지만 하나님과 인간 사이에 있는 협력관계partnership에 대한 이런 현대적 강조가, 스킬더가 당대에 해설했던 것과 동일한 것인지에 대해서는 질문해 보아야 한다. 그리고 이 질문에 대한 답변도 아주 신중해야 한다. 현대신학에서는 하나님의 주권성과 자충족성이라는 것을, 하나님께서는 인간이 없이는 하나님으로서 스스로를 충분히 실현시킬 수 없다는 의미에서의 '언약적' 협력관계partenrship라는 개념에 기초하는 하나님 개념으로 대체시키는 경향이 있다. 이것은 스킬더가 가르쳤던 바와는 전혀 다른 것이다. 언약에 관한 그의 관점은 하나님의 주권으로부터 조금도 물러서지 않으면서 동시에 인간의 책임도 충분히 인식하도록 가르칠 수 있다는 것이다.

---

44. H. 벌콥, 『그리스도인의 신앙』, 217.

언약의 약속과 요구에 대한 스킬더의 주장은 언제나 고마운 것으로 받아들여지지는 않았다. 언약의 약속을 강조하는 것만큼이나 동일하게 언약의 요구를 강조하는 것이 마치 복음에 모순되는 것처럼 들릴 수 있기 때문이다. 이런 관점은 사람들로 하여금 사람이 먼저 요구를 충족시키지 않으면 약속은 아무런 가치도 없는 것이라고 쉽게 생각하도록 만든다. 이런 식으로 추론하는 사람은 사실상 언약의 주관주의적 관점, 즉 마치 언약이 오직 죄인들이 회심하고 믿음을 갖게 될 때에만 맺게 되는 것이라는 관점을 갖게 된다. 나는 스킬더가 메소디즘[45]의 어떤 숨겨진 형태를 이런 식으로 그의 언약론 속에 통합시켰다고는 믿지 않는다.

스킬더가 온 힘을 다해 강조하고자 했던 것은, 언약이 잘못된 안전감에 빠져들어 가도록 허용해서는 안 된다는 것이었다. 언약의 사람들은 결코 그들이 약속을 가졌다고 해서 구원이 이미 그들의 것인 양 생각하지 않는다. 언약의 약속은 예측이 아니다. 그것은 요구를 함축하고 있다. 하지만 이 요구는 자신의 힘으로 성취할 수 있는 단순한

---

45. '메소디즘'도 조지 휫필드 중심의 칼뱅주의적 메소디즘과 요한 웨슬리 중심의 웨슬리안적 메소디즘으로 구별된다. 저자 스트라우스(Strauss)는 이 점을 인식하지 못하고 그냥 '메소디즘'에 대해서만 언급하고 있다. 칼뱅주의 메소디즘은 하나님의 주권과 인간의 책임을 스킬더처럼 균형있게 강조한다. W. 윌리엄스(Williams), 『웨일즈 칼뱅주의 메소디즘(Welsh Calvinistic Methodism: A Historical Sketch of the Presbyterian Church in Wales)』 (Havard University Press, 1998); D. C. Jones, B. S. Schlenther, E. M. 화이트(White), 『선택된 메소디스트들(The Elect Methoists: Calvinistic Methodism in England and Wales 1735~1811)』 (University of Wales Press, 2012)을 참고하라—역주.

요구사항이 아니라, 언약의 요구로서 여겨져야 한다. 결국 약속과 요구 사이의 연결은 하나님의 말씀 안에서 발견되어야 한다. 그것은 한편으로는 위로하시지만, 다른 한편으로는 위협하시는 하나님에게서 온 것이다.

이것이 스킬더가 우리에게 언약에 대해 가르쳤던 것이 지닌 위대하고 지속적인 의의이다. 하나님께서는 사람과 언약을 맺으실 때 그들을 책임질 수 있는 존재로 취급하신다. 이에 대해 스킬더가 특징적으로 묘사한 것처럼, 언약은 "전부냐 아니면 전무냐"하는 원칙에 따라 서기도 하고 넘어지기도 하는 것이다.

3장
스킬더의 그리스도와 문화론

N. H. 호체스Gootjes(고재수)

1. 서론

스킬더를 추념하면서 문화에 주목하는 이유는 따로 설명할 필요가 없다. 스킬더는 문화에 대단히 깊은 관심을 가졌다. 하지만 이런 관심은 다른 여러 사람들에게서도 마찬가지라 할 수 있다. 그런데도 스킬더가 더 중요한 이유는, 그가 문화를 모든 그리스도인들이 관심을 가져야 할 방식으로 정의했기 때문이다. 하나님과 그리스도를 믿는 모든 사람들은, "우리 인간의 삶의 모든 영역에서 모든 것의 주권자가 되시는 그리스도께서 '나의 것'이라고 선언히지 않으시는 곳은 한 치도 없다."라고 말하지 않을 수가 없다.

이러한 카이퍼의 진술은 스킬더의 확신을 반영해 준다. 스킬더는 하나님의 사람들은 문화적으로 적극적이어야 한다는 자신의 신념을 강조했다.[1] 그리고 많은 개혁신앙인들이 그의 말을 들었다. 1950년대 이후부터 개혁교회들 안에서 일어난 많은 활동들은 문화에 관해 스킬더가 제기했던 진술들을 배경으로 설명될 수 있다. 심지어 그런 활동들을 요약하는 문구인 **문화적 사명**cultural mandate이라는 표현도 스킬더에 의해서 주조되었을 가능성이 농후하다. 이렇듯 문화에 대한 스킬더의 관점은 그 영향력이 매우 컸다.

동시에 스킬더의 문화관은 그의 신학에서 가장 논쟁적인 측면들

---

1. 스킬더는 "예수 그리스도와 문화생활(Jezus Christus en het Culturele Leven)"이라는 제목의 소논문으로 문화에 관한 자신의 견해를 처음 발표했다. 여러 다른 저자들의 글과 함께 그것은 N. 부핑하(Buffinga), 『예수 그리스도와 인간생활(Jezus Christus en het Menschenleven)』 (Culeborg: Uitgeversbedrijf "De Pauw", 1932), 225~285쪽에 실렸었다. 각 장의 제목들은 "예수 그리스도와……"라는 말로 시작하는데, 여러 가지 주제들—개인생활, 가정생활, 사회생활 등—이 그 뒤에 따라 나온다. 그래서 스킬더가 쓴 글의 제목은 그 자신이 붙인 것이 아니라는 인상을 받게 된다. 그 책은 1932년에 출판되었는데, 그해에는 스킬더가 독일에서 자신의 학위논문을 쓸 때였다. 그는 자신의 글을 타자기로 이삼 일 만에 작성했다. J. J. C. 데이(Dee), 『K. 스킬더: 그의 생애와 사역(K. Schilder: Zijn Leven en Werk)』, Vol. 1:1890~1934년 (Goes: Oosterbaan & Le Cointre, 1990), 245쪽을 참고할 것. 『예수 그리스도와 인간생활』이 다시금 출판되었을 때에는 스킬더의 소논문은 빠졌다. 스킬더가 그 소논문을 다시금 작성하고 광범위하게 첨가해 개별적으로 출간하게 된 것이 『그리스도와 문화(Christus en Cultuur)』 (Franeker: Wever, 1948)이다. 그것을 G. 판 롱헨(van Rongen)과 W. 헬더(Helder)가 영어로 번역해 출간한 것이 『그리스도와 문화(Christ and Culture)』 (Winnipeg: Premier, 1977)이다. 여기서는 이 책을 언급할 것이다[이 영어판을 번역하여 한국어판, 『그리스도와 문화』(지평서원, 2017)가 출간되었다. 1948년판을 스킬더 본인이 약간 수정해서 1954년에 재판했는데, 이 재판본을 J. 다우마(Douma)는 상당한 분량의 주석을 붙여서 1977년에 출간했고, 이것을 W. 헬더(Helder)와 A. H. 오스터홉(Oosterhoff)이 영어로 번역해 2016년에 출간했다. 역자는 2016년도판 영역본을 입수해 한국어판의 수정작업을 진행 중에 있다—역자]. 스킬더가 1946년 12월 12일에 쯔볼러(Zwolle)에서 문화에 대해 강연을 한 번 했다는 것은 흥미롭다. 이 강연의 요약문이 출간되었지만, 스킬더는 그 요약문을 자신의 것으로 인정하지 않았다.

중의 하나였고, 지금도 여전히 그렇다. O. 노르드만스Noordmans는 스킬더가 암스테르담의 자유대학교에서 신학부 학생들에게 강연한 것에서 표명되는 그의 견해가 담긴 소논문에 관해 비판했다. 그러자 스킬더는 노르드만스를 초청하여 자신이 편집인으로서 매 주일 발간하던 『개혁』지에 그의 비판적인 견해를 발표하게 했다. 노르드만스는 문화에 관한 스킬더의 소논문을 읽으면서 갖게 되는 첫인상을 다음과 같이 기록했다.

나는 이것이 내가 교육받았던 것과 동일한 믿음인지, 아니면 개혁신앙에 뿌리를 두고 있다고 주장하지만 실상은 우리가 그 개혁신앙의 전통에서 지금까지 보아 왔던 것과는 너무나도 다르기 때문에, 어떤 다른 복음에서 그 진액을 취하고 있는 것은 아닌지 하는 질문을 억제할 수가 없습니다.

스킬더의 문화관이 복음에 전혀 근거를 두지 않았다는 노르드만스의 첫인상은 그의 소논문의 끝부분에 이르러서는 거의 확신에 이르게 된다. 그는 끝부분에서 그것을 "일반은혜를 이렇게 절대화시키는 것, 성경을 이렇게 모독하는 것"이라고 불렀다.[2]

---

2. G. 푸칭어(Puchinger)는, 노르드만스의 첫 강연, 스킬더의 초대, 노르드만스의 두 가지 소논문들, 그리고 16편에 이르는 스킬더의 답변을 담은 소논문들을 포함하는, 노르드만스와 스킬더 사이에 있었던 토론의 전체 과정을 『토론중인 신학: 스킬더와 노르만드스가 1936년에 주고받았던 토론을 포함해, 선지자-시인-변증학자가 되는 스킬더에 관하여(Een Theologie in Discussie: Over Prof. Dr. K. Schilder Profeet-Dichter-

노르드만스는 스킬더가 속해 있던 개혁교회 소속은 아니었다. 하지만 개혁교회 안에서도 스킬더는 반대에 직면했다. 주요한 논적은 자유대학교의 동료교수였던 V. 헵Hepp이었다. 그의 견해는 스킬더의 문화관이 그 당시의 교회를 위협하고 있는 변질deformation에 속한다는 것이었다.[3]

Polemist, met als Bijlage het Debat Schilder-Noordmans uit 1936)』(Kampen: Kok, 1970)라는 제목으로 발표했다. 본문의 인용글은 70~71, 82쪽에 있다. 노르드만스는 그의 원래 강연에서도 말을 완곡하게 하지 않았다. "나는 [스킬더의 문화관에 대하여] 최종적인 판단은 하지 않겠다. 그것은 교회가 할 것이다. 하지만 진술해 놓고 싶은 것은, 그의 논조가 거룩하지 못하다는 것이며, 현대주의가 나무 신발을 신고 교회로 들어오는 소리를 그토록 분명하게 들은 적은 없다는 것이다."(50쪽) 하지만 노르드만스가 실제 강연에서 이런 거친 표현을 그대로 사용했는지에 대해서는 확실치 않다. 그는 이 구절들과 더불어 다른 것들도 괄호로 표시해 두었는데, 마치 그가 이것을 생각하고는 있었지만 크게 소리 내어 말하고 싶지는 않았다는 것을 나타내는 것처럼 보인다.

노르드만스가 스킬더의 관점에 대한 '최종적인 판단'은 교회에 속한 것이라고 진술했을 때, 그는 교회가 스킬더의 신학을 다루어야 하고, 그래서 이런 견해가 더 이상 가르쳐지지 않도록 막아야 한다는 것을 가리키고 있었다. 1936년에 열린 개혁교회 총회는 마침 노르드만스와 스킬더 사이에 주고받던 토론의 중간에 개최되었다. 이 총회는 현재의 지배적인 사상과는 다른 어떤 의견들이 교회들 안에서 수용 가능한 것인지 아닌지를 조사할 연구위원회를 지명하기로 결정했다. 이 위원회의 보고서는 1944년 개혁교회의 신학교에서 스킬더의 교수직을 중지시키고, 목사자격을 면직(dissmissal)시키는 데 이르게 되었다. 노르드만스의 '최종적인 판단'이라는 언급이 스킬더에게 불리한 교회의 행정 절차를 야기했다고 하는 것이 좋겠다.

3. 헵은 "위협적인 변질(Dregende Deformatie)"이라는 제목으로 네 개의 소책자를 썼다. 그중 네 번째 것에 '일반은혜(De Algemeene Genade)'라는 부제가 달려 있다. 이 네 번째 소책자에서, 다른 것들에서와 마찬가지로, 그는 어떤 이름도 언급하지 않는다. 하지만 그가 65쪽에서 "하나의 긴 에세이의 한 부분에서, 한 권의 책 속의 여러 쪽에서, 그리고 매 주일 발간되는 연속적인 긴 소논문들에서" 발표된 일반은혜 교리에 대한 비평을 언급했을 때, 그가 여기서 의미했던 것은 문화에 관한 스킬더의 발표들이었다는 것이 분명하다. 이 소책자들의 제목을 보면, 그가 1936년 총회에서 "서너 가지 문제에서 나는 당신에게 반대하는데, 당신은 이단들을 허용하고 있다는 것이다."라

비록 오늘날에는 문화에 관한 스킬더의 견해들이 처음 때처럼 혹독하게 비난받지는 않지만, 그럼에도 여전히 비난은 계속되고 있다. 여하튼 문화에 관한 것들은 스킬더의 확신들 중에서도 가장 광범위하게 논의되면서 동시에 거부되는 것들에 속한다. 한 가지만 예를 들어 보자면, 1990년 4월에 자유대학교에서 스킬더의 저서에 관해 다양한 측면들에서 심포지엄이 개최된 적이 있었다. 그때 참석한 사람들 중에서 어떤 이는, 그 심포지움에서는 『그리스도와 문화』가 스킬더의 거의 유일한 저서인 양 취급되었을 뿐만 아니라 어느 누구도 그것에 대해서 긍정적으로 표현하지 않는다는 인상을 받았다고 했다. 스킬더의 출생 100주년을 기념하는 해에 발표된 많은 소논문들과 강연들에서도 그의 문화관은 비판의 대상이 되곤 했다.[4]

그러므로 스킬더의 유산 중에서도 이 중요한 부분에 우리 스스로가 한 번 더 직면해 보는 것이 좋겠다. 우리는 중신주제인 문화적 사

고 말했을 때, 헵이 (다른 사람들 가운데서도) 스킬더를 가리키고 있다고 추측하는 것이 합당할 것이다. 이 인용문은 G. 얀센(Janssen), 『사건들의 실제과정(De Feitelkjke Toedracht)』(Groningen: Erven A.de Jager, 1955)에 실려 있다.
4. A. T. 판 덜슨(van Deursen)은 『그리스도와 문화』에 대해 거부하는 것처럼 보이는 일반적인 논점들에 주목하면서, "죄는 세울 수 없다(Zonde kan niet Bouwen)"라는 짧은 글을 썼다(*Nederlands Dagblad Variant*, May 19, 1990, 3). 그 자신도 얼마간 비판적이었는데, "그 책은 진도가 느리다. 그것은 저자가 자신이 말하고자 하는 주제로 들어서기 전에 자기 가슴에 먼저 학자연하는 것을 떨궈내야 했던 것처럼 보인다. 그러므로 그 책은 나쁜 평판을 받고 있는데, 그렇게 나쁘게 평판할 필요까지는 없다. 왜냐하면 그것은 스킬더의 최상의 책들 가운데 하나이기 때문이다."라고 말한다. 이 글의 마지막 부분에서 스킬더의 문화관에 대한 최근의 비판들을 다루게 될 것이다.

명 그 자체에 집중할 것이다.[5] 한편으로는 열정적으로 추종하는 무리가 있는가 하면 다른 한편으로 강경한 저항감을 불러일으키는 이 견해는 도대체 무엇인가? 먼저 스킬더는 아브라함 카이퍼 없이는 이해될 수 없다. 카이퍼는 거의 혼자서 개혁교회들을 위한 세계관을 발전시켰고, 나아가 그에 따른 생활을 조직했던 인물이다. 따라서 문화에 대한 카이퍼의 사상을 간략하게 다룬 뒤에 다시 스킬더로 돌아오는 것이 좋겠다.

2. '문화'에 대한 카이퍼의 견해

1920년 즈음에 개혁주의 계통의 세계는 여러 방향으로 뻗쳐나갔는데, 대부분이 카이퍼의 창조물이라고 할 수 있다. 그런데 묘한 것은 카이퍼의 책들은 문화가 그에게 중요하지 않다는 인상을 준다. 카이퍼는 그의 수많은 저서들에서 문화를 거의 언급하지 않는다. 문화라는 말이 언급될 것으로 여겨지는 곳에서조차 그렇다. 이를 단적으로 보여주는 것이 칼뱅주의에 대한 그의 강연이다. 카이퍼는 '칼뱅주의와 정치', '칼뱅주의와 학문연구', 그리고 '칼뱅주의와 예술'에 관해서

---

5. 그러므로 뒤에 이어지는 글은 『그리스도와 문화』라는 책에 대한 리뷰가 아니다. 이 책에 담겨 있는 여러 가지 신학적인 이슈들이 여기서는 다뤄지지 않을 것이다. 그보다 스킬더가 '문화적 사명'이라고 불렀던 것이 우리와 무슨 상관이 있느냐 하는 것에 집중하면서 질문을 던질 것이다.

는 강연했지만, 칼뱅주의와 문화에 관한 강연은 없었다.[6]

그 이유는 카이퍼가 문화라는 용어에 불편함을 느꼈기 때문인 것으로 보인다. 문화라는 단어는 문명이라는 개념과 연결되어 있다. 따라서, 카이퍼에 따르면, 그것은 하나님과 함께 시작되지 않고, 사람과 함께 시작되어 사람에 의해서 사용되는 것이었다. 사람은 마치 농부와 같아서 농사를 지으며 식물들을 관리하고 그 성장에 방해되는 것들을 모두 제거시켜 준다. 마찬가지로 문화 속에서 사람은 자기 생명을 더 높은 단계로 발전시키는 자들로 여겨진다. 이렇듯 문화라는 단어는 인간 중심적이기 때문에, 카이퍼는 그 대신 '일반은혜common grace'라는 용어를 사용하고자 했다. 그에 따르면, 칼뱅과 우리 개혁신앙의 선조들은 하나님과 함께 시작되었기 때문에 일반은혜에 대해서 말해야 한다. 하나님께서는 우리의 불행을 완화시키시고, 모든 분야에서 인간의 힘을 발전시키는 것을 가능하게 하신다.[7]

---

6. 칼뱅주의에 대한 강연들은 원래 1898년 10월 프린스턴대학교에서 행했던 것들인데, 그때 그 대학교는 카이퍼에게 명예박사학위를 수여했다. 거기서 카이퍼는 여섯 개의 특별강연을 했다. 그 강연들은 1899년에 먼저 영어로, 그 다음에 네덜란드어로 출판되었다. 카이퍼의 미국체류에 대한 반응들에 대해서는 J. C. 룰만(Rullman), 『카이퍼 전기, 1891~1932(Kuyper-Bibliografie,1891~1932)』(Kampen: Kok, 1949), 3:175~180쪽을 보라.

7. 내가 알기로는, 카이퍼는 75세에서 84세 사이, 즉 1911년에서 1918년 사이에 매주 발간하던 『헤럴드(De Heraut)』지에서 연속되는 시리즈 소논문의 마지막에서 문화에 관해 다루었다. 카이퍼는 이 소논문들을 개정해 네 권의 책으로 발간하는 일까지는 하지 못했는데, 이 일을 그의 아들 H. H. 카이퍼가 했고, 그것이 『완성에 대하여(Van de Voleinding)』(Kampen: Kok, 1929)라는 책이다. 본문에서 언급된 구절은 제2권 180~181쪽에서 확인할 수 있다. 그 당시에는 '문화'라는 용어가 유행하게 되었고 개혁신앙공동체 내에서 '일반은혜'라는 용어를 대체시키려고 했다. 카이퍼는 '문화'라

이것은 문화에 대해 특별한 빛을 비춰 준다. 카이퍼에 따르면, 문화는 은혜의 문제이다. 즉, 죄로 가득 차 있는 세상에서 하나님께로부터 받을 자격이 없는 자들에게 주어지는 선물의 결과인 것이다. 이렇게 죄악된 세상 가운데서도 우리는 많은 발전과 위대한 문화적 성취들을 이루고 있다. 어떻게 이것이 가능한 것일까? 문화적 발전은 무엇보다도 일반은혜의 결과이다. 그리고 이 은혜는 공통적인 것이기 때문에, 문화는 하나님의 백성들에게만 있는 특별한 것이 아니다. 그것은 어디에서든 발전해 왔다. 그러나 동시에 일반은혜에 기초한 문화는 대단히 제한되어 있다는 것이 인정되어야 한다. 오직 특별은혜가 더해져야 문화는 그 완전한 성장에까지 이르게 될 것이다.

이러한 카이퍼의 관점을 이해하는 최상의 방법은, 그가 제공하는 역사에 대한 주석을 따라가 보는 것이다.[8] 그는 위대한 문명들이 중국과 일본, 아메리카, 인도에 존재했었다는 사실에 대해 주목하기를 요구하면서 시작한다. 매우 발달된 인간사회가 그 나라들에서 세워졌었다. 카이퍼는 그로부터 기독교신앙과는 완전히 별개의 문화적

는 용어를 절대적으로 거부하지는 않았지만 그것을 경계했다. 이 책의 나머지 부분에서 그는 그 용어를 단지 비기독교국가들의 문화에만 연결해서 사용한다(2권 172~173쪽, 3권 102~103쪽, 4권 353~354쪽). 일반은혜와 문화 사이의 이런 연결고리 때문에 S. J. 리델보스(Ridderbos), 『아브라함 카이퍼의 신학적 문화관(De Theologische Cultuurbeschouwing van Abraham Kuyper)』(Kampen: Kok, 1947)이라는 카이퍼의 '문화관'에 대한 논문은 실제로는 카이퍼의 '일반은혜'에 대한 사상들을 논의하고 있는 것이다. 이 논문은 자유대학교의 V. 헵의 지도 아래 작성되었다.
8. 계속 이어지는 설명은 A. 카이퍼, 『일반은혜(De Gemene Gratie)』 제2권 (Kampen: Kok, 1932), 177~184쪽에 기초한다. 카이퍼가 아랍문화의 발전에 대해서 말하는 것은 생략했다.

발전들이 있었음을 본다. 그 문화들은 순전히 일반은혜만의 결과였다. 하지만 그 문화적 발전들은 완성되지 않은 채로 남았다. 진보하면서 나아가야 했지만 그렇지 못하고 중도에 머물렀던 것이다.

다음의 국가들의 역사가 이를 분명하게 보여준다. 고도로 발전된 문명들이 멕시코와 페루에도 존재했었다. 하지만 그 문명들은 이제는 완전히 사라져 버렸다. 그들 나라들에서 인디언족의 문화는 더 이상 존재하지 않는다. 물론 인도에서는 상황이 조금 다르다. 매우 발달된 문화가 여전히 부분적으로 존재한다. 하지만 그 성장은 이미 멈췄다. 더 이상 발전하지 않는다. 그 자체의 문화를 발전시키기보다 오히려 서구적 문화의 결과물들 철도, 전신 등을 수입하고 있다.

중국과 일본에서는 훨씬 더 놀라운 발전의 예를 찾아볼 수도 있다. 이 나라들에서는 질서정연한 사회들, 높은 수준들의 예술적이면서 지적인 발전과 번영들을 볼 수도 있다. 카이퍼의 말에 의하면, "이 나라들에서의 일반은혜의 열매는 대단히 풍성했다." 하지만 그 발전들 역시 제한되었다. 먼저, 이들 국가들에서 나타난 일반은혜의 결과는 그 자체에로 국한되었다. 전체로서의 인류는 이들 문화들로부터 아무런 유익을 얻지 못했다. 그리고 두 번째로, 이들 문명은 지속적인 이득을 보여 주지 못한다. 그들이 서구문명을 만나게 되었을 때, 그들 국가의 문화는 시들어 버리는 것처럼 보인다.

그러므로 일반은혜는 그런 국가들에게 제한적인 영향력만을 끼친다. 즉, 장소 및 시간적인 제한이 있다는 것이다. 약간의 사람들에게는 축복을 주지만, 다른 국가들은 그것으로부터 유익을 얻지 못한다. 심지어 그 문화가 영향을 미치는 사람들 안에서조차 그것은 어느 한계 안에서만 발전할 뿐이다. 그리고는 곧 쇠퇴하고 화석화되어 버린다.

하지만 어떤 특별한 국가에만 제한되지 않고, 다른 모든 민족을 축복하도록 되어 있는 일반은혜의 발전도 있다. 이런 발전은 어떤 기간으로만 제한되지 않고 모든 시대에 걸쳐 지속되어 온다. 또한 어떤 수준에서 멈추지 않고, 그 이상으로 계속 발전할 수도 있다. 이는 바벨론과 이집트에서 시작되고, 그리스와 로마에서 어느 정도 꽃을 피우고, 그 뒤 기독교에 의하여 동화된 일반은혜의 발전이다. 이런 발전은 그리스도의 십자가 아래에서 모든 시대에 걸쳐 계속해 발전해 왔다.

여기서 카이퍼의 일반은혜는, 그것이 그리스와 로마에서 있었던 것과 같이, 기독교를 위한 하나의 예비단계였음을 의미한다. 기독교가 그리스와 로마의 문화에 더해졌을 때, 그 문화는 이전에 없던 발전으로 꽃을 피웠다. 서구문화의 확장은 그리스도의 통치의 결과이다. 그리스도의 역사는 감람산에서 승천하신 것으로 끝나지 않았다. 그리스도께서는 아버지의 오른편에 앉아 계시면서 그분의 역사를 새롭게 시작하셨다. 그분께서는 그리스-로마 문화에 기독교를 첨가하셨다. 일반은혜는 서구문명의 뿌리 속에서 전개되어 오다가, 그리스도의 특별은혜 때문에 더욱 높은 곳에 이르게 되었다.[9]

---

9. 이 부분의 논의는 카이퍼가 세상의 머리로서의 그리스도와 일반은혜의 진보 사이에는 어떤 관계가 있다고 보고 있음을 나타낸다. 그러므로 그는 그리스도에 관한 책에서 일반은혜의 주제로 되돌아온다.『왕을 위하여: 그리스도의 왕권에 관하여(Pro Rege: Of het Koniongschap van Christus)』제3권 (Kampen: Kok, 1911), 261~262.

서구문화의 특별한 성격이 이로써 설명될 수 있다. 즉, 서구문화에서 그리스도의 구원하시는 역사특별은혜와 문명의 발달이 분리되지 않고 하나가 된 것이다. 그리스도의 구원하시는 역사가 서구문명과 다른 별개의 새로운 세계를 가져오는 것이 아니다. 오히려 그리스도의 사역이 이 문명을 발전시킨다.

그것은 하나님께서 창조하셨던 동일한 고대세계이고 또 그렇게 남아 있습니다. 그런데 그것은 일반은혜에 의해 보존되고, 또한 특별은혜에 의해 그 생명의 핵심에서 회복되고 그 뿌리에 있는 암이 제거됩니다.[10]

다른 모든 문명들은 사라졌거나 그 권세가 깨져 버렸다. 하지만 신약의 교회에게 민족들을 인도하는 일이 맡겨진 이후로, 일반은혜는 언제나 기독교의 영향 아래에서 새로운 대로들을 열어 준다. 유럽과 아메리카의 기독교 세계는 인류 역사상 최고의 발전단계에 이르렀을 뿐 아니라, 앞으로도 더욱 발전해 갈 것으로 보인다.[11]

---

10. 같은 책, 183.
11. 또한 칼뱅주의에 대한 강의에서, 카이퍼는 특별은혜의 영향 아래에서 서구문명이 지속적으로 발전된 것과는 달리 단지 일반은혜만을 받은 문화의 발전은 저해되었다는 자신의 관점에 관해 설명한다. 그는 다른 문화들을 정체되어 있는 연못으로, 서구문화를 성장을 가능케 하는 계속해서 흐르는 강물로 비교한다. A. 카이퍼, 『칼뱅주의 강연(Lectures on Calvinism)』 (Grand Rapids: Eerdmans, 1970[재판]), 32. 동일한 설명이 카이퍼, 『일반은혜(De Gemeene Gratie)』 제2권, 670~674쪽에 나온다. 문화에 대한 카이퍼의 관점들은 위에서 언급한 S. J. 리델보스(Ridderbos)의 박사

카이퍼의 이런 관점을 회상할 때, 우리는 그가 세계 역사에 관해 보여 주는 기절할 만한 관점 때문에 강력한 인상을 받지 않을 수 없다.[12] 이런 관점에서는 예수 그리스도의 구원하시는 역사가 영혼을 구하거나 사람을 구하는 것에 국한되지 않는다. 그리스도께서는 문화도 구원하시려고 오셨다. 그분께서는 그리스-로마 문화를 취하셔서 그 속에 기독교의 능력들을 주입하셨다. 그 결과, 고전문화는 다른 모든 문화들의 힘을 빨아먹는 치명적인 질병으로부터 고침을 받게 되었다. 이것이 서구문화가 다른 문명들보다 높이 오를 수 있는 이유이다. 이렇게 해서 카이퍼는 다른 문명들의 퇴보와 서구문명의 진보 사

학위논문, 각주 7과 캄펜신학교(Broederwed)에서 발표된 J. 다우마의 박사학위논문인 『일반은혜: '일반은혜'에 대한 카이퍼, 스킬더, 그리고 칼뱅의 견해에 대한 설명, 비교 및 평가(Algemene Genade: Uiteenzetting, Vergelijking en Beoordeling van de Opvattingen van A. Kuyper, K. Schilder en J. Calvijn over 'Algemene Genade)』 (Goes: Oosterbgaan & Le Conitre, 1966), 그리고 H. R. 반틸, 『문화에 대한 칼뱅주의적 개념(The Calvinist Concept of Culture)』 (Philadelphia: Presbyterian and Reformed, 1972)에서 설명하고 있다. E. E. 에릭슨(Ericson), Jr가 『칼뱅신학저널(Calvin Theological Journal)』 22, no. 2, 1987에 실은 "아브라함 카이퍼: 문화비평가(Abraham Kuyper: Cultural Critic)"는 카이퍼의 다른 면에 집중한다. 서구문화의 많은 것, 특히 그 기술이 다른 문화적 배경들을 가진 여러 나라들에 의해 받아들여졌다는 것은 당연히 주목할 만하다는 것이다. 하지만 서구문화의 발전이 기독교의 영향력의 결과로서 설명될 수 있는가 하는 점은 의심스럽다. 『네덜란드매일(Nederlands Dagblad)』, September 7, 1989, 2면에 보고되어 있는 M. J. 파울(Paul)의 "문화사명과 외국인됨(Cultuurmandaat en Vreemdelingschap)"이라는 제목의 한 강의에서의 진술은 서구문화에서 높은 수준의 학문과 기술과학은 르네상스와 인본주의의 결과일 수 있다고 한다. 또한 J. 다우마와 C. 트림프(Trimp)가 공동편집한 『K. 스킬더-그의 작품 양상(K. Schilder:Aspecten van zijn Werk)』 (Barneveld: Vuurbaak, 1990), 191쪽에 실린 J. 다우마, "그리스도와 문화(Christus en Cultuur)"를 보라.

12. 다우마, 『일반은혜』, 50쪽에 실린 A. A. 판 룰러(van Ruler)가 표현한 찬사도 보라.

이에 있는 차이를 설명할 수 있었다. 신학자 카이퍼가 여기서는 문화역사학자 카이퍼가 되었던 것이다.

물론 그 결과로 이제는 기독교문화라는 것이 없게 되었다. 오직 기독교에 의해 영향을 받은 서구문화만이 있을 뿐이다. 따라서 우리는 기독교문화를 이루기 위해서 더 이상 일할 필요가 없다. 다만 서구문화의 계속적인 기독교화를 위해 일할 뿐이다. 정치와 고등교육을 위한 카이퍼의 활동은 이런 문화관과 분리될 수 없다. 반혁명당과 자유대학교는 서구사회를 더욱 기독교의 방향으로 발전시키고자 하는 수단들이었다.[13]

---

13. 이것은 일반은혜에 대한 카이퍼의 관점의 발전이 반혁명당 창당과 자유대학교의 설립에 앞선다는 것을 의미하지는 않는다. 반혁명당은 1879년에 창당되었고, 자유대학교는 1880년에 설립되었다. 반면 그가 실제로 일반은혜 개념을 사용하기 시작한 것은 1887년이었고, 일반은혜에 관한 책을 쓴 것은 1895년과 1901년 사이였다(다우마, 『일반은혜』, 90~91쪽 참고). 물론 카이퍼가 반혁명당을 창당하고 자유대학교를 설립한 이유들이 있었다. 하지만 전체적이며 포괄적인 맥락은 천천히 발전하였고 오히려 뒤에 다가왔다. 이것은 카이퍼에게 비상한 것이 이니디. 그는 자유내학교의 신학부 설립을 위한 충분한 이유들을 설립(1880년) 이후 오랜 뒤인 1894년에 그의 책 『신성한 신학백과(Encyclopaedie der Heilige Godgeleerdheid)』 (Kampen: Kok, 1894)에서 제공했는데, 그 신학부는 자유대학교 설립 당시 첫 번째로 만들어진 여러 학부들 중의 하나였다. 또한 R. H. 브렘머(Bremmer), 『헤르만 바빙크와 동시대인들(Herman Bavinck en zijn Tijdgenoten)』 (Kampen: Kok, 1966), 81쪽에 인용되어 있는 카이퍼가 H. 바빙크에게 쓴 편지를 보라.

3. 카이퍼와 스킬더의 중간시대

스킬더의 문화생활에 대한 논문과 카이퍼의 '일반은혜' 사이에는 35년의 세월이 흘렀다. 그 세월 동안 많은 것들이 변했다. 카이퍼 시대의 사람들이 서구문화의 위대함에 대해 가졌던 거의 무한대의 신뢰가 깨져 버렸다. 유럽대륙에서 가장 위대한 문화 권력이었던 독일이 파괴적인 전쟁을 시작했다. 1차 세계대전은 과학과 예술에서의 진보가 자동적으로 문명의 진보를 의미하는 것이 아님을 보여 주었다. 철학을 주도하는 국가독일조차도 이런 야만적인 잔혹성을 행할 수 있다는 점에서 서구문화를 낙관적으로 보기만은 어려웠고, 이 문화가 고대문명에 기독교가 미친 영향의 직접적인 결과라고 주장하는 것이 어려워졌다. 전쟁 이후에 서구문명은 위기에 놓이게 되었다.[14]

---

14. 1918년(1차 세계대전 종전)에, O. 스펭글러(Spengler)는 유럽의 몰락에 대해 쓴 자신의 책 『서구의 몰락(Untergang des Abendlandes)』을 출간했다. 그에 따르면, 유럽문명은 이제 그 절정을 지났고 쇠퇴하고 있다. 그 뒤에 E. 마리 르마르끄(Maria Remarque)는 1929년에 그의 소설 『서구에는 새로울 게 전혀 없다(Im Westen Nichts Neues)』를 썼는데, 그 안에서 그는 서구사회가 새로운 가치관을 제시하지도 않은 채 옛 가치관을 모두 파괴해 버렸음을 보여 주고자 한다고 했다. G. 하링크(Harinck)는 『네덜란드매일신보(Nederlands Dagblad Variant)』, 9월 21일자 (1990), 35면에 실린 그의 흥미로운 글 "스킬더는 어떻게 혁신적이었는가?(Hoe Vernieuwend was Schilder?)"에서 왜 스킬더는 문화에 대해 말하면서 큰 희망을 품지 않았는지를 설명하기 위해 이런 사실들을 지적하는데, 곧 스킬더는 문화와 관련해서 아름다움을 언급하지 않고, 오히려 고무신발과 땀을 말하고 있다는 것이다. 의심할 여지없이 스킬더는 카이퍼보다 서구문명에 대해 덜 낙관적이었다(A. 카이퍼, 『일반은혜』제2권, 183쪽을 보면 비록 카이퍼도 의심을 하기 시작했지만 말이다). 하지만 스킬더는 문화와 관련해 아름다움을 말하기도 한다(cf. 스킬더, "월광곡의 작곡가", 『그리스도와 문화』, 107). 그 동일한 페이지에 고무신발들이 언급되고 있지만, 문화적 작

하지만 네덜란드 개혁교회 안에서 일상생활은 여전히 이전과 같은 식으로 진행되는 것 같았다. 카이퍼가 창설한 반혁명당과 그가 설립한 자유대학교는 번창하고 있었다. 반혁명당은 H. 콜레인Colijn 안에서 강력한 지도력을 자랑할 수 있었는데, 그는 여러 번에 걸쳐 수상직을 맡았다. 자유대학교도 확장되었다. 부서들이 확장되고 학생의 수도 증가했다. 하지만 동시에 문화적인 문제들에 대한 불편함도 있었다. 이런 상황에서 새로운 방향을 제시했던 신학자가 클라스 스킬더였던 것이다.

4. 그리스도의 중요성

카이퍼만이 아니라 스킬더 역시 문화와 관련해서 예수 그리스도와 더불어 시작한다. 그의 원래 논문에는 "예수 그리스도와 문화생활"이라는 제목이 붙어 있다. 이것의 확장판이 책으로 출간되었을 때, 비록 그 제목이 짧아지기는 했지만, 『그리스도와 문화』라고 해서 여전히 예수 그리스도를 언급하고 있었다. 두 작품 모두에서 문화와

업의 어려움의 예로서가 아니라 오히려 문화적 작업의 부분으로서 창안되어야 할 것으로 언급되고 있다. 하링크는 역사적 맥락으로부터 스킬더의 관점을 해설하려고 하는 것 같다. 스킬더는 이에 대해 반대했을 것이다. 그가 자기 자신의 시대로부터 말하기를 원하였다는 것은 분명하지만, 그는 그것을 성경의 기초 위에서 제시하려고 했다. 스킬더가 아브라함 카이퍼와 주로 차이가 나는 점은 그의 문화적 전망이 아니라 오히려 그의 성경의 사용에 있다.

관련해 예수 그리스도의 중요성이 광범위하게 논의된다.

여기서 스킬더는 하이델베르크 요리문답의 해설을 따른다. '예수'는 그분께서 구세주로 오셨다는 것을 가리키는 이름이다. 그분의 직분의 본질은 **구원하는 것**이다. 하지만 그분께서는 단지 예수이실 뿐만 아니라 또한 그리스도이시기도 하다. 그리스도라는 이름은 그분께서 하나님에 의해 공식적으로 구세주로 임명되셨음을 의미한다.[15] 예수 그리스도는 또한 문화와 관련해서도 구세주로서 나타나셔야 한다. 그분께서는 반역적인 수많은 사람들을 하나님의 백성으로 만드신다. 비록 그들은 완전하지 않지만, 그래도 정화되었다. 따라서 그들은 하나님을 섬기는 일로 부름을 받은 것이다. 이런 의미에서 '하나님을 위하여 세상을 정복하는 것'이 그리스도의 의무가 된다. 땅은 그 합당한 권리를 지니신 원래의 소유주께로 되돌아가야 한다. 그 목적을 위해 그리스도께서는 그분께로 함께 기름부음 받은 자들, 곧 그리스도인들을 새롭게 하신다.[16]

---

15. 스킬더, 『그리스도와 문화』, 42.
16. 같은 책, 94. 스킬더가 신약교회에 관해서만 말하고 있는 것처럼 보이지만 그것은 오해일 것이다. 물론 스킬더는 예수 그리스도께서 "때가 차매" 오셨다는 점을 인식하고 있다. 하지만 예수 그리스도께서는 하나님의 영원하신 아들이시고 지상에 태어나시기 이전부터 이미 지명되셨던 구세주시라는 사실을 고려하고 있다. 또한 구약시대에도 그분께서는 그분의 구원하시는 일을 하셨다. "또한 메시아로서 그분께서는 '예수'라는 이름으로 나타나시기 전에도, 그리고 그 이후에도, 곧 모든 시대에 걸쳐 역사의 한 가운데서 그분의 구속하시는 능력으로 얻으시게 될, 혹은 이미 얻으신 그 **권리**(right)로 말미암아 어떤 사람들을 태초에 창조되었던 상태대로의 사람, 곧 하나님의 사람이 되게 하신다."(『그리스도와 문화』, 96). 스킬더는 예수 그리스도라는 이름을 '모범적'으로 사용하는 위험들을 피하기 위해서 그리스도의 직분의 중요성을 강조한다. 이것

카이퍼와 스킬더가 문화에 관해 말할 때 둘 다 예수 그리스도로 시작한다 하더라도, 문화에 대해 그리스도가 갖는 의미에 대해서는 서로 다른 관점을 가진다. 다시 말해, 카이퍼는 예수 그리스도를 그리스-로마 문화에 그분의 특별은혜를 부으시는 구세주로 여긴다. 곧, 예수 그리스도께서는 문화의 구세주이신 것이다. 하지만 스킬더는 예수 그리스도를 사람의 구세주로 여긴다. 곧, 그리스도께서는 많은 사람들 안에서 구원의 역사를 행하시는데, 이 역사는 불순종의 사람들을 그들의 문화 활동 속에서 다시금 하나님을 섬기는 백성으로 만드시는 것을 포함하는 것이다.[17]

은 스킬더가 그리스도의 생애 가운데 **세부적인 것들**(details)로부터 문화에 대한 기독교적 관점을 도출하기를 원치 않는다는 것을 의미한다. 예를 들어, 탄생 때 받으셨던 황금과 유향과 몰약, 그분을 섬겼던 부유한 여인들, 그분께 향유를 부었던 여인, 자주색 옷 등등에서 문화관을 이끌어내기를 원하지 않았던 것이다(『그리스도와 문화』, 62, 81-82). 그분의 생애의 세부적인 것들이 아니라, 그분의 구세주로서의 역할이 문화에 대한 그리스도인의 관점을 결정해야 한다. 스킬더의 "예수 그리스도와 문화생활"이란 글은 1931년에 『수난 받으시는 그리스도(Christ in His Suffering)』라는 제목으로 출간된 세 권의 설교집(H. 질스트라[Zylstra] 번역, Grand Rapids: Eerdmans, 1938)을 배경으로 해서 읽혀져야 한다. 이것은 문화에 관한 글이 출간되기 2년 전에 출간되었다. 이 책들 속에서 스킬더는 수난 중에 그리스도께서 하신 일은 우리를 위한 모범으로서 간주해서는 안 되고, 우리를 구원하시는 일들로 간주해야 한다고 강조했다. 문화에 대한 글에서 스킬더는 이런 확신을 하나의 특별한 주제와 관계해서 전개했던 것이다. 이것에 대해서는 J. 캄프하이스(Kamphuis), "열린 하늘 아래에서의 훈련사역 III(Vormingswerk Onder een Open Hemel III)", 『개혁』 62, no. 25(1987):505-506쪽을 보라.

17. 이것은 문화라는 주제에서 카이퍼와 스킬더 사이에 있는 첫 번째 근본적인 차이점이다. 하지만 스킬더는 자신의 글을 쓰면서 이런 다른 출발점을 인지하지 못하고 있는 것 같다. 1932년의 원래 글을 보면, 카이퍼(의 이름을 언급하지 않은 채 하는)에 대한 유일한 비판은 문화를 일반은혜의 문제로서 기술하지 않겠다는 것이다(부핑하[Buffinga], 『예수 그리스도와 인간생활[Jezus Christus en het Menschenleven]』,

5. 태초로 돌아감

구세주 그리스도께서는 그분의 백성을 그들의 의무로 되돌려 놓으신다. 그러면 그들의 의무는 무엇인가? 어디서 그것을 찾을 수 있는가? 스킬더에 따르면, 그 의무는 낙원에서 주어진 것이다.[18] 곧, 사람이 창조된 이후에 하나님께서 그들에게 주셨던 말씀 속에 들어 있다. "땅을 충만하게 하고 그것을 정복하라."창1:28 이 의무는 또한 에덴동산으로 사람이 인도된 후에 주어진 말씀에도 표현되어 있다. "그것을 경작하여 지키라."창2:15 하나님께서는 완전하게 개발된 세계를 창조하신 것이 아니다. 낙원에서의 사람도 하나님의 동역자로서 일해야 했다.

하나님께서는 태초에 이 명령을 주셨다. 하지만 사람이 죄를 범하였다. 그 죄 가운데서 사람은 더 이상 하나님과 그분의 말씀에 복종하기를 원치 않는다. 하지만 그런 불복종 가운데서도 사람은 하나님께서 이 세상에 창조해두신 구조들을 피할 수는 없다. 여전히 하나님

---

277).
18. H. 반틸(Van Til)은 『문화의 칼뱅주의적 개념(The Calvinist Concept of Culture)』[이근삼 역, 『개혁주의문화관』 (성암사, 1977)—역주.], 140쪽에서 스킬더의 『천국은 무엇인가?(What Is Heaven?)』의 관점에서 스킬더의 문화관을 조망한다. 그 결과, 그는 다음과 같이 진술한다. "스킬더는 그 종말론적-교육적 가치의 기초 위에서 문화과정을 평가하고자 한다." 하지만 이것은 잘못 본 것이다. 천국에 관한 책은 문화에 관한 출판물보다 3년 뒤에 출간되었을 뿐만 아니라, 스킬더는 그 어디에서도 문화를 종말론(eschatology)의 기초에서 평가하지 않는다. 그 반대로, 그는 그것을 계속해서 태초론(protology)의 기초 위에서 평가한다.

의 자연법을 따라야만 하는 것이다. 하지만 하나님의 도덕법에는 불복종할 수 있다.[19] 그리고 실제로도 그들은 하나님께 복종하지 않는다. 이렇듯 사람은 자신의 창조주께 불복종하면서 이 세상에서 살아간다. 그런데 여기에 그리스도께서 개입해 들어오신다. 구세주로서 그분께서는 중생의 역사를 일으키신다. 스킬더의 확신은 그리스도께서 그분의 자비로우신 사역을 문화생활을 위해서도 행하신다는 것이다.[20] 그리스도께서는 사람으로 하여금 태초로부터 주어진 하나님의 명령에 다시금 직면하게 하신다. 따라서 사람은 문화적인 활동을 해야 하는 것이다.[21]

6. 문화

이것은, 스킬더의 관점에서 볼 때, 문화네덜란드어로 Cultuur란 무엇인가 하는 질문으로 이끈다. 하지만 여기서 모든 사람들이 스킬더의 문장을 이해하는 데 무기력함을 느낀다. 스킬더는 자신의 문화관을

---

19. K. 스킬더, 『그리스도와 문화』, 117~118.
20. 같은 책, 140.
21. 이것이 문화에 관해 카이퍼와 스킬더 사이에 있는 두 번째 차이점이다. 카이퍼는 자신의 출발점을 죄의 세상에서 취한다. 그러면서 그는 너무나도 많은 문화적 발달이 여전히 가능하다는 것에 대해 감탄한다. 그래서 그것을 일반은혜의 결과라고 설명해야 했다. 이에 반해 스킬더는 시간상 더 이른 시기에서부터 논의를 시작한다. 곧, 하나님께서 낙원에서 주신 명령으로 시작하는 것이다. 이 낙원의 명령들은 문화가 어떤 것이어야 하는지를 보여 준다.

반 페이지에 해당되는 하나의 긴 복합문장으로 요약했기 때문이다.[22]
따라서 우리는 몇 가지 매우 중요한 측면들을 강조하는 것으로 만족
하고자 한다.

첫째, 문화는 이 세상에서 수행되는 총체적인 활동이다.[23] 문화
Culture라는 말은 '경작하다 to cultivate'라는 뜻을 가진 라틴어 동사에

---

22. K. 스킬더, 『그리스도와 문화』, 108.
23. 문화라는 말은 여러 가지 의미를 지닌다. T. 하드(Hard), 『문화와 확신: 신앙공동체에 있어서 확신의 표시와 척도로서의 문화(Culture and Conviction: Culture, the Mark and Measure of Conviction in Religious Community)』 (Pusan, South Korea: Kosin College and Korea Theological Seminary, 1983), 11쪽은 "수백 가지의 정의가 있다."라고 한다. 스킬더가 문화라는 단어로 의미하는 바는, 판 달레(Van Dale)가 편집한 네덜란드어 사전에 등재된 대로, 일상적인 네덜란드어 용례가 아니다. 그것은 또한 『기독교백과사전(Christelijke Encyclopaedie)』 (vol. 1, Kampen: Kok, 1925), 526~528쪽에 있는 F. W. 흐로쉐이드(Grosheide)가 제시하는 문화의 의미도 아니다. 여기서 문화는 문명을 의미하는 것으로 여겨진다. 『예수 그리스도와 인간생활(Jesus Christus en het Menshenleven)』이라는 책의 출판 관련자들이 스킬더에게 "예수 그리스도와 문화생활"이라는 제목의 글을 써 달라고 부탁했을 때, 그들은 아마도 스킬더가 세계 속에서의 일반적인 인간 활동에 대해 쓰게 될 것이라고는 기대하지 않았을 것이다. 다른 장들은 "예수 그리스도와 교회생활", "예수 그리스도와 정치생활", 그리고 "예수 그리스도와 사회생활" 같은 식의 제목으로 붙어 있다. "예수 그리스도와 문화생활"이라는 제목을 주면서 그들은 예술에 집중된 글을 기대하였을 것이다. 스킬더는 그런 주제를 다루기에 합당한 인물이었다. 그 당시 개혁교회들 안에 있는 어떤 다른 목사들보다도 그런 의미로서의 문화에 대해 더욱 많이 알았을 것이다. 그는 문학을 알았고, "극장에 대한 우리의 관계(Onze Verhouding tot het Tooneel)", 『일어나라(Opgang)』 8, no. 3a(1924):69~80쪽에서 연극에 대한 논평을 쓰기도 했다. 어쩌면 스킬더가 **문화**(culture)라는 말 속에 부여한 의미는 H. 바빙크에게서 빌려 왔는지도 모른다. 『계시철학 스톤강의(Wijsbegeerte der Openbaring. Stone Lectures)』 (Kampen: Kok, 1908)에 실린 계시와 문화에 관한 한 장에서 바빙크는 다음과 같이 기술한다. "넓은 의미의 문화는 인간의 능력이 자연에 미치게 되는 모든 활동을 포함한다."(213쪽)

서 나왔다. 농부가 풍성하게 추수하기 위해서 토지에 행하는 모든 활동을 '문화'라고 부른다.[24] 스킬더는 이것을 동산을 가꾸고 지키라는 태초의 명령(창2:15)과 연관시킨다. 그리고선 그 의미를 땅을 지키고 발전시키기 위해서 행할 수 있는 모든 것을 포함하는 것으로 문화라는 말의 의미를 확장시킨다.

스킬더에 따르면, 문화는 예술의 세계 또는 예술과 학문으로 제한되어서는 안 된다. 물론 이것들도 문화에 속하기는 한다. 스킬더는 개혁신앙인들에게 예술을 발전시키는 것이 하나님 앞에서 우리의 의무에 속하는 것이라고 말하는 것을 두려워하지 않는다. 하지만 예술은 이 세상에서 행해지는 유일한 문화활동이 아니다. 청소부도 가정주부와 같이 문화적 활동을 한다. 실제로 이 땅 위에서 행해지는 모든 종류의 활동이 문화에 속한다.[25]

---

24. 스킬더, 『그리스도와 문화』, 102.
25. J. 다우마(Douma)는 "그리스도와 문화"의 188쪽에서 스킬더가 세 가지 다른 의미로 '문화'라는 용어를 사용한다고 말한다. ① 농사에서부터 시작해서 예배에 이르기까지 모든 것을 포함하는 포괄적인 의미에서의 문화, ② 기술적이고 예술적인 작품들을 포함하는 더욱 일반적이고 제한된 의미에서의 문화, ③ 하나님의 복과 저주를 성취하는 데 전제가 되는 것으로서의 문화. 나는 이런 다우마의 견해에 동의할 수 없다. 여기서 세 번째 의미는 첫 번째 및 두 번째의 것과 동일한 성질의 것이 아니다. 그것은 문화가 무엇인지에 대해서 말하지 않고 문화가 무엇을 위한 것인지에 대해서 말한다. 스킬더가 이중적인 운명(복과 저주)과 연관해서 문화를 말하고 있는 것은 사실이지만, 그것이 이것을 의미 있게 하는 것은 아니다. 두 번째 의미에 대해서는, 다우마가 제공하는 어떤 인용구절들로도, 문화라는 말이 이 책에서 기술적이고 예술적인 의미로 사용되고 있다는 것을 입증하지 못한다. 예를 들어, 다우마는 스킬더가 문화에 대한 포괄적인 정의를 제공하는 페이지[한국어판에서는 108쪽]로부터 한 구절을 인용하는데, 그 인용한 구절은 다음과 같다. "동산은 땅(adama), 곧 거주할 수 있는 세계의 시작점이다. 그러므로 바로 여기에서 문화적 세계가 시작된다." 이 구절에서 스킬더가 말하고

스킬더의 문화관에서 두 번째로 중요한 측면은, 문화명령에는 세계가 발전되어야 한다는 것이 함축되어 있다는 그의 확신이다. 세상은 선하게 창조되었다. 하지만 그것은 완전하게 개발된 형태로 창조된 것이 아니었다. 하나님께서는 많은 가능성을 지닌 한 세계를 창조하셨다. 사람은 그 가능성들이 실재가 될 수 있도록 일해야 하는 것이다. 이런 의미에서 스킬더는 창조에 기초한 진화에 대해 말하기도 한다.[26]

한 가지 예를 들면, 하나님께서 사람을 위해 동산을 하나 예비하셨지만 이 동산 하나로는 자녀와 손주들이 태어났을 때 충분하지 않을 것이다. 더 넓은 땅이 개발되어야 했다. 그러므로 삽이 필요했을 것이고, 삽을 만들기 위해서는 머리와 손이 서로 협력해야 했을 것이다. 즉, 머리가 삽을 고안하고 손이 그것을 사용해야 했을 것이다.[27] 이렇듯 기술적인 창안물들은 사람이 발전시켜야 했던 문화에 속해 있었

자 하는 바는 기술적인 작품들과 예술들에 대한 주제들에 관해서가 아니라, "문화생활 및 그 모든 과정들"에 관해서이다. 나는 또한 다우마가 제공하는 첫 번째 의미에 대해서도 동의하고 싶지 않다. 내가 아는 한, 문화는 스킬더에 의해서 포괄적인 의미로 계속 사용되고 있다. 하지만 그것은 예배를 결코 포함하고 있지 않다. 예를 들어, 스킬더는 110쪽에서 문화와 종교를 분리시키는 것을 공격한다. 하지만 그렇다고 해서 문화와 종교를 동일한 것으로 여기는 것은 아니다. 스킬더는 창세기 1장 28절 및 2장 15절과 같은 본문들에 기초해서 이런 포괄적인 의미에 도달했던 것이다.

26. 스킬더, 『그리스도와 문화』, 106. 스킬더가 창조에 기초한 진화에 관해 말할 때 그는 창세기 1장 1절과 1장의 나머지 부분을 구분하는 것이 아니다. 오히려 창세기 1장 1절~2장 9절과 2장 15~17절을 구분하는 것이다. 다시 말해, 창조는 하나님의 첫 번째 창조만을 포함하지 않고 6일 동안의 모든 창조의 역사를 포함한다. 진화는 사람이 하나님의 세계 안에서 행하는 활동을 포함한다는 것이다.
27. 같은 책, 107~108.

다. 세상은 인간의 문화 활동의 결과로서 변하게 되었을 것이다. 문화는 동산에서 도시로의 변화를 의미했다.[28]

문화의 세 번째 중요한 특징은, 문화는 모든 인간의 의무라는 점이다. 문화적 사명은 처음에 낙원에 있는 아담과 하와에게 주어졌다. 그리고 그것이 그들의 후손에게 전달되었다. 따라서 모든 인류가 문화 활동에 연루되어야 한다. 아니 어쩌면 모든 사람은 자신의 매일의 일들을 문화적 활동으로서 수행해야 한다고 말하는 것이 더 낫겠다. 그들은 모두 하나님께서 만드신 피조물들이다. 그들은 땅 위에 살면서 하나님의 땅에서 하나님을 섬기며 일해야 한다. 하지만 많은 사람들이 이런 식으로 일하지 않는다. 이것이 문화적 발전 또는 이 세상의 발전이 결코 완성되지 않게 되는 이유이다. 하나님을 거부하는 이들이 하나님께서 창조하신 물질들을 하나님께서 그들에게 주신 능력들로 이용하고 있지만, 정작 하나님께는 복종하지 않는 것이다. 이런 불복종의 결과로 그들이 행하는 문화활동의 많은 것들이 손상을 입을 것이다. 결국 그들의 문화적 성취들은 단지 몸통만 있는 조각품 또는 짓다가 만 피라미드일 뿐임이 분명하게 드러날 것이다.[29]

물론 중생한 자들도 있다. 그들이 행하는 문화활동에서 순종의 시작은 가시적인 것이 되어야 한다. 하지만 이것도 완전한 문화의 발달

---

28. 스킬더의 문화사명의 관점이 발전되어 J. R. 비스케르케(Wiskerke), "기술에 대한 성경적 평가(Schriftuurlijke Taxatie van de Techniek)", 『Lucerna』 8, nos. 1, 2(1969): 13~23쪽에 의해 기술과학에 적용되었다.
29. 스킬더, 『그리스도와 문화』, 164.

에는 이르지 못할 것이다. 그리스도인들의 문화도 짓다가 만 피라미드처럼 남을 것이다.[30] 이에 대해서는 몇 가지 이유를 들어 설명할 수 있다. 첫째, 그들은 소수라는 점이다. 모든 사람들이 수행해야 할 일이 단지 소수의 사람들에게만 주어져 있다. 그들은 이 세상에서 이뤄져야 할 일들을 수행할 만한 인력으로 충분하지 않다.[31] 또 다른 이유는 그들 안에 여전히 죄가 존재하기 때문이다. 그리스도인의 손과 눈이 죄를 향해 있기 때문에, 그리스도인이라 하더라도 어떤 유형의 일에는 참여하지 않아야 하는 것이 의무가 될 수 있다.[32]

---

30. 같은 책, 167.
31. 같은 책, 184.
32. 같은 책, 185. 여기서 카이퍼와 스킬더의 세 번째 차이점이 분명해진다. 카이퍼에 따르면, 기독교 문화가 있을 수 없고 또한 있어서도 안 된다. 왜냐하면 그리스도께서 일반은혜의 결과로서 그리스와 로마문화에 그분의 특별은혜를 더하시기 때문이다. 그러므로 그리스도인들은 특별한 기독교 문화를 만들기 위해서 노력해서는 안 된다. 그들은 단지 서구문화를 기독교화시켜야 할 뿐이다. 반면 스킬더는 불신자들의 활동과 구분되는 기독교 문화가 있어야 한다고 말한다. 왜냐하면 그리스도께서는 사람들을 중생시키셔서 원래의 사명에 대해 새로워진 순종을 하게 하시기 때문이다. 그 결과가 기독교 문화이다.
  그러므로 스킬더는 그리스도인들과 비그리스도인들이 협력할 수 있는지 아닌지에 대한 문제를 논의해야 했다. 『그리스도와 문화』, 20장을 보라. 우리는 이 점에 관한 논의에 깊이 들어갈 수 없지만, 문제점들이 여기서 발생한다는 것만큼은 언급해야겠다. 스킬더는 카이퍼의 '반정립(antithesis)'의 개념 위에서 작업을 시작한다. 하지만 그리스도인들의 활동이 다른 사람들의 활동과 분리되는 것이 스킬더가 설명하려는 것처럼 그렇게 날카롭게 분리될 수 있을까? 그가 사용하는 표현을 빌리자면, 그들은 서로 다른 피라미드들을 건축하고 있는 것일까? 그들은 간혹 동일한 피라미드를, 단지 다른 확신으로부터 함께 세워 가고 있는 것은 아닐까? 물론 확신에 있어서의 차이가 그들의 태도에서는 현저한 것이어야 하지만, 그들의 활동의 결과에서는 단지 부분적으로만 드러나게 될 뿐이다. 신앙이 반드시 완전히 다른 결과에 이르게 하는 것은 아니다. 다우마의 "그리스도와 문화", 190~191쪽을 보라. 그곳에서 그는, 마태복음 24장 여기서 언급해야 할 마지막 측면은 문화는 언제나 하나님의 영광을 향해야 한다는 것이다. 인간은 죄를 범했을 때 하나님으로부터 이탈되었다. 그 순간부터 그의 문화적 활동도 하나님으로부터 분리되었다. 그리고 문화적 발달 그 자체가 목적이 되어 버렸다. 이렇게 하나님께로부터 분리된 문화의 산물들은 위험한 것이 되기까지 했다. 망치는 인간에게 유용한 도구이지만, 인간을 해롭게 하고 죽이는 데도 사용되어 왔다.[33]

죄는 또한 문화에 대해 잘못된 관점을 제공한다. 예를 들어, 이런 관점에서는 스포츠가 여가를 즐기는 것에서 가장 높은 우선순위에 있는 것이 되어 버린다. 스킬더는 소위 기독교 신문들에서조차 교회 소식에 대해서는 너무 적게 다루는 반면, 스포츠 뉴스에 대해서는 많은 지면을 할애하는 경우가 있다고 지적한다. 운동경기에서 이긴 팀에 대한 기사는 대문짝만하게 실리면서, 정작 영적 투쟁에 대해서는 한 줄도 언급하지 않는다는 것이다.[34] 하지만 궁극적으로 하나님의 영광이 모든 것의 중요성을 결정해야 한다.

이상으로 스킬더의 문화관은 결코 추상적이지 않다는 점이 충분히 강조되었을 것이다. 그것은 카이퍼의 문화관만큼 광범위하지는 않다. 하나의 총체적인 포괄적 관점에서 세계의 전체 역사를 조사하

40절에 나오는 두 여인들의 예를 들어, 한 사람은 믿고 다른 사람은 믿지 않지만 동일한 문화활동을 하는 데서 협력하고 있다고 설명한다.
33. 스킬더, 『그리스도와 문화』, 158.
34. 같은 책, 116.

고자 하지 않는다. 하지만 그것은 카이퍼의 관점보다 더욱 깊다. 그것은 심령을 파고들며 모든 그리스도인들에게 그들의 일상의 삶을 하나님께로부터 받은 사명으로서 수행해야 한다고 권면한다.

그동안 스킬더의 관점은 심각하게 비판받아 왔다.[35] 다음에서는 최근의 비판들 몇 가지를 살펴보고 그것들에 대해 평가해 보겠다.

---

35. 카이퍼와 네 번째로 차이가 나는 것은, 카이퍼가 문화를 일반은혜의 결과로서 설명했다면, 스킬더는 그 일반은혜를 하나의 사명으로 대체시켰다는 것이다. 스킬더는 이미 1932년의 글에서 자신은 일반은혜에 동의할 수 없다고 밝혔다(277~278쪽). 이런 비판은 1947년도 판에서는 더욱 강해졌다(『그리스도와 문화』, 188~195). 카이퍼가 문화를 결과로서 보려고 한 반면, 스킬더는 그것을 활동으로 보려고 했다는 사실은 접근방식에서 그들의 차이와 연결된다.

 스킬더가 일반은혜를 거부한 것은 스킬더의 문화관을 둘러싼 논쟁들에서 최고의 논쟁들 중 하나이다. 토론된 주제들 중 하나는 죄로 타락한 이후의 시간의 성격에 관한 것이다. 시간과 생명이 지속되고 있다는 사실, 그리고 타락한 세상에서도 진보가 가능하다는 사실은 일반은혜의 결과가 아닌가? 아니라는 것이 스킬더의 답변이다. 왜냐하면 시간 자체는 은혜가 아니기 때문이다. 어떤 사람들은 그들의 시간을 하나님을 섬기면서 지혜롭게 사용한다. 하지만 많은 사람들이 그들에게 주어진 시간과 가능성들을 활용하지 못한다. 그들이 시간을 사용하는 방식 때문에 그들은 책망을 받을 것이다. 그러므로 스킬더는 시간을 축복과 저주를 받기 위한, 그 밑에 깔려 있는 근거로서, **토대**(substratum)라고 부른다(125쪽). 다우마는 이러한 스킬더를 비판했다. 그는 스킬더의 일반은혜 개념을 방어하지 않고 칼뱅이 인정했던 덜 웅장한 일반은혜 개념으로 되돌아가고자 했다. 내 생각에는, 다우마가 시간과 하나님의 땅이 제공하는 유익들을 스킬더가 중립적인 방식으로 제시한 것을 비판한 것에서는 옳다(다우마, 『일반은혜』, 310~311, 320~323). 하지만 '은혜'라는 용어가 시간과 관련해서 사용될 수 있을까? 내게는, 시간이 제공하는 모든 가능성들과 인류가 받은 모든 능력들은 하나님의 은혜의 결과라기보다 하나님의 선하심에서 주어지는 선물들인 것 같다. 하지만 이런 차이는 문화사명의 토론에 직접적으로 영향을 미치지 않기 때문에, 여기서 그것을 자세히 논의할 필요는 없겠다.

7. 성경에 기초하는가?

스킬더가 주장하는 문화명령은 성경에 기초한 것이 아니라는 비판이 여러 번 제기되었다. 최근에 어떤 이는 그것을 '물거품'이라고 불렀다. 문화사명은 멋지게 보이지만, 그것을 다루다 보면 성경적인 내용이 전혀 없어 결국 펑 터져 사라져 버리고 만다는 것이다. 물론 이것은 개혁신학자에게는 최고로 심각한 비판이다. 그러므로 우리는 스킬더의 이해에 깔려 있는 본문들에 상당한 주의를 기울여야 한다.[36]

스킬더의 주요 논증은 창세기 1장과 2장에서 하나님께서 인간의 창조와 관련해서 말씀하신 것에 근거한다. 왜냐하면 예수 그리스도

---

36. J. 다우마는 성경구절들이 과연 문화사명에 대해 말할 수 있는 권리를 제공하는가에 대해서 의문을 가졌다(다우마, 『일반은혜』, 345). J. 캄프하이스는 그의 『노상담화: 교회, 고백, 그리고 문화에 대한 숙고(Onderweg Aangesproken: Beschouwingen over Kerk, Confessie en Cultuur)』 (Groningen: De Vuurbaak, 1968), 228~244쪽에서 자신의 글에 대해 비판한 다우마의 주석을 비판했다. 그 결과 다우마는 자신의 논문(374~378쪽)에 덧붙인 훗날의 한 강의에서 자신의 비판을 좀 더 부드럽게 했다. 다시금 토론이 불붙은 것은 F. 판지에르(Pansier), "문화적 사명: 광대함인가 아니면 거품인가?(Cultuurmandaat:Vastigheid of Zeepbel?)", 『근원(Radix)』 15, no. 3(1989): 124~134쪽에 의해서였다. 다우마는 이에 대해서 "문화적 사명은 비누거품인가?(Is het Cultuurmandaat een Zeepbel?)", 『네덜란드매일신보(Nederlands Dagblad Variant)』, September 16, 1989, 3면에서 답변했다. M. J. 파울(Paul)이 한 강연에서 비판가의 대열에 합류하여 그리스도인들이 문화사명을 시녔는지 아니면 지상에서 순례자로 살아야 하는지에 대한 문제를 토론했다. 창세기 1장과 2장에 기초한 그의 논의의 결론은 다음과 같다. "이 본문들을 분석한 결과 하나님께서는 동산과 땅의 열매들을 사용하는 것을 허용하시는 것 같다. 하지만 가장 중요한 것은 어느 곳에서도 사람이 문화를 건설해야 할 문화사명을 가지고 있다고 말하지 않는다는 것이다. 어느 정도 우리는 우리 주변에 있는 문화를 사용할 수 있을 뿐이다."(『네덜란드매일신보』, September 7, 1989, 2)

의 구원은 그리스도인으로 하여금 인간의 창조 이후에 인간에게 요구되었던 원래의 순종으로 되돌아가게 하는 것이기 때문이다. 우리 역사의 시작점에서 하나님께서는 무엇을 말씀하셨는가?

창세기 1장 26절에서 하나님께서는 사람을 창조하시는 일에 대해서 그분 자신께 말씀하신다. 하나님께서는 바다의 물고기와 공중의 새들 그리고 땅의 모든 짐승들을 다스리도록 사람을 만들기를 원하신다. 여기서 '다스리다to have dominion'라는 뜻의 단어가 대단히 두드러져 보인다. 성경에서 이 용어는 보통 누군가를 과격하게 복종시킨다는 의미를 함축한다. 하지만 하나님께서는 세상이 시작될 때, 곧 죄가 들어오기 전에 이것을 말씀하시는 것이므로 창세기 1장에서의 의미가 그처럼 과격한 것일 수는 없다. 그보다 이 동사는 '노예처럼 부리다'사14:2라는 뜻으로도 사용될 수 있는데, 만약 이 단어의 부정적인 의미를 제거한다면, 이런 의미가 창세기 1장에 더 적합하다고 생각한다. 즉, 하나님께서 창조하신 짐승들은 사람의 종들이 되어야 한다는 것이다.

몇 가지 예를 들어 보자. 소가 창조되었다. 그것은 피조세계에서 살아간다. 그런데 자유롭게 이곳저곳을 돌아다닌다. 사람에게는 그것을 가축으로 만들 권리와 그것의 우유를 사용할 권리가 주어졌다. 말도 창조되었고, 에덴동산에서 뛰어다닌다. 사람은 그것을 잡을 권리와 능력이 있다. 그것을 길들이고 훈련시켜서 타고 다닐 수도 있다. 이것이 창조된 사람에게 어떤 발전을 의미하는지 상상해 보자. 그는 자기 발로 걸어서 가는 것보다 더 빨리 갈 수 있다. 또한 더 무거운 짐을 들 수도 있다. 하지만 이것을 위해서 또 얼마나 많은 것을 사람이 고안해 내야 하는지도 상상해 보자. 죄 없는 세상에서조차 말이다. 그는 재갈과 고비, 바퀴와 수레, 마구간과 담벼락 등을 고안해야 한다. 이 모든 것이 말을 지배하는 것에 속하는 일들이다. 또한 사람은 양을 이용할 수도 있다. 그것의 털을 깎고 그 양털로 옷을 지어 만들 수도 있다. 이렇듯 짐승들을 다스리는 것은 의심할 바 없이 문화적 과제를 포함한다.[37]

인간의 다스림은 하나님께서 인류에게 바다의 물고기와 공중의 새들을 다스릴 수 있게 하셨다는 점을 인식할 때 더욱 인상적이다. 그들도 사람을 섬겨야—자신의 본질을 좇아서—한다. 하지만 물고기와 새들을 다스리기 위해서 사람은 바다와 공중에 대한 자신의 영향력을 확대해야 한다. 물고기와 새들에게 다가갈 수 있는 방법들을 개발해야 한다. 다시 말해, 이 다스림은 문화적 발달을 요구하는 것이다.

창세기 1장 28절에 대해서도 동일하게 많은 것을 말할 수 있다. 여기서 하나님께서는 사람에 대해서가 아니라 그분 자신에 대해서 말씀하신다. 사람이 다스리는 범위는 하나님께서 26절에서 가리키셨던

---

37. 스킬더는 사람의 다스림을 '하나님의 형상으로' 사람이 창조된 것과 관련시켰다. 이 점에 대해서 그가 논의한 것을 보려면, K. 스킬더, 『하이델베르크 요리문답(Heidelbergsche Catechismus)』, 4 vols. (Goes: Oosterbaan & Le Cointre, 1947~51), 1:220~312쪽을 보라. J. 캄프하이스가 이런 생각을 발전시켜 『상실에서 오는 유익: 하나님의 형상과 다가오는 왕국(Uit Verlies Winst: Het Beeld van God en het Komende Koninkrijk)』(Barneveld: Vuurbaak, 1985)이라는 책과 "열린 하늘 아래에서의 훈련사역"이라는 글에서 이에 관해 설명했다.

것보다 더욱 광범위하다는 것이 입증된다. 처음에는 단지 짐승들을 다스리는 것만이 언급되었는데, 이제 하나님께서는 "땅에 충만하여 그것을 정복하라"고 말씀하신다. '정복하다'라는 동사의 의미는 26절의 것과는 다르다. 또한 성경의 다른 곳을 보면, 이 단어에는 부정적인 의미가 함축되어 있다.[38] '다스리다have dominion'라는 단어의 뜻처럼, '정복하다subdue'라는 단어도 누군가를 노예로 만드는 데 사용될 수 있다대하28:10. '땅을 정복하다'라는 표현은 분명히 짐승들만이 아니라 땅 전체를 인간의 종으로 삼아야 한다는 것을 의미한다.[39] 땅은 아직 사람을 대적하지 않는다. 그것은 타락 이후 하나님의 저주로 말

---

38. A. 판 쩔름스(van Selms), 『창세기 I(Genesis I)』, (Nijkerk: Callenbach, 1973), 36, 38~39쪽은 '다스리다'와 '정복하다'라는 단어의 과격한 성격에 특별히 주목한다. 이런 점들로 인해 그는 "우주는 친화적인가?"라는 질문을 던진다. 이 질문에 대해서 그는 우주를 창조하신 하나님께서는 친화적이시라고 답변한다. 그것은 땅이 우리에게 복종해야 하는 것을 의미한다. 하지만 땅이 거부하기 때문에 그래서 과격하게 복종시켜야 한다는 것이다. 어려운 작업에 대해서 강조하는 것은 내 생각에도 옳게 보이지만, 땅이 거부하고 있다는 생각은 창세기 1장에 적합하지 않다.
39. 판지에르(Pansier), "문화사명(Cultuurmandaat)", 125쪽은 **땅**(earth)은 성경에서 산업지역의 한 부분으로서의 토지(land), 한 국가의 영토, 사람과 짐승들이 (바다와 공중을 배경으로 해서) 살고 있는 세상의 한 부분으로서의 땅, 그리고 한 국가의 거주민들 등과 같이 여러 가지 의미를 지닌다고 말한다. 또한 **땅**(earth)과 연관시켜서 **정복하다**(subdue)라는 동사는 '한 국가의 거주민들을 정복하다'라는 의미를 갖는다고도 한다. 그에 의하면, 우리는 다른 구절들에 있는 의미들을 취해 단어들을 해석해야지, 그것들을 위해 새로운 의미를 고안해서는 안 된다. 판지에르는 '땅을 다스리라'는 표현이 성경에 나오는 흔한 표현이기 때문에, 마지막 분석에 있는 **땅**(earth)의 의미를 취해야 한다고 주장하는 것일까? 이것은 여기서 불가능한 것이 분명하다. 왜냐하면 그것은 하나님께서 모든 인류의 조상에게 모든 미래의 후손들을 다스리라고 명령하신 것이 되기 때문이다. 하지만 **땅**(earth)에 대한 새로운 의미를 고안할 필요는 없다. 그 의미는 이 장에서 이미 나타났던 것이기 때문이다. 곧 피조된 세상, 우리가 살고 있는 땅을 말하는 것이다(창1:1~2). 이런 의미는 우리를 문화사명으로 곧장 돌아가게 한다.

미암아 일어나게 될 일이다. 하지만 타락 이전이라 하더라도 땅은 자동적으로 사람을 섬기지 않는다. 낙원에서 사람은 땅을 자신의 종으로 사용하기 시작할 수 있었다.

땅에 대한 이런 다스림은 앞서 사람에게 말한 "번성하여 땅에 충만하라"는 명령과 연결될 수 있다. 이 명령은 죄와 사망이 없는 상태에서 주어졌다. 태어나는 모든 자녀들은 살다가 그들의 자녀들을 낳게 될 것이다. 다스림과 자녀들을 낳는 것, 이 두 부분은 서로 연결되어 있다. 사람이 더 많아지는 것은 더 많은 땅이 다스림을 받아야 한다는 것을 의미한다. 시작은 단지 동산뿐이었다. 하지만 동산 하나로는 태어나게 될 모든 사람들을 지원할 수 없었을 것이다. 더 많은 땅이 경작되어야 했을 것이다. 더불어 더욱 많은 사람들이 있다는 것은 땅을 경작하게 될 더 많은 노동자들이 있다는 것을 의미한다.

28절로부터 한 가지 더 언급할 요소가 있다. "땅에 충만하라"와 "땅을 다스리라"는 사람에게 주어진 명령이다. 스킬더는 여기서 문화 사명에 대해 말했다. **사명**Mandate이라는 것은 그렇게 흔한 단어가 아니다. 그것은 분명 하나의 과제 또는 의무를 뜻하는 것이다. 이런 의무가 낙원에서 인류에게 주어졌다는 사실은 부인할 수 없다.

인간의 창조는 창세기 2장에서 더욱 자세히 설명된다. 하나님께서는 사람을 창조하신 뒤 그를 동산 가운데 두셨다. 우리는 여기서 꽃, 풀, 그리고 잔디로 아름답게 가꿔져 있는 경치가 멋진 도심의 정원을 생각해서는 안 된다. 낙원에 그런 꽃들이 자라고 있었다는 것을 부인할 필요는 없지만, 그 동산은 일종의 부엌과도 같은 정원이었음을 기억해야 한다. 물론 열매 맺는 과일나무가 그곳에 서 있었고, 사람은 그것으로부터 열매를 따먹을 수 있었다. 그런데 사람은 '경작to till'해야 했다. '경작하는 것'은 열매 맺는 나무에는 필요하지 않다. 오히려 채소를 키우려고 준비하는 데 필요하다.[40]

이는 낙원에서도 사람은 그저 어슬렁거리면서 나뭇가지에서 열매나 따 먹도록 되어 있지 않았음을 의미한다. 들을 개간하여 씨앗을 받아들이도록 준비시켜야 했고, 씨앗이 뿌려져야 했으며, 곡식은 추수해야 했다. 그리고 그것을 가루로 만들어 빵으로 구워야 했다. 이렇듯 사람을 동산에 두어 그것을 경작하게 하시는 하나님의 계획 속에는 개간과 추수, 그리고 빵을 굽는 도구들을 개발하도록 하는 것이 있었던 것이다. 나무들은 동산에 심겨서 씨앗을 뿌리고 추수하는 계절의 변화에 따라 사람에게 먹을 것을 제공해 주어야 했다. 하지만 나무들은 단지 시작일 뿐이다.[41]

---

40. '경작하다(to till)'란 동사는 사람들이 먹기 위해서 수행해야 하는 농사의 모든 활동들을 포함한다(창3:18~19 참고). 이 동사는 사무엘하 9장 10, 11절에서 땅의 소산들 및 빵과 연관되어서 등장한다. 소와 노새가 그것을 위해서 사용될 수 있다(사30:24, 신 15:19. 다시금 짐승들을 가축화시키는 것이 '문화적' 활동에 속하게 된다). '경작하는 것'은 또한 포도원에서도 행해지는 것이다(신28:39).

하나님께서는 사람에게 경작할 뿐만 아니라 그것을 '지키라'고도 명령하셨다. 이것은 그 동산이 위협을 당하고 있다는 것을 암시한다. W. 히스펜(Gispen), 『창세기 1, 구약성경주석(Genesis I, Commentaar Oude Testament)』(Kampen: Kok, 1974), 121쪽은 그 위협이 사탄으로부터 오는 것이라고 생각한다. 보다 가능성이 있는 것은 짐승들의 위협이라고 보는 판 쩰름스(van Selms)의 견해이다(판 쩰름스, 『창세기 I[Genesis I]』, 55).

41. 이 모든 것 때문에 나는 성경 어느 곳에서도 사람에게 문화를 세워 가야 한다는 사명이 주어졌다고 말하지 않는다는 M. J. 파울(Paul)의 결론에 동의할 수 없다(앞의 각주

지금까지는 죄가 세상으로 들어오기 전에 기록된 본문들만 사용해 왔다. 그런데 이런 문화적 사명이 타락 이후에는 급격하게 변하지 않았는가? 시편 8편은 그렇지 않다는 것을 보여 준다. 사람에게는 하나님의 손으로 만들어진 것들을 다스릴 수 있는 권한이 주어졌다시 8:6. 사람은 요셉이 애굽을 다스렸듯이 하나님의 피조세계를 다스릴 수 있다창45:8, 26. 시편 8편은 우리에게 창세기 1장을 기억나게 한다. 사람은 죄에도 불구하고 여전히 태초에 있었던 것과 같은 위치를 창조세계 가운데서 지니고 있다는 것이다.[42]

36을 보라). 창세기 2장이 낙원 주변에 있는 정금과 같이 값진 돌들에 대해서 말하는 것을 언급하지 않는 것은 특별히 주목할 만하다. 문맥을 보면, 이런 언급은 그 지역들이 어디인지 확인하는 데 도움이 되지 않는다. 그것들은 그 이름들로 충분히 구분될 것이다. 금과 값진 돌들을 언급하는 것은 사람들이 정원 바깥으로 모험을 나서서 금과 값진 돌들을 발견해 그것들을 장식용으로 사용하는 것을 암시한다. 이 점에 대해서는 J. 캎테인(Kapteyn), 『지금도 계시고 이전에도 계셨고 앞으로 오실 그분으로부터(Van Hem, Die is Die was en Die Komt)』 (Goes: Oosterbaan & Le Cointre,n.d.), 37, 그리고 N. 호체스(Gootjes), "낙원의 강들에 대한 몇 가지 단상들(Some thought on Rivers of Paradise)," 『클라리온(Clarion)』, 40, nos. 23, 24(1991):491~493, 512~514쪽을 참고하라.

42. N. H. 리델보스(Ridderbos), 『시편(De Psalmen)』 (Kampen: Kok, 1962), 1:117~118쪽을 참고하라. 그는 시편 8편이 창세기 1장을 상기시킨다고 한다. 그 차이는 창세기 1장에 따르면, 방금 전에 창조된 세상을 다스리는 것이 사람의 운명인 반면, 시편 8편은 동일한 것이 우리가 알고 있는 대로의 세상, 죄로 인해 파괴된 세상에 적용된다는 것이다. 리델보스에 따르면(123쪽), 시편 8편의 인간의 다스림을 심승들에 대한 다스림만으로 제한할 수 없다. 사람이 새들과 물고기들도 통치하게 된다는 사실은 또한 하늘과 바다도 인간의 다스림의 영역에서 제외되지 않는다는 것을 함축한다.

창세기 3장 17~19절도 이것과 연관해서 언급할 수 있다. 땅에서의 인간의 활동은 힘들고 고통스러운 것이 되었다. 하지만 처음에 주어졌던 과제는 하나님에 의해 계속된다. J. 프랑케(Francke), 『빛나는 헌신들(Lichtende Verbintenissen)』 (Kampen: van den Berg, 1985), 36쪽을 참고하라.

신약에서도 여러 구절들이 언급된다. 그중 하나는 마태복음 25장에 나오는 달란트 비유이다. 비록 한 달란트라고 하지만 그것은 실제로 엄청난 양의 돈이라는 사실을 인식해야 한다. 그것은 당시 사람들로서는 소유할 수 있다고 상상할 수조차 없는 크기의 돈이었다.[43] 그러면 이 달란트들은 무엇을 가리키는가? 그것들은 사람이 지닌 서로 다른 능력들을 언급하는 것이 아니다. 왜냐하면 종들이 그들의 달란트들을 "그 재능대로"마25:15 받았다고 말하기 때문이다. 종들은 능력재능에 있어서 차이가 나기 때문에, 한 종은 다섯 달란트를, 다른 종은 두 달란트를, 그리고 또 다른 종은 한 달란트를 받은 것이다. 그들은 그 달란트들로 일해야 한다. 그러므로 달란트들은 주님께서 주신 의무들을 의미한다. 주님께서는 각자에게 그 능력재능대로 각각의 의무들을 주신다. 그런데 그런 의무들은 교회 안에서 일하는 것으로 제한되는 것일까? 어디에도 이런 뜻으로 언급되거나 함축되지 않는다. 그것들은 모두 하나님과 예수 그리스도에 의해 주어진 의무들이다. 이 세상에서 일해야 할 의무가 배제되지 않는다는 것은 확실하다.[44]

---

43. 그러므로 이 비유는 누가복음 19장의 므나 비유와 구별되어야 한다. 므나는 얼마 되지 않는 소량의 돈이다.
44. 문화적 사명에 반대해서 M. J. 파울(Paul)이 비판하는 것들 중의 하나는 마태복음 25장의 비유가 일반적인 활동을 말하는 것이 아니라, 영적인 일 또는 하나님 나라 안에서의 활동을 말하는 것이라는 것이다. 하지만 그 왕국의 일은 일반적인 일들을 제외시키면서까지 '영적'인 것에 제한될 수 없다. 예수 그리스도께서는 승천하시기 전에 그분을 따르는 제자들에게 모든 민족으로 제자를 삼으라고 말씀하셨을 때, 그들에게 마태복음 28장 19절에서 말씀하시기를, 그들을 가르쳐 "내가 너희에게 분부한 모든 것을 지키게 하라"고 하셨다. 왕국에 대한 예수님의 가르침은 복음전도, 설교, 그리고 선교와 같은 일들에 절대 국한되지 않는다. 그것은 또한 산상보훈에서도 보여 주는

또한 스킬더는 '하나님의 동역자labours together with God'라는 표현을 사용한다.⁴⁵ 이 표현은 분명히 고린도전서 3장 9절을 인용한 것이다. RSV는 이 본문을 "우리는 하나님의 동역자들God's fellow workers이요 너희는 하나님의 밭이요 하나님의 집이니라"고 번역한다. 여기서 "우리"는 모든 사람도 아니고 심지어 모든 그리스도인들을 가리키지도 않는다. 오히려 회중들에게 말씀을 선포하는 사역자들을 가리키는 것이다. 회중들은 하나님의 밭이요 하나님의 집으로 불린다.⁴⁶

것처럼, 매일의 생활들 속에서 하나님께 순종하는 것을 포함했다. 상인들은 진실해야 했고 자신의 물건들을 허풍을 떨면서 팔아서는 안 되었다. 파울이 제안하는 것처럼, 달란트들을 영적인 활동에 제한시키는 것은 마태복음 25장에는 나타나지 않으며, 마태의 복음과도 모순된다. 그들은 그리스도의 종들인데, 그것은 교회의 구성원들을 의미하는 것을 함축한다(앞의 각주 36을 참고할 것).

45. 스킬더, 『그리스도와 문화』, 106.
46. 네덜란드어판 『Christus en Cultuur(그리스도와 문화)』의 53쪽에서 스킬더는 이 표현을 어디서 인용했는지 밝히지 않았다. 하지만 그의 마음속에 있었던 본문은 분명하다. 왜냐하면 "이 본문은 바울이 목사로 위임받은 이들뿐만 아니라, 문화사역자들 …… 모두에게 날마다 전하는 교훈이다."라고 말하고 있기 때문이다(106~107쪽). '동역자(fellow workman)'라는 표현은 신약성경에 몇 번밖에 나오지 않는데, 하나님과 관련해서 사용되는 경우는 단지 두 번, 곧 고린도전서 3장 9절과 데살로니가전서 3장 2절뿐이다. 그런데 데살로니가전서 3장 2절은 사본상 이견이 있다. 따라서 스킬더가 인용했을 가능성이 있는 유일한 곳은 고린도전서 3장 9절이다. 하지만 스킬더가 이 글을 쓸 때에는 '동역자(labours together with)'라는 표현이 아마도 일반적이었을 것이다. 이 표현은 직업, 결혼, 사회생활 등에 내해 다양한 실제적인 교훈들을 포함하는 책의 제목으로 사용된 바 있다. D. 반 데이크(van Dijk), 『너희는 하나님의 동역자들이라(Gij zijt Gods Medearbeiders)』(Goes: Oosterbaan & Le Cointre, 1942). [고재수는 고린도전서 3장 9절에서 "우리"는 모든 사람이나 일반적인 그리스도인들이 아니라 오직 말씀사역자들에게 적용되는 구절이라고 하면서도, 스킬더가 왜 이런 표현을 모든 일반적인 그리스도인들에게 적용되는 것으로 사용하였는지에 대해서는 설명하지 않는다—역주.]

한 구절 더 언급할 수 있는 곳이 디모데전서 4장 4, 5절이다. 당시 결혼하지도 말고 음식을 먹지도 말라는 등의 금욕주의를 가르치는 사람들이 있었다. 물론 음식을 먹지 말라는 것이 굶어 죽어야 한다고 가르치는 것은 아니었다. 그들은 음식을 허용하기는 했지만, 간소화 해야 한다고(특별한 음식은 안 된다고) 말하는 것이었다.[47] 그러나 바울은 이에 동의하지 않았다. 그는 말하기를, "음식물은 하나님이 지으신 바 믿는 자들과 진리를 아는 자들이 감사함으로 받을 것이니라"고 한다. 심지어 맛있게 요리된 음식조차 하나님께서 만드신 것이어서 먹을 수 있다. 여기서 우리는 세상의 선물들(여기서는 음식)을 감사함으로 받으면, 그것들을 개발할 수 있다는 하나님의 허락을 보게 된다.[48]

이상의 설명들은 문화적 사명이 성경적인 기초에 서 있다는 것을 보여 주기에 충분하다.

---

47. 고재수는 "it should be plain."이라고 해서 금욕주의자들의 가르침이 음식의 간소화만을 가르쳤던 것임을 암시하는데, 그들은 구약율법의 정결례를 따라서 특별한 음식을 금했던 것으로 보는 것이 더 나을 것이다. 이 점을 감안해서 한글개역성경도 "어떤 음식물은 먹지 말라고 할 터이냐"라고 번역하고 있다. 헬라어 원문은 "ἀπέχεσθαι βρωμάτων(아페케스싸이 브로마톤)"으로, "음식은 먹지 말라"고 되어 있다. 한글개역의 '어떤'이란 말은 해석상 첨가된 것이다—역주.

48. 이런 점에서 다음과 같은 본문들을 더 생각할 수 있다. "땅과 거기에 충만한 것과 세계와 그 가운데에 사는 자들은 다 여호와의 것이로다"(시24:1) "그가 가축을 위한 풀과 사람을 위한 채소를 자라게 하시며 땅에서 먹을 것을 나게 하셔서 사람의 마음을 기쁘게 하는 포도주와 사람의 얼굴을 윤택하게 하는 기름과 사람의 마음을 힘있게 하는 양식을 주셨도다"(시104:14-15) 식물들이 하나님의 섭리 가운데서 자라므로 사람이 그것으로 술과 기름을 만들 수 있게 된다. 하지만 상당한 양의 '문화적 발달'이 술과 기름을 만들기 위해서 필요하게 된다.

8. 복음과 문화는 상충되는가?

문화적 사명이라는 개념을 반대하는 데 제기되는 또 다른 비판은, 그것이 우리가 살아가는 시간에 대해 잘못된 전망을 제공한다는 것이다. 이렇게 비난하는 비판가들도 하나님께서 낙원에서 인간에게 문화사명을 주셨다는 것은 부인하지 않는다. 다만 그들은 말하기를, 이런 의무는 죄악으로 가득 찬 이 세상에서는 더 이상 적용되지 않는다는 것이다. 오늘날 중요한 것은 문화적 발전이 아니고 복음을 선포하는 것이다. 문화사명이 성취되었을 때가 아니라 복음이 모든 곳에 선포되었을 때에 주님께서 재림하실 것이다.[49]

그리스도의 재림은 우리의 문화적 사명을 성취하는 것에 의존한다고 말해서는 안 되는 것이 사실이다. 성경은 세상의 끝이 오기 전에 문화가 어떤 수준만큼 발전되어야 한다고 가르치지 않는다. 그런데 스킬더가 그리스도의 재림이 충분히 발전된 문화를 기다린다고 말하거나 그것을 함축한 적이 있었는가? 나는 그것을 발견할 수 없었다.

---

49. 이런 비판은 특별히 W. H. 벨레마(Velema), 『윤리학과 순례의 삶(Ethiek en Pelgrimage)』 (Amsterdam: Ton Bolland, 1974)에 실린 제5장, "문화사명과 외국인 됨(Cultuurmandaat en Vreemdelingschap)"에서 발견할 수 있다. 벨레마는 최근에 스킬더에 대한 한 강연(『네덜란드매일[Nederlands Dagblad]』, February 7[1990], 2)과 『진리의 친구(De Waarheidsvriend)』 (『네덜란드매일』, August 27[1990], 2)의 한 글에서 이런 비판을 반복한다. 캄프하이스(Kamphuis), "열린 하늘 아래에서의 훈련 사역(Vormingswerk Onder een Open Hemel)," 507쪽에 따르면, 벨레마는 여기서 G. C. 베르까우어의 영향 아래, 그리고 아주 간접적으로는 K. 바르트의 영향 아래에 있다.

오히려 반대로, 스킬더는 그리스도인들의 모든 문화적 노력과 하나님을 믿지 않는 사람들의 문화적 노력은 모두 완성되지 않은 채로 남아 있을 것이라고 강하게 강조한다. 그는 세상의 발전은 완성되지 않은 채로 남아 있을 것이라는 믿음을 강조하기 위해서 '꼭대기를 자른 피라미드들'이라는 표현을 여러 번 사용했다.

하지만 더 중요한 것은 그리스도의 부활과 재림 사이에 있는 기간의 성격이다. 이 기간은 오직 선포해야 할 의무만이 완성되어야 하는 기간일 뿐, 이 세상에서 일해야 할 의무가 완성되어야 할 기간은 아닌가? 만약 이런 견해를 일관성 있게 적용해야 한다면, 그리스도인은 자기와 자기 가족이 생활하고 주어진 의무들을 성취할 만큼만 일하고 나머지 모든 시간에는 복음전도만 해야 함을 함축하게 된다.

이런 견해는 신약성경의 가르침에 분명하게 반대된다. 예를 들어, 세례요한이 메시아의 도래를 선포했을 때, 그는 세리들에게 "너희의 일을 그만두고 나가서 전도하라"고 가르치지 않았다. 누가복음 3장 13절을 보면 "부과된 것 외에는 거두지 말라"고 하였다. 그리고 군인들이 왔을 때, 그는 그들로 하여금 복음전도자가 되라고 하지 않았다. 그 대신 말하기를, "사람에게서 강탈하지 말며 거짓으로 고발하지 말고 받는 급료를 족한 줄로 알라"고 하였다눅3:14. 또 다른 예를 들자면, 알렉산더에게 있었던 문제딤후4:14는 그가 구리세공업자라는 것이 아니라 그가 복음에 해를 입혔기 때문이다. 종들은 종들로서 신실하게 일해야 했다. 만약 그들이 자유롭게 될 수 있는 기회가 있으면 그렇게 되는 것도 좋다. 하지만 그들이 설교자평신도 설교자가 되어야 한다고는 어느 곳에서도 말하지 않는다.

창조와 그리스도의 재림 사이의 기간이 지니는 의미는 복음전도에 국한되지 않는다. 그것은 또한 성령님께서 그리스도인들로 하여금 하나님께 복종하게 하셔서 그들 안에서 역사하시는 기간이다. 성령님께서는 우리에게 매일의 일들군인들로서, 종들로서 등등을 마주하고 일하도록 요구하신다. 창세기 1장과 2장의 조명 아래에서, 심지어 더 이상 낙원이 아닌 세계에서조차 그렇게 하신다.

신약교회에 속한 이 기간에 개개인의 그리스도인은 자신의 매일의 일을 성취하는 방식에서 자신의 중생을 분명하게 드러내야 한다. 우리가 행하는 매일의 일은 우리를 생존케 하는 필수적인 것 그 이상의 일이다. 우리의 삶은 우리가 하나님의 세계에서 하나님의 종들로서 일하고 있다는 것을 보여 주어야 한다.

9. 문화사명은 환경을 파괴하는가?

문화사명이라는 스킬더의 관점에 대한 세 번째 비판은 더욱 실제적이다. 세계 개발의 위험성들이 눈에 보이게 되어 버린 시대에 어떻게 문화적 사명이 유지될 수 있다는 말인가? 문화는 위대한 진보를 달성했다. 하지만 이 진보는 자연을 손상시키고 말았다. 세계는 문화적 사명이라는 미명하에 죽어가고 있다. 모두들 그렇게 주장한다. 이것은 이 세상에서 우리의 의무를 정의하는 데 문화적 사명이라는 개

념을 더 이상 사용할 수 없음을 보여 준다.[50]

인간이 지구상의 자원들을 사용하는 가운데 자연이 손상을 입었다는 것은 사실이다. 사람은 하나님의 창조의 일부분을 파괴했다. 하지만 어떻게 이것 때문에 문화사명이 비난받을 수 있는가? 인류는 스킬더가 문화사명에 대해 말하기 훨씬 이전인 몇 세기 전부터 하나님의 창조세계를 잘못 취급해왔다. 그리고 창조세계에 대한 오용은 스

---

50. M. J. 파울(Paul)이 문화사명을 연구했던 이유들 중 하나가 오늘날 존재하는 환경에 대한 관심이었다. "그리스도인들이 지구와 짐승들을 지배하게 된 것에 대해서 비난을 받고 있다."(『네덜란드매일』, September 7, 1989, 2) 또한 환경은 캄펜신학교의 연례 '수업일(school day)'에서의 주제였다. J. 다우마(『네덜란드매일』, September 14[1989], 2)는 환경의 위기와 관련해서 문화적 사명에 대한 발언을 변호했다. 그는 우리가 '다스리다'와 '창조를 발전시키다' 또는 '문화적 사명'이란 표현을 사용하는 것을 두려워할 필요가 없다고 주장했다. 왜냐하면 이런 용어들은 우리가 청지기임을 보여 주고, 따라서 우리가 환경을 사용하는 것에 대해서 하나님 앞에 응답해야 함을 보여 주기 때문이다.

또 다른 비판가는 W. H. 벨레마(『네덜란드매일』, February 17[1990], 2)이다. 그가 스킬더의 문화적 사명의 관점이 지니고 있는 전체주의적이고 실용주의적인 성격에 대해 반대하는 이유들 중 하나는 오늘날의 생태학적 위기의 측면에서 볼 때 스킬더의 관점이 더 이상 옹호될 수 없기 때문이라는 것이다. 벨레마의 이런 비판에 대해서는 『개혁전망(Reformed Perspective)』, 9, no. 7(1990), 16~19쪽에 실린 J. 드 보스(de Vos), "문화사명과 환경(Cultural Mandate and Environment)"이 답변한다.

또 다른 제안이 J. 하위헌(Huijgen), "문화사명에서 자연사명으로?(Van Cultuurmandaat naar Natuurmandaat?)," 『운동(Beweging)』 54, no. 4(1990): 67~68쪽으로부터 제시되었는데, 그것은 국회에서 개진한 연설에서도 반복되었다. "개혁신학을 위한 철학적 기초(Stichting voor Reformatorische Wijsbegeerte)," 『네덜란드매일』, October 16(1990), 2. 하위헌(Huijgen)에 따르면, 문화는 파괴적인 성격이 있다. 그러므로 우리는 자연에게 독립적인 위치를 주기 위해서 문화적 사명 다음에는 자연적 사명(a natural mandate)을 개발해야 한다. 이 제안에 대해 J. 다우마는 비판적으로 평가했다. "문화적 사명 다음에는 자연적 사명?(Natuurmandaat naast Cultuurmandaat?)," 『네덜란드매일신보』, September 29(1990), 5.

킬더의 문화적 사명에 영향을 받은 오히려 제한된 그룹을 훨씬 넘어서서 발견될 수 있다.

하지만 문화사명이라는 개념은 이 세상에서 우리가 원하는 것은 무엇이든 할 수 있다는 생각을 갖게 하지 않았는가? 그래서 자연자원을 고갈시키고, 식물과 짐승들을 죽이며, 오염물질만 남겨 두게 하지 않았는가? 이와 관련해서 스킬더가 『그리스도와 문화』에서 사용하는 표현들 가운데 자주 언급하는 것 하나는, "우리는 할 수 있는 한 세상으로부터 모든 것을 얻어야 한다we have to get out of the world everything we can."라는 것이다.[51]

그러나 이러한 표현 하나로 스킬더를 판단하는 것은 불공정하다. 왜냐하면 이 표현 바로 앞에서 스킬더는 지구를 파괴하는 것이 문화적 사명과는 분명히 관계가 없는 것이라고 세 가지로 명확하게 언급하기 때문이다. ① 우리는 지구상의 자원들을 그 개별적인 본성에 따라서 개발해야 한다. 이는 그 본성에 반해 창조물을 사용하는 것 모두를 반대하는 것이다. ② 우리는 우주와 연관해서 이 자원들을 개발해야 한다. 이는 우리가 어떤 것은 개발하면서 동시에 다른 것을 파괴해서는 안 된다는 것을 함축한다. ③ 우리는 하나님의 계시된 진리인 성

---

51. 이것의 네덜란드어 원래의 표현은 "Uit de wereld halen wat erin zit"(스킬더, 『그리스도와 문화』, 55)인데, 영어번역은 "To exploit the world's potentials"(『그리스도와 문화』, 40)이다. 한글번역은 "세계 안에 잠재되어 있는 모든 가능성들을 계발하라(『그리스도와 문화』, 109)"로 했는데, 스킬더가 네덜란드어로 나타내는 표현(직역하자면, Out of the world get what therein sits)에는, 영어번역에서 사용되는 'exploit'이라는 부정적 어감을 가진 단어가 전혀 없다—역주.

경에 복종하면서 자원들을 사용해야 한다. 이 모든 것이 『그리스도와 문화』 108쪽에서 문화의 정의에 관해 언급하는 부분에 나온다. 이러한 세 가지 제한들은 하나님의 창조세계를 약탈하는 것exploitation이 불법이라는 점을 충분하게 보여 준다.

물론 스킬더는 우리의 시대와는 다른 시대에서 글을 썼던 사람이다. 그의 시대에는 놀라울 정도의 기술적이고 산업적인 진보가 이뤄지고 있던 시대였다. 부정적인 결과들은 단지 조금씩만 가시화되던 때였다. 그러나 지금 우리 시대는 불법적인 성장의 결과들에 직면해 있다. 그러므로 우리는 스킬더가 기대했던 것보다 창조세계를 오용하는 것에 대해 더욱 많이 경고해야 한다. 우리는 우리 자신을 위해 오염을 방지해야 할 의무가 있을 뿐만 아니라, 우리가 남긴 오염물질들을 다음 세대가 치우도록 남겨 두어서는 안 된다. 하지만 잘못된 것은 비정상적인 성장, 불법적인 성장, 더러운 성장이지, 창조세계를 이용하는 것 자체나 그것을 개발하는 것이 아니다.

세상을 이용하는 인간의 방식이 세계를 파괴하는 데 이르고 있다. 하지만 지구를 오염시키는 것은 문화적 사명의 한 부분이 아니다. 그것은 이기적인 다스림의 결과일 뿐이다. 땅을 다스리는 과제는 여전히 유효하다.

10. 결론들

만약 문화적 사명에 대한 스킬더의 관점이 원리상 성경적이고 정확한 것이라면 그것의 결론은 무엇일까? 여기서는 세 가지 결론에 대해서만 지적하고자 한다.

첫째, 우리는 이 세상에서 우리의 문화적 활동이 광범위하다는 것을 인식해야 한다. 물론 땅을 다스리는 것은 일차적으로 농부의 활동 또는 들에서 일하는 사람을 언급한다. 여기서 '문화'는 '경작'과 아주 가깝게 된다. 농사를 짓는 것은 문화적 활동이다. 왜냐하면 그것은 세상에 있는 짐승과 자연자원을 이용해 우리에게 음식을 제공해 주기 때문이다. 그러므로 어느 누구도 농부를 멸시해서는 안 된다.

하지만 그 이상의 일이 있다. 스킬더는 문화사명을 교수들과 거리의 청소부들, 부엌에서 일하는 사람들, 그리고 <월광곡>의 작곡가에게까지 적용시키는 멋있는 구절을 제시한다.[52] 문화적 사명 때문에 능력이 있는 우리 자녀들은 그들이 할 수 있는 한 공부해서 과학자가 되고 교수가 되도록 허용해야 한다. 농부들과 교수들은 서로를 멸시해서는 안 된다. 오히려 이 세상에서 일해야 하는 사명 안에서 서로 협력해야 한다. 자신의 위치에서 그리고 자신의 능력에 따라서 말이다.

청소부가 된다고 해서 부끄러운 일은 아니다. 왜냐하면 그것은 우리 사회가 계속 돌아가기 위해서 반드시 수행되어야 할 일이기 때문이

---

52. 스킬더, 『그리스도와 문화』, 106~107.

다. 그것은 "땅을 지키라"는 명령의 한 부분이다. 이 명령은 거리를 깨끗하게 유지하는 것과 질병이 발생하는 것을 막는 것을 함축한다.

또한 스킬더는 부엌에서 일하는 사람들kitchen workers에 대해서도 말했다. 오늘날에는 부엌에서 일하는 사람들이 많지 않다. 주부들이 오랫동안 그 일들을 대신하고 있다. 그들은 전기용품들의 도움을 받으면서 모든 것을 스스로 해야 한다. 페미니즘feminism에 저항하면서도 가정주부가 된다는 것은 "땅을 다스리는" 좋은 방법이라는 점이 유지되어야 한다. 그것은 한 가정이 잘 돌아갈 수 있도록 세상의 자원들을 이용하는 것이다.

또한 예술적인 능력이 있는 사람들도 있다. 이것 역시 하나님께서 주신 개발되어야 할 선물이다. 때로 예술가들은 그리스도인들 사이에서 오명을 쓴다는 것이 사실이다. 물론 예술계에게도 그렇게 비난받는 데 일부 책임이 있다. 그들은 예술가는 전적으로 자유로워야 하고 의미 있는 예술작품을 생산하기 위해서 전적으로 자기 자신이 되어야 한다는 생각을 배양시켜 왔다. 그리스도인들이 이런 생각을 거부하는 것은 옳다. 하지만 동시에 예술을 하나님께서 창조세계 안에 주신 하나의 가능성으로 보아야만 한다. 예술가들도 창조된 실재로서의 그들의 세계에 대해 지배권을 가져야 하는 것이다.

문화적 사명이라는 관점에서부터 볼 때, 그리스도를 따르는 사람들은 많은 직업들에서 일할 수 있다. 교회에서는 어떤 사람이 일하는 그 직업으로 서로를 무시해서는 안 된다. 다른 사람들은 동료 일꾼들

이다. 각자 자신의 영역에서 일하는 하나님의 일꾼들인 것이다.[53]

두 번째 결론은 우리의 매일의 활동이 하나님께 대한 우리의 복종의 한 부분으로서 보여야 한다는 것이다. 우리의 직업과 일은 우리의 생활과 세상에서 하나님의 역사가 진전하는 데 필요한 충분한 돈을 우리에게 제공해 주는 방편에 그치는 것이 아니다. 우리의 매일의 직업은 주님을 섬기는 일이다.

물론 모든 직업들에는 힘들게 하는 것들이 많다. 하지만 피곤한 일을 주님 앞에서 우리가 매일 반복해서 해야 할 의무의 한 부분으로서 수행해야 한다. 그리고 특히 죄가 세상에 들어온 이후 일하는 것이 더욱 힘들어졌다. 우리는 주님을 섬기기 때문에 일의 힘듦을 참아 내야

---

[53] 물론 이것은 그리스도인들이 어느 직업이라도 정당하게 가질 수 있다는 의미는 아니다. 이에 대한 충격적인 예를 S. 그레이다너스가 제공한 적이 있었다. 그는 어떤 것에 **기독교**라는 단어를 붙인다고 해서 그것이 자동적으로 선한 것이 되는 것은 아니라고 말했다. 왜냐하면 만일 그렇다면 우리는 기독교 사창가도 가질 수 있는 셈이 되기 때문이다.
또한 그런 한계는 개인적인 근거에서도 있기 마련이다. 우리는 때때로 하나님의 왕국 때문에 스스로를 제한시켜야 할 때가 있다. 예술적인 능력이 있는 말씀사역자가 회중을 돌보느라 너무 바빠서 자신의 은사를 개발시킬 시간이 없을 수 있다. 자녀들을 돌봐야 하는 가정주부가 다른 일을 할 수 있는 능력이 있음에도 불구하고 그렇게 할 만한 시간이 없을 수 있다. 자기개발이 결코 궁극적인 목적이 될 수는 없는 것이다.
M. J. 파울(Paul)은 생화학기술과 유전자조작이 문화적 사명의 한 부분으로서 아무런 한계도 없이 개발될 수 있는가 하는 비판적인 질문을 제기했다. 『네덜란드매일』, September 7(1982), 2면을 보라. 하지만 이 문화사명은 하나님께 복종하는 것을 전제하는 것이기 때문에, 그것 자체가 문화사명에 반대되어 수행되는 것은 아니다. 의학연구 분야에서 제기되는 이런 질문을 조심스럽게 평가하는 작업에 대해서는 J. A. 로스(Los), "과학에서의 그리스도인의 취약성(De Kwetsbaarheid van de Christen in de Wetenschap)," 『근원(Radix)』, 16, no. 3(1990): 100~117쪽을 보라.

한다다시금 종들을 생각해 보자. 하지만 일꾼들은 추수할 때가 이르게 되면 기뻐할 것이다. 일이 잘 수행되면 만족하게 된다. 물론 이런 기쁨도 주님 안에서의 기쁨이다. 노동절은 그리스도인들이 즐기고 축하해야 할 날이다.

문화적 사명은 또한 우리에게 주간의 일들에 대해 올바르게 전망하게 해 준다. 우리는 월요일부터 금요일까지 발을 질질 끌면서 살아서는 안 된다. 주말이 되어 모든 일들을 뒤로 제쳐 둘 때에야 비로소 즐거워하기 시작해서는 안 된다. 그런데 오늘날에는 주말은 강조하고 주간의 일들은 하나의 필요악인 것처럼 여기는 풍조가 있다. 하지만 그리스도인들은 주말의 자유를 위해서 살아서는 안 되고, 매일의 일들이 그 자체로서 중요하다는 인식을 가지고 일해야 한다. 그것은 하나님께서 우리에게 주신 일들의 한 부분이다. 그렇게 할 때 우리의 일들의 질이 향상될 것이다.[54]

세 번째 결론은 교회 안에서의 목사들 및 장로들의 의무와 관계된다. 스킬더는 바울이 예수 그리스도에 대한 회개와 믿음의 복음을 전하기 때문에, 그를 당대의 세계에서 하나의 문화적인 힘a cultural

---

54. 구약의 추수절기는 우리에게 주님의 축복 하에서 완성된 일들로 말미암은 기쁨을 상기시켜 준다. 거기에는 세 가지의 절기가 있었는데, 모두 추수의 일부가 시작되었을 때 축하되었던 절기이다. 그것들은 큰 기쁨으로 기뻐해야 했다. 레위기 23장 9~44절과 신명기 16장 9~17절을 참고하라. 이런 맥락에서 한 주간 중에 할 일이 아무것도 없다는 것은 인류에게 쉽게 오는 것이 아니란 점을 주목해야 한다. 이것은 일하는 것이 이 세상에서 인간의 존재에 통전적인 한 부분을 형성하고 있다는 사실을 강조한다.

power이라고 부른다.[55] 이 복음은 신자들을 태초로부터 주어진 의무와 다시금 대면시킨다. 즉, 세상을 다스리라는 것이다. 하나님의 은혜로우신 복음은 매일의 직업을 하나님을 섬기는 빛 속에 위치시킨다.

그러므로 목사는 자신의 설교를 신자의 내면생활로만 국한해서는 안 된다. 매일의 일들이 설교의 영역으로 들어와야 한다. 설교는 회중들이 살아가는 매일의 삶을 다뤄야 한다. 즉, 일터와 학교에서의 윤리를 언급해야 하는 것이다.

동일한 것이 장로에게도 적용된다. 사실 스킬더는 장로를 언급하면서 그의 책을 끝맺는다. "옳은 방식으로 교인들의 가정을 방문하는 지혜로운 장로야말로 복된 자이다. 자신은 모를 수 있지만, 그런 사람이 참으로 하나의 문화적인 힘이다."[56] 장로가 가정을 심방할 때, 그는 그 가정이 하나님 앞에서 살아가는 매일의 삶에 대해 질문해야 한다. 만약 장로가 당연히 그래야만 하는 대로 일한다면, 그는 하나님의 구원과 우리의 믿음에 대해서 말할 것이다. 하지만 이와 관련해서 그는 우리의 문화적 사명, 곧 일터에서, 가정에서, 학교에서의 문화적 사명에 대해서도 말해야 한다.

스킬더는 우리에게 다시금 문화적 사명에 대해 가르쳐 준 하나님의 도구였다. 우리는 그것을 다음과 같은 식으로 요약할 수 있다.

---

55. 스킬더, 『그리스도와 문화』, 132-133.
56. 같은 책, 223.

당신의 매일의 활동을 태초에 하나님께서
사람에게 주셨던 의무의 한 부분으로 생각하라.
예수 그리스도에 의하여
구속함을 받은 사람으로서 그것을 행하라.
그리고 성령님의 능력으로 일하라.

4장

스킬더의 교회론

J. M. 바토Batteau(박도호)

1. 들어가면서

클라스 스킬더가 교회의 중요성을 강조했던 것은 목회자, 저널리스트, 그리고 교의학 교수로서 그가 쓴 저서들 가운데서 가장 충격적인 측면들 중 하나로 남아 있다.[1] 비록 그가 이 주제를 철두철미하게 교의적으로 취급한 것은 아니지만, 대중적이거나 학술적인 그의 다양한 글들에서 그의 기본적인 개념들을 모아 볼 수 있다. 1944년에 해방파Vrijmaking 개혁교회를 설립하게 했던 스킬더의 교회에 관한 확신들은 다른 신학자들에게 비판을 받았을 뿐 아니라, 지금까지 네덜

---

[1] 나우타(D. Nauta) 등, 『네덜란드개신교 역사의 전기적 어휘사전(Biograisch Lexicon voor de Geshiedenis van het Nederlandse Protestantisme)』 (Kampen: Kok, 1978), 1:317쪽에 나오는 브렘머(R. H. Bremmer), "클라스 스킬더(Schilder, Klaas)" 항을 참고하라.

란드교회는 물론 국제적인 신학계에서 갈등의 원인이 되기도 한다. 스킬더는 가시적 교회를 '절대화'했다고 비난받기도 하고, 심지어 분파주의적 개념들까지 지니고 있다고 비난받는다.² 하지만 이런 비난이 타당한가? 스킬더는 개혁신학 전통의 주요한 흐름 바깥에 있는가? 아니면 오히려 그의 사상들이 성경적이고 개혁교회의 연합을 추구하는 데 진정한 자극제가 될 수 있는 것은 아닌가?

최근 그의 출생 100주년을 기념하면서 발간된 책에 실려 있는 스킬더의 교회론에 관한 어떤 글에서, 네덜란드개혁교회 해방파³ 소속의 스미트H. J. D. Smit 목사는 스킬더의 교회론을 참된 교회의 회원 신

---

2. 암스테르담 자유대학교의 교수였던 스킬더의 신학적 반대자, H. H. 카이퍼는 분명하게 스킬더를 칼뱅과 대조시킨다. H. H. 카이퍼, 『1937년 6월 1일의 은퇴강연: 개혁교회의 정통성(De Katholiciteit der Gerefromeerde Kerken. Afscheidscollege, I juni, 1937)』, (Kampen: Kok, 1937), 6. "이렇게 칼뱅은 교회 그 자체의 좁은 담벼락 안에 스스로를 가두고서 다른 교회를 인정하지도 않고 또한 교제도 하지 않으려는 모든 분파주의에 혐오감을 가졌다."
3. 이 장에서 네덜란드개혁교회들(Dutch Reformed Churches)은 GKN(Gereformeerde Kerken Nederland)을 뜻한다. 이 이름은 분리파(Secession, 1884년)와 애통파(Doleantie, 1886년)가 1892년에 서로 연합했을 때 선택되었다. 이 그룹들은 이전에 자유주의 때문에 네덜란드개혁국가교회(Dutch Reformed State Church)로부터 분리되었다. 이렇게 연합해서 설립된 국교적 개혁교회(Nederlandse Hervormde Kerk)는 네덜란드개혁교회(Dutch Reformed Church: 단수)로 지칭된다. 이 '네덜란드개혁교회'의 정당치 못한 교리적 선언들과 총회의 교회정치행위로부터 1944년에 스스로 해방된 교회들을 여기서 '네덜란드개혁교회 해방파'라 부른다. 분리파(1884년)로부터 기원하지만 1892년에 있었던 연합에는 참여하지 않은 또 다른 개혁교회들은 CGK(Christelijke Gereformeerde Kerken, 기독개혁교회. 미국의 자유개혁교회와 밀접하게 연결되어 있는 교회들이다.)라고 불린다. 이 이름은 미국의 기독개혁교회(Christian Reformed Church, CRC)와 혼동이 되는 것을 막기 위해서 그대로 번역되지 않은 채로 사용되고 있다.

분membership으로 부르시는 하나님의 절대적인 부르심을 강조한 것이라고 특징지었다.⁴ 스킬더는 성경적 연합을 유지하는 참된 교회들의 회원이 아닌 그리스도인들은 근본적으로 하나님께 불순종하는 자들이며, 그렇기 때문에 그들의 교회생활에서 하나님께 복을 요청할 수 없다고 주장한다. 스미트는 이런 관점이 지닌 과격한 성향을 인지해서, 그런 주장의 성경적 정당성을 인정하면서도, 그것이 과연 타락 이후의 죄의 복잡성과 완고함을 정당하게 취급하는가에 관해서는 의구심을 갖는다. 그는 하이델베르크 요리문답 제44주일 문답을 인용하면서 이렇게 질문한다. "하지만 하나님께로 돌아온 자들이 이 계명들을 완전하게 준수할 수 있을까?" "아니다. 이 생애에서 가장 거룩한 자라 하더라도 이런 순종에 있어서 조금밖에 순종하지 못한다." 스미트는 이 요리문답에 근거해서 모든 그리스도인들은 연합되어 참된 개혁교회들의 회원이 되어야 한다는 스킬더의 과격한 기대를 비판한다.⁵ 하나님께서 이런 교회들의 회원이 되도록 모든 그리스도인들에게 명령하셨다는 것은 분명한 사실이지만, 그것과 가시적인 교회의 일치를 교제와 협력에 있어서 절대적인 전제조건으로 요구하는 것은 다른 일이다.

우리는 여기서 현재의 '개혁교회들해방파' 안에서조차 교회에 관하

---

4. 디우마(J. Douma) 등 공동편집, 『K. 스킬더: 그의 사역양상(K. Schilder: Aspecten Van Zijn Werk)』 (Barneveld: De Vuurbaak, 1990), 66~71쪽에 실린, H. D. J. 스미트, "순종하는 것: 그리스도를 따르는 것! 스킬더의 교회론(Gehoorzamen: Achter Christus Aan! Schilder Over de Kerk)."
5. 스미트, "순종하는 것(Gehoorzamen)," 83~85.

스킬더의 관점에 대해 활발한 토론이 계속되고 있음을 보게 된다.[6] 이 영역에서 스킬더의 생각들은 자극적이어서 광범위하고 다양한 반응들을 이끌어 내고 있다.[7] 이는 그의 개념들에 담긴 지속적인 타당성과 도전을 보여 준다.

스킬더의 교회관에 관해 철저하게 살펴보려면 이러한 한 권의 책에서 한 장으로 다루는 것보다 훨씬 더 많은 지면이 필요할 것이다. 스미트의 접근방법은 의심할 바 없이 타당한 측면이 있다. 즉, 스킬

---

6. 최근에 스킬더의 교회론에 대해서 언급한 또 다른 해방파 신학자가 있는데, 그는 다름 아닌 트림프(C. Trimp)이다. 그는 반 스페이꺼(W. van't Spijker) 등이 공동 저술한 『교회: 개혁파 관점에서 본 그 본질, 방법과 일(De Kerk: Wezen, Weg en Werk van de Kerk Naar Reformatioische Opvatting)』 (Kampen: De Groot Goudriaan, 1990), 191~201쪽에 "카이퍼와 스킬더의 교회관(De Kerk bij A. Kuyper en K. Schilder)"이라는 제목의 논문을 기고했다. 트림프는 스킬더의 교회론에서 다음과 같은 점을 부각시켜 주목을 끈다. 즉, 그리스도의 작품으로서의 교회(194~195쪽), 교회의 표지들의 역동성(195쪽), 교회와 인간의 책임(195~196쪽), 그리고 '개혁교회들', '네덜란드개혁교회', '기독개혁교회'에 대한 삼중적인 호소(196~201쪽) 등이다. 초기에 베르까우어(G. C. Berkouwer)는 스킬더의 교회론을 『교회, 교의학적 연구(De Kerk, Dogmatische Studien)』 (Kampen: Kok,1970), vol. 1., 19~21쪽에서 언급했다. 네덜란드어판으로는 2권으로 된 것을 영어판으로는 1권으로 축약했는데, 그것이 『교회, 교의학에서의 연구(The Church, Studies in Dogmatics)』 (Grand Rapids: Eerdmans, 1976), 19~23쪽이다. 베르까우어는 다시금 최근에 스킬더의 교회론을 『추구와 발견: 추억과 경험들(Zoeken en Vinden: Herinneringen en Ervaringen)』 (Kampen: Kok, 1989), 246~254쪽에서 언급했다.
7. J. 드 브라인(de Bruijn), G. 하를링크(Haarlinck) 편집, 『한 치도 안 돼! 스킬더의 생애와 저서의 양상(Geen Duimbreed! Facetten van Leven en Werk van Prof. Dr. K. Schilder 1890~1952)』 (Baarn: Ten Have, 1990); 푸칭어(G. Puchinger) 편집, 『스킬더와의 만남(Ontimoetingen met Schilder)』 (Kampen: Kok, 1990)을 보라. 스킬더의 신학을 다루는 다른 책으로는 데이(J. J. C. Dee), 『K. 스킬더, 그의 생애와 작품(K. Schilder, Zijn Leven en Werk)』 (Goes: Oosterbaan & Le Cointre, 1990), 1:11~14쪽을 보라.

더의 기본적인 입장을 설명하기 위해서는 그것의 분명한 중심개념들을 강조하는 일이 필요하다는 것이다. 그래서 스미트는 스킬더의 교회론에서 하나님의 요구에 대한 복종, 역사 가운데서도 '진행 중에 있는' 교회, 언약의 중심성, 아브라함 카이퍼에 대한 비판, 그리고 교회에 대한 벨직신앙고백서의 내용을 재평가하기는 것을 강조한다. 하지만 나는 약간 다른 접근방식을 취하고자 한다. 곧 스킬더의 신학적 발전과 전체로서의 개혁신학 전통과의 관계 둘 다에서 스킬더의 교회론이 보여 주는 다양한 연속성과 불연속성을 논의함으로써 교회에 대한 스킬더의 생각을 예증하고자 한다.

2. 연속성과 불연속성: 스킬더의 신학적 발전에서

스킬더의 생애에서 교회론에 관한 스킬더의 접근에 어떤 발전이 있었는지를 탐지하는 것은 어렵지 않다.[8] 스킬더는 아브라함 카이퍼와 헤르만 바빙크에게 빚을 많이 진 캄펜신학교의 교의학자 호니히 A. G. Honig[9]의 학생이었다. 그는 1910년에서 1930년까지 자신의 설교

---

8. 스킬더의 신학적 발전의 개괄에 대해서는 브렘머(Bremmer), "스킬더, 클라스(Schilder, Klaas)," 315~318쪽을 보라.
9. A. G. 호니히와 그의 『개혁교의학 핸드북(Handboek van de Gereformeerde Dogmatiek)』 (Kampen: Kok, 1938)에 대해서는 캄프하이스(J, Kamphuis), "'호니히'에게 작별인사를(Afscheid van 'Honig')," 『개혁(De Reformatie)』, 57, no. 3(1981), 33~36; no. 4(1981), 49~53; no. 5(1981), 65~68쪽을 보라.

와 교회론에 관한 글에 암스테르담의 자유대학교와 캄펜신학교에 있는 '개혁교회들'의 신학교수들이 당시 공유하고 있던 지식들을 반영했다. 그중 전형적인 것이 '도르트, 카이퍼, 그리고 바빙크'에 대해 스킬더가 호소한 것인데, 이는 그가 1928년에 부스케스J. J. Buskes에 대해 비판한 것에서 잘 나타난다.¹⁰ 그때 스킬더는 1618년부터 19년에 걸친 총회에 대항해 두 명의 위대한 네덜란드 신학자들카이퍼와 바빙크—역주이 대표하던 투쟁을 계속하는 것 이외에 다른 목표가 없었다. 이런 점은 성경의 권위, 곧 1926년 아센Assen 총회에서 있었던 중심주제에 관해서도 사실이었고, 또한 교회론에 있어서도 마찬가지였다. 따라서 스킬더가 1934년까지 가시적인 교회라는 주제에 대해 카이퍼의 입장을 반복하고 있었던 것 같다는 스미트의 주장은 합당하다.¹¹

하지만 스킬더는 1930년대 초반에서부터 벌써 카이퍼의 교회의 다양성theory of pluriformity of the church에 대해 의문을 갖기 시작했다.¹² 그리고 1930년대가 지나면서 스킬더는 '가시적 교회' 이론을 포함해서 카이퍼의 다양한 개념들을 더욱 날카롭게 비판하기 시작했다. 1940년대 초기 총회적 논의들이 있는 시점에서는 카이퍼의 교회론 전체를 공개적으로 비판했다.¹³ 스킬더의 교회론을 보면, 카이퍼의 신

---

10. 데이(Dee), 『K. 스킬더(K. Schilder)』, 163.
11. 스미트, "순종하는 것," 75.
12. 스킬더(K. Schilder), 『전집: 교회론(Verzamelde Werken:De Kerk)』 (Goes: Oosterbaan & Le Cointre, 1960~65), 1:120~121.
13. 스킬더(K. Schilder), 『교회. 강의노트(De Kerk. College-dictaat)』 (ed. J. Kamphuis, Kampen: van den Berg, 1978), 42. 이 자료는 강의 중에 녹취되었는데, 스킬더의 허

학과 교회론에 대해 지지일반적인 의미에서했다가 여러 가지 중요한 점들에 대한 비판자로 선회하는 것이 분명하게 드러난다. 스킬더의 언약론에 있어서도 비슷한 발전을 추적해 볼 수 있다.[14]

하지만 이런 차이점들, 곧 스킬더 자신의 교회론적인 발전에서의 불연속성을 더 자세히 살펴보기 전에 몇 가지 기본적인 연속성을 먼저 살펴보겠다.

1) 연속성: 성경의 권위와 교회

① 말씀의 교회

스킬더는 일생 동안 성경의 영감과 무오류성, 그리고 성경은 원본상 모순이 없음을 지지해 온 정통개혁신학자였다. 그는 1919년에 성경에 나오는 소위 불일치라는 것에 대해서 많은 자료들을 인용하면서 '대중적'이자 매우 학문적인 그의 스타일을 전형적으로 보여주는 소책자를 발간했다. 거기서 스킬더는 우리가 현재 소유하고 있는 형

락 없이 출판되었다. 하지만 그것은 교수로서의 스킬더의 실제 음성을 들을 수 있게 한다.

14. 스트라우스(S. A. Strauss), 『전부냐 전무냐?. 스킬더의 언약관(Alles of Niks. K.Schilder Oor die Verbond)』 (diss. Pretoria: Patmos, 198?), 23~25쪽을 보라. 스트라우스는 캄프하이스를 인용하면서 스킬더가 자기의 '스승'이 가르쳐 왔던 것, 곧 일반은총, 교회의 다양성, 그리고 언약과 세례관을 다루고 있기 때문에, 그를 카이퍼를 비판하면서도 근본적으로 카이퍼의 충실한 학생으로 남아있었던 자로 본다. '충실한 학생(loyal pupil)'이란 마지막까지 애정을 가지고 있는 것을 암시한다. 나는 특별히 1944년의 '해방' 이후에 스킬더가 카이퍼를 비판하는 것에서 비춰볼 때, 이 애정의 깊이를 의심한다.

태로서의 성경에는 당연히 불일치가 있을 수 있다고 말했다. 그럼에도 불구하고 그는 "우리 개혁신앙인들은 원본상에도 그런 오류들이 존재했다는 것을 받아들일 수는 없다."라고 쓰고 있다.[15]

이 책에서 스킬더는 성경에 접근하면서 고등비평을 자유롭게 사용했던 자유주의적 진보주의뿐만 아니라, 성경비판에는 중도적이었지만 그럼에도 성경에 모순과 오류가 있을 수 있다고 했던 '윤리'신학까지 비판했다. 스킬더는 이런 접근법들을 비판하면서, 그 대신 현재 우리가 지닌 성경에서 겉으로 보이는 충돌들은 성경을 필사하는 과정에서 비롯된 오류들이라고 주장했다. 즉, 우리는 본문비평을 통해서 성경 고등비평을 물리칠 수 있는 무기들을 지니고 있는 셈이다.[16] 그 외 하나님의 생각 및 행동과 관련해서 분명하게 보이는 다른 상호충돌들은 단순히 신인동형론으로 설명될 수 있다. 게다가 분명히 조화시켜야 할 문제들이 남아 있더라도, 많은 경우에 소위 상호충돌처럼 보이는 것들에 대한 좋은 해결책들이 있을 수 있다. 따라서 우리는 하나님의 말씀이 무오류하다는 것을 계속해서 확신할 수 있다. 만일 우리의 출발점, 즉 성경 전체의 영감과 통일성이라는 출발점이 건전하다면, 우리는 '비과학적non-scientific'이지만 그럼에도 견고한 전제적인 presuppositional 기초를 지니고 있기 때문에 그 위에서 성경 자체를 탐

---

15. 페인호프(C. Veenhof), ed., 『말씀과 교회를 위하여(Om Woord en Kerk)』 (Goes: Oosterbaan & Le Cointre, 1948~53), 3:65쪽에 실린 K. 스킬더, "성경속의 상호충돌(Tegenstrijdigheden in den Bijbel)"를 보라.
16. K. 스킬더, "성경속의 상호충돌," 66.

구할 수 있다. 모든 사람은 선입견vooroordeelen을 갖고 시작한다.[17]

성경에 대한 이런 고high관점은 스킬더의 신앙의 확신과 신학에서 영구적인 고정물로 남아있었다.[18] 1920년대 개혁교회들 안에 있었던 두 개의 주요한 위기들, 즉 1920년 레이우바르든Leeuwarden 총회에서 네이텔렌보스J. B. Netelenbos의 유죄판결을 확증한 것과 1926년 아센Assen 총회에서 목회자 헤일케르켄J. G. Geelkerken을 정직시키고 그 이후 제명한 사건에서도 스킬더는 총회의 결정에 동의하면서 견고하게 서 있었다. 그는 1926년과 그 이후에도 계속해서 헤일케르켄과 소위 회복연맹Hersteld Verband교회들에 반대해 아담의 타락에 대한 성경 기록의 역사성을 반복해서 방어했다.[19] 1930년대와 40년대에는 칼 바르트와 네덜란드의 바르트주의자들을 계속해서 비판했는데, 이는 그들이 성경에는 역사적인 오류뿐만 아니라 교리적인 오류도 있을 수 있다고 보았기 때문이다. 스킬더는 마치 정통인 것처럼 말하면서도 실제로는 하나님의 기록된 말씀에 담긴 하나님의 권위 앞에 무릎 꿇

---

17. 같은 책, 94.
18. K. 스킬더, 『전집: 교회론(Verzamelde Werken:De Kerk)』, 3:166쪽에 있는 그의 글, "성경에 관하여(Om den Bijbel)"에서 판 니프트릭(Van Niftrik)의 견해를 비판하는 것을 참고하라.
19. D. T. 카이퍼(Kuiper), ed., 『네덜란드개혁교회 역사연감(Jaarbook voor de Geschiedenis van de Gereformeerde Kerken in Nederland)』 (Kampen: Kok, 1989), 3:136~157쪽에 실린 하링크(G. Harinck), "갱신과 혼동: 헤일케르켄 사건에서 클라스 스킬더와 개혁신앙의 학생생활(Vernieuwing en Verwarring. Klaas Schilder en het Gereformeerde Studentenleven in Verband met de Kwestie-Geelkerken)"을 참고하라.

기를 거부하는 자들을 날카롭게 비판했다.[20] 이런 비판은 스킬더에게 전혀 새로운 것이 아니었다. 그것은 단지 그가 수년 동안 지속해 왔던 변증의 연속이었을 뿐이다.

스킬더의 관점에서, 성경에 무릎 꿇는 것은 단순히 개별적인 그리스도인들에게 요구되는 것일 뿐만 아니라 그리스도의 참된 교회에게도 필수사항이었다. 스킬더는 교회를 성경의 권위 아래에 있는 것으로 보았다. 교회는 성경에 대한 충성으로 말미암아 교회다워진다.[21] 이 점에서 그는 단순하면서도 강력하게 벨직신앙고백서를 반영했다. 이 고백서는 7항에서 성경을 "무오류한 규칙원본의 표현: reigle infallible"[22]이라고 부르고, "복음의 순수한 선포"를 참된 교회의 세 가지 표지들 중 하나로—다른 두 가지는 "성례의 순수한 집행"과 "교회권징"이다—규정한다29항. 하나님의 말씀에 대한 충성이 손상되거나 분명하지 않은 곳에는 설령 교회가 있다 해도 그것을 더 이상 성경적인 교회라고 말할 수는 없다. 스킬더는 1930년대와 40년대 '네덜란드개혁교회'의 신학자들과 변증하는 글들을 주고받으면서 이것을 강조했다.[23] 또한 그는 1948년도에 있었던 WCC의 설립으로 절정에 올

---

20. K. 스킬더, "성경에 관하여," 164~168.
21. K. 스킬더, 『전집: 교회론(Verzamelde Werken: De Kerk)』, 3:168쪽에 있는 "위선적 거짓말들에 대한 거짓말(Het Smoesje inzake de Schijheilige Smoesjes)."
22. 벨직신앙고백서의 영어판은 『찬양집(Book of Praise)』, rev. ed. (Winnipeg: Premier, 1987), 444쪽에서 발견된다. 네덜란드어 원문을 위해서는 J. N. 바크하이젼 판 덴 브링크(Bakhuizen van den Brink), ed., 『네덜란드의 고백문서들(De Nederlandse Belijdenisgeschriften)』 (Amsterdam: Ton Bolland, 1976), 78쪽을 보라.
23. 스킬더는 '네덜란드개혁교회'가 그 스스로 주장하고 있는 개혁을 "예를 들어, 성경과

랐던 에큐메니컬운동의 발흥에 반응하면서, 그 운동은 성경적인 기초 및 사도들과 선지자들의 기초가 결핍되어 있다고 지적했다.[24] 이러한 기초들이 없는 곳에는 참된 교회가 있을 수 없다. 이렇듯 스킬더에게 교회론이란 성경관에서 직접 흘러나오는 것이었다.

② 교회에 대한 말씀

스킬더는 교회가 성경에 충성해야 한다고 요청하면서 성경에 대한 자신의 충절을 고백했을 뿐만 아니라, 애당초 그는 하나님께서 교회에 관해 계시하셨던 것을 보다 더 잘 이해하기 위해 하나님의 계시의 깊이들을 계속해서 탐색하고자 했다.[25] 그의 신학에 항구적인 요소가 있다면, 그것은 하나님께로부터 더 많은 지혜를 얻기 위해서 성경을 상고하는 것이었다고 할 수 있다. 스킬더는 네덜란드개혁교회의 고백들벨직신앙고백서, 하이델베르크 요리문답서, 도르트신경을 온전한 심정으로 인정하면서도, 단지 그것의 진술들을 앵무새처럼 읊조리는 단순한 고백주의자가 아니라 주석을 통해 하나님의 말씀의 새 빛을 찾

그 내용에 진실되며, 근대주의와 바르트주의를 교회로부터 제거시키는 분명한 고백"으로 보여 주기를 기다린다고 말한다.

24. K. 스킬더, 『전집: 교회론(Verzamelde Werken: De Kerk)』, 3:231쪽에 실린 "다양성에 대한 비르트의 견해(Barth Over Pluriformitiet)."
25. 드 용(J. de Jong), 『하나님의 적응: 스킬더의 계시신학에서의 한 주제(Accommodatio Dei: A Theme in K.Schilder's Theology of Revelation)』 (Kampen: Mondiss, 1990), 12쪽을 참고하라. "그는 모두에게 그들의 전통을 공감을 갖고 비판하며 평가하도록 요구하면서, 유일하게 지속되는 기준인 하나님의 말씀의 빛으로 그들의 교회와 신학적 유산들을 점검해 보라고 했다."

고자 했으며, 언제나 성경의 한 구절을 다른 성경구절과 연관시키고자 했다. 그래서 때로는 그것이 놀라울 정도로 새로운 방식으로 보이곤 했다.[26]

우리는 스킬더가 일평생 행한 설교들과 성경의 묵상들에서, 성경을 기본적인 표준으로 불러오는 일이 성경으로부터 도출된 새로운 통찰들과 결합되고 또한 현대세계의 도전과 위험을 주목하는 일과 결합되는 것을 보게 된다. "심판은 하나님의 집에서부터 시작된다"벧전4:17라는 주제로 1918년에 행한 설교에서, 스킬더는 성경 본문에 근거해서 어떻게 산 위의 동네이자 하나님의 집인 교회가 하나님의 심판을 먼저 받아야 하는지를 기술한다. 하나님께서는 교회 안에 있는 죄가 세상에 있는 죄보다 **더 큰 미움의 대상**greater abomination이 된다. 그렇기 때문에 하나님께서는 그분의 심판을 교회의 성도들에게 먼저 내리시는 것이다. 교회는 심판에서 자동으로 면죄되는 것이 아니다. 마치 에스겔 9장에서 하나님의 백성이 심판에서 자유롭지 못했던 것처럼 말이다.[27] 여기서 우리는 스킬더가 신구약의 통일체로서의 성경에 그의 메시지를 기초시키고, 또한 그의 시대의 실제적인 위험들—교회의 구성원들이 하나님의 심판에 무관심해지고 그것을 가볍게 여기는 경향을 말한다—에 대항하기 위해서 하나님의 말씀의 밝은 빛을 가지고 오는 것을 보게 된다. 교회는 결코 자신의 월계수에 만족하고

---

26. 브렘머(Bremmer), "스킬더, 클라스," 318.
27. K. 스킬더, "교단상호주의에 대하여(Over Interkerkelijheid)," 『전집: 교회론(Verzmelde Werken: De Kerk)』, 1:62.

안식할 수 없다. 오히려 교회는 계속해서 하나님의 높은 요구사항들에 직면해야 한다.

누가복음 6장 13절"그 중에서 열둘을 택하여 사도라 칭하셨으니"에 대해 1949년에 기록한 한 묵상에서, 스킬더는 다음의 성경구절들을 언급한다. 히브리서 2장 13절, 시편 22편, 18편, 사무엘하 21장과 22장, 이사야 8장, 그리고 요한복음 1장, 16장, 17장 등이다. 그는 그리스도를 "아들들", 곧 열둘의 사도들을 택하시는 "아버지"라고 부른다.

> …… **교회의 아버지**Pater ecclesiae, 그분께서는 말씀의 봉사를 인도하는 열둘을 통해서 모아들이는 교회의 영적 아버지이십니다. 새 언약의 총체적인 교제가 그들의 가르침을 토대로 세워질 것이기 때문입니다. 이전에는 열두 족장들이 전체 교회를 '보여 주었습니다displayed'. 지금부터는 열두 사도들이 계속해서 교회를 보여 줄 것입니다. 그 말씀을 통해 열둘의 '소명들'이 있고, 그것들을 통해 학생들아들들이 지금으로부터 그들의 아버지형제를 뒤따르게 될 것입니다. 그들은 새 언약의 톨레도트toledoth, 계보요, 결정적인 기원인 것입니다.[28]

여기서 우리는 전형적인 스킬더식의 성경 묵상을 보게 된다. 즉,

---

28. K. 스킬더, "새로운 회중(De Nieuwe Assemblee)," 『전집, II부: 묵상록(Verzamelde Werken, Afdeling II: Schriftoverdenkingen)』 (Goes: Oosterbaan & Le Cointre, 1958), 3:409.

구약성경에 기초하고 또한 구약을 성취하는 것으로서의 신약을 묵상하는 것이다. 교회는 신적 계시로서 이 한 말씀 안에 계시된 대로 그리스도의 교회요, 사도들 위에 세워지는 것이다.

그래서 스킬더의 교회론은 근본적으로 성경 위에 세워지고 계속해서 성경으로 향한다. 여기서 개신교의 구호인 '오직 성경 Sola Scriptura'이 과거 개혁신학의 입장과 표준적인 해석을 단순히 반복하지 않고 진정으로 유지된다. 스킬더에게 성경은 언제나 첫 번째이자 또한 마지막 말씀이었다. 그는 본문에 묶여 있지만, 그렇게 묶임으로써 새롭게 듣고 또 하나님의 진리 안에서 새로운 전망을 구할 수 있는 자유와 엄숙한 책임감까지 지녔다. 말씀 안에서 하나님의 음성을 새롭게 듣기를 추구하는 것이 스킬더의 인생 전체를 특징짓는다. 그는 목사로서 저서의 초기부터 보수주의를 의도적으로 회피하고, 표현의 독창성과 통찰력을 추구했다. 이는 교회에 대한 그의 설교들과 저서들에 당대의 저서들에는 결핍되어 있는 신선함과 생동감을 불어넣어주었다. 당대의 저자들은 단지 정통적인 견해만을 지닌 채 그것을 개혁하고 새롭게 하려 하기보다는 보존하려는 데만 급급했던 것이다.

2) 연속성: 교회 일치를 향한 하나님의 부르심

교회에 대한 스킬더의 저서들에 있는 또 다른 연속적인 요소는 성경과 개혁파 신조들에 기초해 교회의 통일을 호소한 것이다. 기독개혁교회 Christelijke Gereformeerde Kerken는 개혁교회에 가장 가까우면서도 분리되어 있는 집단이었다. 이 교회는 1834년의 분리파Afscheiding 지역교회들로 구성되어 있다가 1892년[29]에 있었던 애통파Doleantie 교회들[30]과 연합하는 것을 거부했다. 스킬더가 이 교회들을 개혁교회들과 연합하도록 요청하는 데 집중했던 것은 너무나도 자연스러웠다. 기독개혁교회가 연맹the union으로부터 분리되기를 원했기 때문에 스킬더는 그것을 분열적이라고 보았다. 그의 관점에서, 개혁신자들은 충분한 성경적 근거나 고백적 근거가 없다면 1892년의 그 연맹으로부터 스스로를 고립시킬 필요가 없었던 것이다.

1920년대 스킬더는 저널리스트로서의 경력 초기에 주간지 『나팔 De Bazuin』과 『개혁De Reformatie』을 통해 기독개혁교회의 다양한 대변인들이 오류를 범하고 있다고 생각했던 것들에 대해 광범위하게 발표했다. 여러 가지 주제들이 계속해서 등장했다. 그중 하나가 아브라함 카이퍼의 개혁정통주의였다. 이와 긴밀하게 관련된 것이 중생의 교리에 관한 것이었는데, 기독개혁교회 지도자들은 그것에 관해 아브라함 카이퍼를 '신개혁파neo-Reformed' 신학자라고 결론지었다. 스킬더는 기독개혁교회의 신학자들이 카이퍼를 비판한 것은 근거도 없고 정당치도 못하다고 반복적으로 『나팔De Bazuin』지에서 말했

---

29. 1892년의 연합과 몇 개의 기독개혁교회들(Christelijk Gereformeerde Kerken)이 연합을 거부했던 것에 대해서는 H. 바우마(Bouma), 『1892년의 연합(De Vereniging van 1892)』 (Groningen: De Vuurbaak, 1967)을 보라.
30. 애통파(Doleantie) 운동은, 1886년 A. 카이퍼(Kuyper)가 주도했던 것으로, 지역교회들을 국가교회였던 자유네덜란드개혁교회의 권위로부터 해방시키려는 운동이었다.

다.³¹ 그들은 카이퍼가 '가정적 중생론'을 가르침으로써 실제로는 신자의 모든 자녀들을 이미 중생한 자들로 간주했다고 주장한 반면, 스킬더는 중생과 세례에 관한 1905년의 총회에서 받아들인 개혁교회의 공식적인 가르침의 진술은 이와 상당히 다르다고 말함으로써 그런 비판에 대답했다. 신자의 자녀들을 중생한 자들로서 간주하는 것 Regarding, 1905년 선언의 용어은 모든 자녀들이 실제로 중생한 상태are라고 말하는 것과는 전적으로 다르다. 또한 아펠도른에 있는 기독개혁교회의 강사인 반 데 하이트van der Schuit가 카이퍼는 '수면 중인' 중생을 가르침으로써 신자들로 하여금 그들의 중생한 상태에 대해서 '무의식적'이게 만든다고 비판했을 때, 스킬더는 카이퍼가 단순히 이러한 상태의 가능성만을 가르쳤을 뿐이라고 말함으로써 그 비판에 응수했다. 하이트도 이런 상태가 있을 수 있다는 것을 이론상으로는 인정하고 있었기 때문이다.

이러한 변증에서 우리는 스킬더가 교회에 대해서 어떻게 추론하는지를 알게 된다. 첫째, 그는 교회의 광대함을 강조한다.³² 그것은 카이퍼에 대해서도 배려하고, '기독개혁교회'의 경건과 가르침에 대해서도 배려할 정도이다. 만약 성경과 개혁고백문서들에 기초한 통일성이 있다면, 이 통일성 안에서 다양한 특징들이 뒤섞일 여지가 있을

---

31. K. 스킬더, "혼합물(Melange)," 『나팔』, 71, no. 23(1923):3.
32. Cf. C. 트림프(Trimp), "카이퍼와 스킬더의 교회론(De Kerk bij A.Kuyper en K. Schilder)," 193. "[스킬더는]…… 그리스도의 교회의 '영광스러운 넓이'를 알고 있었고, 또한 자신의 온 마음을 다해 그것을 갈망해 왔던 자였다."

수 있음은 분명하다. 따라서 카이퍼는 비non개혁신앙적이라거나 신neo개혁신앙적이라고 할 수 없는 것이다. 카이퍼와 바빙크 사이에는 강조점에서 차이점들이 있다. 바빙크는 분리파 전통의 대표자이다. 하지만 그 차이점들은 그들 사이에 있는 엄청난 통일성에 비하면 아무것도 아니다.

'기독개혁교회'에서 중요하게 여기는 주제들에 관해 말하면서, 스킬더는 그들이 '경험적인bevindelijke' 설교 및 의식적인 회심의 경험이 필요하다고 호소하는 것은 그리스도인들의 통일성에 대한 하나님의 부르심에 직면하기를 회피하는 하나의 연막작전일 뿐이라고 말한다.[33] 그것은 강조점과 주해적 접근의 차이를 신앙고백의 차이로 만드는 것이다. 이렇게 함으로써 성경적이고 개혁적인 통일성에 불필요한 장애물을 만드는 것은 '개혁교회'가 아니라 '기독개혁교회'인 것이다. 스킬더는, 그것은 분파적으로 남는 것이요 하나의 제도로서 하나님께 복을 받게 될 것을 합당하게 주장할 수 없다는 내용으로, 1929년에 발간된 일간지인 『로테르담 사람들De Rotterdammer』에 대항해서 하나의 변증적인 소논문을 썼다. 그것은 "오해의 체계화"[34]로 빚어진 상황이었던 것이다. 물론 '기독개혁교회'가 그리스도인들이 아니거나 개혁파적이지 않다고 말하는 것이 아니다. 오히려 스킬더는 그들을 정확하게 개혁신앙의 그리스도인들로 보았기 **때문에** 그들

---

33. K. 스킬더, "강조점의 이동(Accentverlegging)," 『나팔』 71, no. 26(1923):3.
34. K. 스킬더, "상호교파주의에 관하여(Over Interkerkelijkheid)," 『전집: 교회론(Verzamelde Werken: De Kerk)』, 1:62.

의 개별적인 조직체를 합법적인 것으로 인정할 수 없었던 것이다.

둘째, 그런 다음 스킬더는 교회의 통일을 바라시는 하나님의 진지한 부르심을 강조한다. 그는 만약 믿음에 진정한 통일이 존재한다면, '기독개혁교회'에 관해서처럼, 그것은 교회생활에서도 구체적이고 가시적인 통일성에 이르러야 한다고 말한다. 만약 그들이 동일한 말씀 위에 세워지고 동일한 신앙고백서들을 붙잡고 있는 진정한 신자들로 구성되어 있다면, 서로가 따로따로 처신하면서 단지 마음이 맞는 사람들끼리만 개별적인 집단들을 만들 수 있는 여지란 있을 수 없다. 이것은 '기독개혁교회'의 대변인들이 주장하는 것처럼 영적인 통일을 희생하더라도 '육신적으로in the flesh' 외형적인 통일을 조직하려는 카이퍼적 시도와 같은 것이 아니다. 그보다는 교회의 주님께 순종하는 길이다.

당시의 상황과 교회의 통일을 향한 하나님의 부르심에 관해 스킬더가 이렇게 분석한 것은 '기독개혁교회'와 네덜란드의 모든 개혁 신자들에게 전달되었으며, 이후로도 계속해서 그의 생애를 통해 견지되었다. 해방the Liberation, 1944년 이후, 교회의 연합과 관련해 '개혁교회들해방파'과 '기독개혁교회이전까지 Church(단수)였다가 1947년에 Churches(복수)가 됨' 사이에서 구체적인 논의가 있었을 때, 그것스킬더의 분석은 필요 이상으로 강한 주목을 받게 되었다. 후자의 입장에서는 스킬더가 변한 것처럼 보였다. 이전에는 원수였었는데, 이제는 친구처럼 보였던 것이다. 하지만 그것은 스킬더의 관점을 올바르게 읽은 것이 아니다. 한편으로, 스킬더는 카이퍼에 대해 더욱 비판적이게 된 것이 사실이다. 그래서 카이퍼에 대한 '기독개혁교회'의 비판에 더욱 동정적일 수 있었다. 그러나 또 한편으로, 그는 카이퍼적인 개념들을 모두 참을 수 없는 것으로 공식적으로 금지시키는 교회를 형성할 의향이 전혀 없었다. 심지어 해방파 교회를 설립한 후에도 스킬더는 계속해서 성경과 신앙고백서들이 허용하는 한에서 광범위한 교회가 필요하다고 인식하고 있었다. 그는 성경과 신앙고백서들이 구속하는 지점을 넘어서까지 구성원들을 구속하려는 총회의 모든 결정에 지속적으로 반대했다.[35] 스킬더가 어떤 점에서는 카이퍼에 대해 너무나 비판적이었기 때문에, 우리는 여기서 일말의 긴장을 느끼게 된다. 하지만 동시에 우리는 무엇보다도 성경과 신앙고백서들의 범위 안에서 누리는 자유의 필요성을 최우선에 두려는 그의 확신을 보게 된다.

교회의 연합에 대해 스킬더가 보여 주는 이러한 태도의 일관성은 해방 이전과 이후에 '기독개혁교회'에 대한 그의 입장을 이해하는 데 열쇠가 된다. 연합을 위한 대화들이 이전과 같은 동일한 압력들—'기독개혁교회'의 경건과 설교에서 강조하는 경험적 방향성이라는 압력들—아래에서 깨진 것은, 비록 스킬더가 그것들 중 많은 것에 철저하게 동의하지 않았다 하더라도, 스킬더가 그들의 경건과 설교에 반대했기 때문이 아니다. 이런 영역들경건과 설교 등에서 차이점들이 있음에

---

35. H. 훅서마(Hoeksema)가 언약을 '택자들에게만' 구속력 있는 것으로 만들려고 신학적으로 시도한 것에 대해 스킬더가 반대한 것은 K. 스킬더, 『성경을 넘어서는 구속력—새로운 위험(Bovenschriftuurlijke Binding-Een Nieuw Gevaar)』 (Goes: van der Linden, n.d.[1952])을 보라.

도 불구하고 그 차이점들을 넘어 제도적 통일성을 추구하려는 것을 '기독개혁교회' 편에서 거부했기 때문이다. 스킬더의 입장에서 '개혁교회'와 '기독개혁교회' 사이에는 믿음의 통일성이 존재했다. 그리고 그 통일성은 하나님의 부르심에 순종하기 위해서 실행되어야 했다.

3) 불연속성: 카이퍼에 대한 옹호에서 선택적인 반대로

앞에서 언급했던 대로, 스킬더의 신학적인 발전에는 어떤 지속성이 있는 것만큼이나 주요한 변화들도 있다. 가장 놀라운 변화들 중 하나는 카이퍼의 몇몇 신학적 개념들에 대한 그의 태도의 변화이다. 스킬더는 모든 신학적 노력의 기초인 성경의 무오류성과 공통적인 신학적 입장의 표현인 개혁파 신앙고백서들에 호소한다는 측면에서 카이퍼와 결정적으로 친근성을 유지하지만, 그러는 가운데서도 대부분의 주제들에서 카이퍼를 따뜻하게 방어하는 1928년의 입장에서 1930년대와 40년대에는 얼마간 중요한 문제들에서 종종 카이퍼특히 카이퍼의 추종자들를 강하게 비판하는 입장으로 변했다.

이렇게 카이퍼로부터 벗어나는 변화는 순전히 반대만을 위한 것이 아니었음은 확실하다. 그것은 선택적이었다. 선택적이었다는 것은 스킬더에 대한 입장을 단순하게 일반화시키는 것은 위험하다는 뜻이다. 1936년에 스킬더는 네덜란드의 나치세력과 교회 안의 타협주의자들을 공격하는 소책자의 제목을 카이퍼로부터 인용했다. 『한 치도』—곧, 예수 그리스도에 속하지 않는 영역은 세상에 한 군데도 없다는 것—

가 그것이다.[36] 하지만 "비가시적 교회와 가시적 교회", "참된 교회와 거짓된 교회", 그리고 "교회의 다양성"에 관한 주요교리들에서는 좀 더 카이퍼적이었던 초기의 입장에서 의도적으로 이탈했다.

① 교회에 대한 카이퍼의 입장

아브라함 카이퍼의 교회론은 일반적인 접근이 지닌 기본적인 요소들을 포함한다고 볼 수 있다. 그리고 그런 접근은 현대적인 표현을 추구하는 개혁정통주의Reformed orthodoxy라고 부를 수 있다.[37] 카이퍼 1837~1920년는 레이덴Leiden에서 학생 시절을 보낼 때 이상주의idealism에 너무나도 강한 영향을 받았는데, 그 영향력은 심지어 그가 현대주의에서 정통주의로 전환하게 된 1860, 70년대 이후에도 그의 신학에 분명하게 남아 있었다. 비록 그 영향력의 정도와 성격을 평가하는 데 조심해야겠지만, 카이퍼는 독일의 낭만주의로부터 자극을 받아서 세계와 인류, 그리고 교회를 연결시키는 생명의 내적 연결점으로서 '유기체적'인 것에 매료되었다.

카이퍼의 교회론을 대면할 때 이 외에도 충분하게 묘사되어야 할 그의 신학적 단면들에는 다음과 같은 것들이 있다. 택자들은 본질적

---

36. K. 스킬더, 『한 치도 안 돼! 국가사회주의운동과 기독민주연맹에 가입하는 문제에 대한 총회의 결정(Geen Duimbreed! Een Synodaal Besluit Inzake 't Lidmaatsschap van N.S.B.en C.D.U.)』 (Kampen: Kok, n.d.[1936]). [Geen Duimbreed는 '헤인 다임브레이트'로 발음한다. 너무 유명한 표현이기에 기억해 둘 만하다.—역주]
37. J. M. 바토(Batteau), "아브라함 카이퍼의 신학: 평가(De Theologie van Abraham Kuyper: een Beordeling)," 『근원(Radix)』 13, no. 4(1987):218.

으로 영원 전부터 의롭다고 여겨졌다는 개념으로서 '영원한 칭의', 카이퍼의 일반은혜관, 즉 불택자들을 향한 하나님의 은혜로 죄가 제어되고 문화가 가능하게 되었다는 개념에 대한 카이퍼의 신념,[38] 학문적 신학은 과학적 탐구의 영역에 속하므로 대학교에서 실행되어야 할 과학들 중 하나라는 그의 신념,[39] 그리고 '신정주의'를 배제하는 벨직신앙고백서—36항에서 분명하게 말한다—에 따라서,[40] 국가는 거짓된 종교를 제거하는 데 아무런 역할을 하지 않는다는 것에 대한 그의 신념 등이다.

나는 위에 언급된 주제들을 무시하지 않으면서, 만약 아래의 확신들을 전형적으로 카이퍼적인 것으로 강조한다면, 그의 근본적인 교회론에 대해 올바르게 이해할 수 있을 것이라고 믿는다.[41]

ㄱ. 제도적 교회는 그의 자녀들을 말씀의 설교와 성례들, 그리고 권징으로 보호해야 하는 **어머니**여야 한다. 카이퍼는 이러한 어머니로서의 교회를 당대의 자유주의적인 네덜란드개혁교회에서는 발견

---

38. Cf. J. 다우마(Douma), 『일반은혜: 카이퍼, 스킬더 그리고 칼뱅의 "일반은혜"에 대한 주석, 비교, 그리고 평가(Algemene Genalde. Uiteenzetting, Vergelijking en Beoordeling van de Opvattingen van A. Kuyper, K. Schilder, en J. Calvijn over "Algemene Genade)』 (Goes: Oosterbaan & Le Cointre, 1976), 11~118. 또한 이 책의 제3장에 실린 N. H. 호체스(Gootjes), "스킬더의 '그리스도와 문화'론"을 참고할 것.
39. 이것은 1892년 이후 분리파와 애통파 사이에 있었던 갈등의 원천이었는데, 바빙크가 1902년에 자유대학교에서 가르치는 것을 받아들였기 때문에 어느 정도 해소되었다.
40. 1905년의 네덜란드개혁교회의 총회에서 이 진술에 포함된 단어들을 삭제하였다.
41. 카이퍼의 교회론에 대한 좀 더 자세한 기술은 P. A. 판 로이웬(van Leeuwen), 『아브라함 카이퍼의 신학에서의 교회의 개념(Het Kerkbegrip in de Theologie van Abraham Kuyper)』 (Franeker, The Nederlands: Wever, 1946)을 보라.

할 수 없었다. 그래서 그는 교회개혁 및 1892년의 분리파 교회들과의 연합을 통해서 그것을 찾고자 하였다.

ㄴ. 교회는 하나의 유기체로서 그리스도의 몸이고, 한 몸으로 함께 얽혀 있는 가시적 교회이며, 세계 안에서 모든 형태의 교회들 가운데 흩어져 있고, 세례에 의해서 구분된다. 카이퍼에게 유기체적 교회는 지구상에 있는 제도적 교회를 위한 원천이지만, 동시에 그것과 구분되어야 하는 것이다. 유기체적 교회로서 모든 그리스도인들은 정치 영역반혁명당, 교육 영역기독교학교와 암스테르담의 자유대학교 등에서 함께 일할 수 있다.

ㄷ. 직접적인 중생은 하나의 유기체적 양식의 발생을 통해서 자궁에서나 출생 이후에 하나의 규범으로서 택자 안에 생겨나는데, 그것은 모든 개별적인 택자를 믿음으로 살게 하는 힘의 원천이고, 그래서 교회 자체의 힘의 근원이기도 하다.[42] 유아들은 택자이며 그래서 중

---

[42] 카이퍼가 말한 '유기체적' 정교화가 빠진 일반적인 '직접적 중생(immediate regeneration)' 교리는 17세기의 많은 개혁주의학자들과 신학자들이 루터파에 반대하면서 주장했다. 루터파들은 하나님께서는 언제나 말씀을 '통해서' 역사하신다고 주장했다. 개혁파들은 말씀의 필요성과 동시에 성령님의 주권성을 강조했는데, 때때로 **직접적(immediate)**이라는 용어를 중생케 하시는 성령님의 역사에 대해서 말할 때 사용했다. **중**생의 필요성은 유아들과 정신적으로 장애를 지닌 사람들의 중생의 필요성에서 볼 때 그들에게 분명했다. 또한 말씀을 들은 어떤 사람들은 중생하지 않는데 다른 사람들은 중생한다는 사실에서 볼 때도 말씀을 듣기 이전에 중생해야 할 필요성이 분명했다. 그들에 의하면, 성령님께서는 언제나 말씀의 영역에서 역사하시지만, 말씀에 언제나 **종속되시는**(dependent) 것은 아니다. H. 헤페(Heppe), 『개혁교의학, 원천들로부터 설명되고 예시된(Reformed Dogmatics, Set out and Illustrated from the Sources)』, G. T. Thompson 번역 (Grand Rapids: Eerdmans, 1978), 521쪽을 보라.

생한 것으로 가정하기에 우리는 그들에게 세례를 베풀며, 그때에 성령님께서 그들을 특별한 방식으로 교회에 통합시키시는 것이다.

ㄹ. 고백한 신자들로 구성된 **지역교회**가 교회의 기본단위이다. 이런 교회들의 연맹체가 노회와 총회를 형성하는데, 전혀 위계적이지 않고, 각 교회는 다른 교회들과 동등한 입장과 권리를 가진다.

ㅁ. 교회의 **다양성**multiformity or pluriformity은, 첫째, 모든 교회의 형태들 안에 있는 각 개별적인 택자의 존재, 둘째, 다소 순수한 교회의 형태들 안에 있는 자율적인 참된 교회들의 존재, 그리고 셋째, 지상에서 하나의 교회형태로 제한될 수 없는 하나님의 진리의 부요함에 따른 결과이다. 세계의 여러 나라들마다 각각 다양한 요소들이 그 발전에 영향을 미치게 되며, 그래서 개신교회의 형성들이 서로 다르고, 또한 어떤 경우에는 상충적인 형태들과 교리들을 지니게 될 때도 있다. 교회의 다양성에 대한 이러한 확신과 밀접하게 연관되는 것이 비가시적 교회택자들와 가시적 교회모든 신앙고백을 한 그리스도인들로서의 교회에 대한 관념이다. 사실 모든 제도적 교회 안에는 어느 정도의 진리와 어느 정도의 거짓이 있다. 다른 거짓된 교회들에 대립되는 것으로서 하나의 참된 제도적 교회가 존재한다는 개념과 같은 16세기 개혁신앙고백서들에 들어있는 개념들은 수정이 필요하다.[43] 비록 칼뱅주의 교회들이 자신들의 우월한 원리들을 다른 교회들에게 확신시켜

---

43. Cf. A. 카이퍼, 『일반은혜. 실제적인 부분(De Genemene Gratie. Het Practisch Gedeelte)』 (Kampen: Kok, n.d.[1902~5]), 3:232~238. 또한 판 로이웬(van Leeuwen), 『카이퍼의 교회관(Kerkbegrip Kuyper)』, 201~236쪽을 보라.

줄 의무가 있다 하더라도, 교회의 제도적 형태들의 다양함이 참된 연합을 방해하는 것은 아니다.

② 스킬더와 카이퍼의 일치점

두 개의 분야에서 스킬더는 카이퍼적인 교회론의 틀 안에 머물러 있다. 그것은 첫째, 제도적 교회를 어머니로 보는 것과 관련해, 아버지께 봉사할 수 있도록 그 자녀들을 양육하는 하나의 순수한 개혁신앙적 교회가 존재한다는 것, 둘째, 교회를 자율적인 지역교회들로 구성되어 있는 것으로 보는 것과 관련해, 지역교회들은—비록 이러한 관련성이 없어도 참된 교회들로 남아 있겠지만—하나의 교회연맹 federation, kerkverband을 함께 형성한다는 것이다. 그중 두 번째 확신은, 카이퍼 및 자유대학교에 있는 그의 동료였던 럿허르스F. L. Rutgers, 1856~1917[44]에 의해 정교하게 방어되었던, 교회정치에 대한 애통파의 관점에서 중요한 개념이었다. 1880년대에는 교회이름을 단수로 표시하는 것Christelijke Gereformeerde Kerk, 교회 구성의 전국적인 성격, 지역교회들에 대한 노회들과 총회들의 권한 등을 방어하고자 했던 분리파 대변인들과, 지역회중들의 자율성이라는 이론을 방어하고자 했던 애통파 대변인들 사이에 맹렬한 논쟁들이 전개되었다. 1892년에 연합의 때에는 애통파의 이론이 확신을 얻고 승리하게 되어, 새롭게

---

44. Cf. F. L. 럿허르스(Rutgers), 『네덜란드개혁교회의 옛 교회정치의 타당성(De Geldigheid van de Oude Kerkenordening der Nederlandsche Gereformeede Kerken)』 (Amsterdam: Wormser, 1890).

형성된 교회는 복수로 표시된 이름Gereformeerde Kerken과, 위계구조가 없이 전적으로 지역교회들의 권한들을 강조하는 교회정책을 갖게 되었다.

이런 분야들에서, 곧 참으로 개혁적인 제도로서 하나의 교회를 필요로 하고 또한 제도적인 교회를 근본적으로 지역교회로 생각한다는 점에서, 스킬더는 카이퍼와 강한 연속성을 지니고 있었다. 또한 스킬더가 가장 카이퍼적이었던 곳이 교회정책과 정치 분야였다는 것은 사실이다. 해방파교회가 설립된 시점에 총회의 향방과 관련해서 스킬더가 주로 비판했던 것은, 그 총회가 애통파적 개혁교회의 정책 원리들을 버리고 지역교회들에 대해 하나의 위계구조를 설립하고자 한 것이었다.

그럼에도 불구하고 스킬더가 1930년대에 가장 큰 소동을 일으켰던 것은 카이퍼로부터 이탈했던 지점에서이다. 그리고 우리가 주목하고자 하는 것도 바로 이 이탈에 관한 것이다.

③ 카이퍼로부터 이탈하는 스킬더

스킬더는 1920년대에 유기체적 교회와 비가시적 교회에 대해 카이퍼와 일치했고, 그래서 교회의 경계선들을 넘어 그리스도인들이 서로 정치, 교육, 언론, 그리고 새로운 미디어에서 일반적으로 협력하는 것을 지지했지만—스킬더는 1920년대에 NCRV[45]라고 불리는 초

---

45. 네덜란드기독교라디오협회(the Dutch Christian Radio Society)라고 번역되는 the

교파적 라디오 방송국의 설립자들 중 하나였다―, 1926년에 헤일케르켄Geelkerken의 지도 아래 '회복연맹the Hersteld Verband' 교회들이 설립된 이후부터는 '다양성'이 어떻게 실제로 작용하는지에 대해 더욱 비판적이게 되었다. 그는 헤일케르켄의 추종자들이나 바르트주의자들이 암스테르담 자유대학교의 교수요원들이 되거나 NCRV에 접근할 수 있다는 생각을 받아들일 수가 없었다. 심지어 1930년대에는 교회 간 활동들이 주는 '멍에yoke'에 대해 말하기까지 했다.[46]

교회 상호간의 활동들에서 드러나는 실제에 이렇게 불만스러워했던 것이 1930년대에는 교회의 다양성 개념 그 자체에 대한 의문으로까지 확장되었다. 카이퍼주의자들 및 개혁교회 안에 있던 몇몇 사람들이 칼뱅주의자 초교파협회―교회의 다양성 이론을 사용해 그 정책을 방어하면서 회복연맹the Hersteld Verband 대변인들과 바르트주의자들까지 참여할 수 있게 허락했다―와 같은 다양한 교회의 상호간 활동들을 방어하려고 했을 때, 스킬더는 그 이론 자체를 비판적으로 재평가하는 것으로 응답했던 것이다.[47]

Nederlandse Christelijke Radio Vereeniging.
46. Cf. 다우마(Douma) 등이 편집한 『K. 스킬더: 양상들(K. Schilder: Aspecten)』, 40~42?쪽에 실린 W. G. 드 프리스(de Vries), "스킬더의 개혁신조 사용과 그에 대한 인식(K. Schilder in Zijn Hantering en Waardering van de Gereformeerde Confessie)."
47. Cf. W. G. 드 프리스(de Vries), 『교차로에 선 칼뱅주의자들: 초국가적 칼뱅주의자 연맹과 20세기 30년대에 있는 네덜란드개혁교회 안에서의 상호관계에 미치는 영향(Calvinisten op de Tweesprong: De Internationale Federatie van Calvinsten en haar Invloed op de onderlinge Verhoudingen in De Gereformeerde Kerken in Nederland in de Dertiger Jaren van de Twintigste Eeuw)』 (Groningen: De

스킬더의 신학적 연속성을 논의하는 중에 언급했던 것처럼, 그는 (법률학 교수였던 파비우스D. P. D. Fabius와 같은 카이퍼주의자들과 함께) 항상 '기독개혁교회'의 존재의 합법성을 거부해 왔었다. 이제 1930년대의 변증활동에서 이러한 태도는 그가 교회와 그것의 본질을 이론화하는 데 깊이를 더해 주었다. 참된 교회와 거짓된 교회를 말하는 것은 사람들에 대한 심판이 아니라 말씀 속에 계시된 하나님께서 불러 모으시는 규범들에 대해 말하는 것이었다.[48] 스킬더는 변증활동을 계속 진행하면서 점차 1892년의 연합 이전에 옛 분리파에서 버커르H. Beuker 및 텐 호르F. M. Ten Hoor와 같은 이들이 카이퍼를 반대했던 것에 더욱 동조해 갔다. 그들은 네덜란드국가개혁교회에 대해서 카이퍼가 너무 온건했다고 비판했다.[49] 분리파의 전통에서는 네덜란드국가개혁교회를 거짓된 교회라고 명명하는 것이 일반적이었지만, 카이퍼와 애통파 지도자들은 그렇게 흑백의 용어로 말하는 것을 거부했다. 비록 전체 교회를 경영하려는 거짓된 위계구조에 관해서는 말할 수 있었다 해도, 유일하게 참된 형태의 교회는 지역교회들이며 중생은 가시적인 교회를 형성하는 것이기 때문에, 그들은 네덜란

Vuurbaak, 1974).

48. Cf. 스미트, "순종하는 것," 76.

49. 텐 호르의 견해에 대해서는 F. M. 텐 호르, 『교회의 개념과 연관해서 살펴보는 분리와 애통(Afscheiding en Doleantie in Verband met het Kerkbegrip)』 (Leiden: Donner, 1890)과 『분리냐 애통이냐: 방어의 말과 더 깊은 해설(Afscheiding of Dolenatie: Een Woord tot Verdedinging en Nadere Toelichting)』 (Leiden: Donner, 1891)을 보라.

드국가개혁교회를 전체적으로 거짓된 교회라고 부를 수 없었다. 이는 버커르와 텐 호르의 견해와는 반대되는 것이었다. 그들에게 있어서는 벨직신앙고백서의 분명한 가르침, 곧 신자들에게 교회에 속하지 않는 사람들로부터 분리되도록 어떻게 소명하는지28항, 그리고 거짓된 교회와 참된 교회에 관해 어떻게 고백하는지29항를 고려할 때, 네덜란드국가개혁교회를 거짓된 교회로 고소하는 것은 피할 수 없는 일이었다.

이 분야에서 카이퍼에 대항하는 옛 분리파의 동맹군들을 찾은 스킬더는 벨직신앙고백서의 본문에서 고백적인 지지를 발견했는데, 그것은 29항에서 "이 두 교회들참된 교회와 거짓된 교회은 쉽게 인식될 수 있고 또한 서로 간에 구분된다."라는 부분이었다.

스킬더는 교회의 다양성과 비가시적/가시적 교회개념들에 연결되는 옛 유기체적 교회개념 대신, 고백적인 신실성과 자신의 새로운 '역동적' 교회개념을 결합시킴으로써 하나의 대안을 발전시켰다. 그러면 잠시 이 후기의 개념, 즉 개혁신학의 전통에서 새롭게 발전된 이 개념에 대해 좀 더 자세히 살펴보기로 하자.

해방파 교회의 설립 이후, 스킬더와 그의 동료들은 기독교적 정치와 교육, 그리고 언론에서 새로운 경로를 펼쳐갔다. 스킬더에 의해서 이 분야들은 교회 안에서와 같이 동일한 기준이 요구되는 것으로 더욱 돋보이게 되었다. 곧, 교회의 회원권이 훨씬 더 강한 협력의 기준이 된 것이다. 유기체적이고 복수적인 교회에 대한 카이퍼의 개념들은 교회 안에서 그리고 이것으로부터 흘러나와 모든 생활의 영역에서 개혁되어야 할 것으로 간주되었고 그래서 거부되었다. 스킬더는, 비록 정치의 영역에서 이러한 개혁의 반경을 넓히는 일을 구체적으로 실현하는 데는 실험적이었지만, 언론과 교육의 영역에서는 그것의 즉각적인 실현을 강조했다. 예를 들면, 개혁파해방파의 학교들을 세우는 것이 해방파의 사고방식에서 표지가 되었다. 비록 스킬더는 '계속적인 개혁'이라는 이러한 과정이 완성되기 전인 1952년에 죽었지만, 우리는 그런 영역에서의 강조가 그의 교회론의 논리적인 결론이었다고 말할 수 있다.

이런 식으로 스킬더는 자신의 신학적 발전 가운데서 카이퍼적인 교회론으로부터 일부 거리를 두게 되었고, 그럼으로써 결국 주된 방식에서 반反카이퍼리안이 되었다.

4) 불연속성: 언약신학에서의 변화

스킬더가 카이퍼와 차이를 보이게 된 또 다른 분야는 중생에 관한 것이었다. 카이퍼는 교회의 내연기관이요 영혼으로서 성령에 의한 중생직접적에 대해 강조한 반면, 스킬더는 중생의 중요성을 부인하지 않으면서도 말씀을 매개로 하는 중생의 성격, 그리고 언약은 중생으로 정의되는 것이 아니라는 사실을 강조했다.

많은 사람들이 스킬더의 교회신학에서 언약의 중심성에 주목했다.[50] 하지만 여기서 스킬더의 언약관이 뚜렷한 변화를 겪었음을 인

---

50. Cf. 스미트, "순종하는 것," 74~75.

식하는 것이 중요하다. 그는 그의 후기 언약론에서나 자신의 반카이퍼적인 교회론의 개념들을 지지하는 데 언약론을 활용한다.

우리가 보았던 대로, 1920년대의 스킬더는 '도르트, 카이퍼, 그리고 바빙크'의 확신을 가진 추종자였다. 이것은 언약신학에서도 사실이었다. 언약을 영원한 선택의 빛 가운데서 이해했던 카이퍼와 바빙크의 관점에 따르면, 하나님께서는 은혜의 언약을 맺으셨는데, 거기에는 두 가지 측면이 있다. 곧, 외적인 측면과 내적인 측면이다. 다시 말해, 외적인 형식과 내적인 본질이라 할 수 있다. 외적으로는 모든 신자들과 그들의 자녀들이 언약 안에 있다. 그러나 내적으로는 오직 택자들만이 진정한 언약의 구성원들이다.

그런데 1934년에 스킬더는 자신의 관점을 바꾸기 시작했다. 모든 택자들이라는 관점에서 구성된 비가시적 교회이론이 오용될 것을 두려워해서, 스킬더는 다양한 원천들로부터 언약을 다른 방식으로 볼 수 있다는 자극을 받았다. 그는 1935년에 네덜란드국가개혁교회를 비판하는 변증적 연설을 하면서, '어머니로서의 교회'[51]의 구성요소가 되는 것으로 '언약의 신실함covenant faithfulness'을 강조했다. 네덜란드국가개혁교회 안에 있는 '정숙주의quietism'에 대항해 언약의 신실함이 제도적인 **교회**의 신실함에 이르게 된다고 한 것이었다.[52] 신실함이란 수동적인 것이 아니라 오히려 신자로서 우리가 지니는 책임감의 일

---

51 K. 스킬더, 『전집: 교회론(Verzamelde Werken: De Kerk)』, 2:202.
52. K. 스킬더, 『전집: 교회론(Verzamelde Werken: De Kerk)』, 2:203~204.

부분인 것이다.

이로써 스킬더는 결국 카이퍼-바빙크적인 언약신학과 헤어지게 된다. 그들의 신학은 언약을 영원한 선택과 직접적으로 연결시켰다. 그런데 스킬더의 사고가 성숙했을 때, 그에 따르면, 하나님께서는 그분의 언약을 신자들 및 그들의 자녀들과 맺으신다. 또한 하나의 본질과 하나의 형식이라는 의미에서, 이 언약에 두 가지 측면들이 있는 것이 아니라 오히려 단일한 은혜언약에 대한 두 가지 **반응들**reactions이 있는 것이다. 그것은 하나는 순종이고, 다른 하나는 불순종이다. 곧, 신자들의 자녀들은 단순히 언약내적, 본질적 안에 있는 것으로 간주되는 것이 아니라 오히려 진정성 있고 실제적으로 언약이중적이지 않다 안에 있는 것이다.

언약관에 있어서 이러한 변화는 스킬더가 분리파의 전통이 지닌 양상들에서 도움을 얻었기 때문에 이뤄졌던 것이다. 예를 들면, 헬레니우스 드 콕Helenius de Cock과 텐 호르Ten Hoor는 언약과 선택을 동일한 것으로 여기는 카이퍼적 경향에 반대하면서 양자 간에 비슷한 점이 있다고 생각했다. 하지만 이들의 견해는 분리파 안에서도 전적으로 의견이 일치되었던 견해는 아니었다. 분리파의 전통에 상존해 온 언약의 체험적 개념을 봐도 언약에는 두 측면이 있다고 묘사해 왔기 때문이다. 곧, 언약은 본질과 형식이라는 두 측면을 가지되, 오직 택자들과만 본질적인 측면에서 은혜언약이 맺어진다는 것이었다.

이렇듯 스킬더는 언약론적 관점에서 한 가지 명백한 전이를 보였는데, 그것은 카이퍼적인 교회론에서 그가 더욱 신앙고백적이고 성경적인 입장이라고 생각하는 방향으로의 전이였다.

3. 연속성과 불연속성: 개혁신학의 전통과 스킬더의 관계에서

만약 우리가 뚜렷하게 개혁신학적 교회론에 관해 말할 수 있으려면, 아마도 이런 교회론의 주요한 원천들 중에서 칼뱅을 가장 중요하게 다루는 것이 옳을 것이다. 칼뱅의 시대와 그 이후 개혁신학의 교회론은 다양한 방향으로 발전하면서 다양한 신앙고백문서들과 교의학 저서들, 변증학적 논쟁들에 그 흔적들을 남겼지만, 중요한 특징들은 그 가운데 동일하게 남아 있었다.

개혁신학의 전통에는 최소한 두 가지 변하지 않는 것이 있다. 그것은 말씀의 권위와 그에 근거해 도출된 교회에서의 개혁신앙적 신앙고백서들의 권위이다. 그런데 16세기 개혁신앙의 신조들에서는 엄청난 조화가 분명하게 있었음에도 불구하고,[53] 다른 한편으로 이런 신조들에서 전형적으로 나타났던 것은 교회의 형태와 정책의 측면에서 놀랍도록 다양성이 있었다는 것이다. 스위스, 프랑스, 헝가리, 네덜란드, 그리고 영국과 스코틀랜드의 교회들은 각각 다른 국가와 지역의

---

53. 성경의 권위에 대한 개혁신앙적 신조들의 일치에 관해서는 J. 캄프하이스(Kamphuis), 『평화의 봉사 가운데서: 교의적 요소로서 교회론적 일치(In Dienst van de Vrede: De Kerkelijke Consensus als Dogmatische Factor)』 (Groningen: De Vuurbaak, 1979), 53-54쪽 보라.

교회들과 다른 다양한 교회론적 방식들로 발전했다. 도르트회의 이후 아르미니우스적 반발이 있기 전까지 감독파적 성공회교회는 일반적으로 스스로를 개혁신학적이고, 불링거적이며, 칼뱅주의적 교회로 간주했다. 웨스트민스터의 신학자들도 자신들을 이 유산 위에서 건축하는 자들로 생각했다. 동시에 그들은 영국국교회의 형태를 개혁해서 감독주의를 장로주의로 대체했다. 또한 그와 함께 영국과 미국 식민지에서 지역회중의 자율성을 강조하는 칼뱅주의적 회중주의도 나타난다. 이들은 감독들에 반대할 뿐만 아니라 웨스트민스터의 교회정치의 노회에 대해서도 반대한다.

칼뱅주의의 전통에 있는 이러한 교회정책의 다양성—감독주의에서 회중주의존 오웬에 이르기까지—에도 불구하고, 16세기에서 18세기까지 개혁주의 신학자들이 작성한 신앙고백들과 교의학에는 공통점들이 매우 많다. 하인리히 헤페Heinrich Heppe가 1559년칼뱅의 『기독교강요』에서 엔데만Endeman, 1777~1778에 이르는 출판물들로부터 이 기간의 '개혁주의 교의학'을 수집하고 그 가운데 '교회'라는 항목으로 종합적인 장을 넣었다는 것은,[54] 상당한 정도의 통일성그 출판물들 사이에이 존재했다는 것을 가리킨다. 물론 중요한 차이점들을 무시해서도 안 되지만 말이다. 그 차이점들에 대해서는 곧 다룰 것이다.

역사적으로 영국교회와 다양한 대륙의 개혁교회들이 1618년에 있었던 도르트 총회에 참석해서 아르미니우스주의자들이 제기했던

---

54. 헤페(Heppe), 『개혁교의학(Reformed Dogmatics)』, 657~694.

문제들에 관해 본질적인 일치에 이르게 되었다는 사실은, 교회정책의 문제를 최소한 일시적으로라도 초월할 수 있었던 **교회들로서의**as churches 신앙의 일치가 있었음을 가리킨다. 도르트총회는 진정한 의미로서 국제적이고, 개혁신앙적이며, 교회론적인 에큐메니즘의 산물이었던 것이다.

1) 연속성: 개혁주의 전통과 교회생활

유럽에서 개혁신학의 종교개혁은 뒤따르는 세기에서도 계속되었는데, 그것은 루터신학의 종교개혁에서 주장했던 세 가지의 '솔라'들 solas: Sola Scriptura, Sola Gratia, Sola Fide을 표방했던 것으로 특징지을 수 있다. 게다가 모든 개혁신앙적 교회들에서 초대교회의 삼위일체와 예수 그리스도의 위격에 관한 고백들니케아, 칼케돈에 관한 구舊정통주의 신앙고백서들도 계속 유지되었다.

개혁교회의 전통에서 이러한 교리적 독특성 또는 신앙고백적 입장을 견지해야 하는 것은 국가도 아니고 개별적인 신자들도 아닌 교회이다. 루터교회의 전통에서보다 개혁교회의 전통에서 생명력 있는 교회생활의 지표로서 교회 내부의 권징을 더욱 강조했다. 개혁신앙 고백서들에서 교회의 표지들은 말씀과 성례에 대한 루터교회의 강조를 함께 유지하면서, 암묵적이든 명시적이든 그리스도의 교회의 구성적 표지로서 교회 권징을 함께 결합시킨다.

클라스 스킬더는 분명하게 이 개혁신앙의 전통을 실제적으로 거의 모든 신앙의 확신과 신학분야에, 특히 가장 분명하게는 그의 교회론에 적용시키고 있다. 그에게서 하나님의 말씀의 권위는 우리가 보아 왔던 대로 개인의 구원을 위해서만이 아니라 진정성 있는 참된 교회생활을 위해서도 필수조건sine qua non이었다. 그는 그의 저서에서 지속적으로 인본주의와 로마교회의 신인협동설을 거부하는 한편, 하나님의 은혜의 주권성과 인간의 전적 타락에 대한 종교개혁의 강조점들에 일치하고자 했다. 미완이면서도 그의 대표작이자 기념비적인 저서인 하이델베르크 요리문답에 대한 네 권의 해설집에서, 그는 칼뱅과 도르트 총회 이후의 전형적인 개혁교회의 견해를 변증하면서 인간의 자유의지에 대한 로마교회와 아르미니우스주의 신학들을 계속해서 비판했다. 교회 내부의 모든 논쟁에서, 스킬더는 분명하고도 의식적으로 종교개혁의 선조들의 편에 서 있었다.

개혁교회의 주된 흐름과 스킬더 사이에 있는 이러한 연속성은 논란의 여지가 없다. 그러므로 스킬더의 교회론에 관해 논의할 때,[55] 그가 비-개혁신학적 '개교회주의churchism'로 고소당하는 것은 참으로 이상한 일이 아닐 수 없다. 어떻게 이런 고소가 가능할까? 그것이 타당할 수 있는가?

---

55. 베르까우어(G. Berkouwer)는 『교회. 교의학 연구들(The Church.Studies in Dogmatics)』, 19~20쪽에서 스킬더의 "관점은 때로는 **개교회주의**(kerkisme)의 형태로 보이는데, 그것은 자기 자신의 교회를 위해서만 바라보는 눈을 지니고 있는 것이다."라고 탄식한다.

① 선택적 연속성: 근원으로 돌아감

위의 질문에 답할 수 있는 열쇠는 스킬더가 자신과 과거의 개혁교회를 **어떻게** 연결시키고 있는가를 보는 것이다. 이 연결은 선택적이었다. 곧, 과거 개혁교회의 관점들을 재고하게 되면서, 스킬더는 자신의 새로운 개념들을 지지하고 연결시키기 위해서 칼뱅과 종교개혁의 초기로까지 돌아가는 것이 일반적이었다는 것이다. 캄프하이스는 스킬더의 신학을 과거 개혁교회의 정통주의에 대해 '동정적-비판적 sympathetic-critical' 관계를 지닌 신학으로 특징지었다.[56] 이것은 스킬더가 칼뱅 이후 18세기에 이르기까지 개혁신학의 모든 영역에서 그 **목표들**aims에는 동정적이면서도 모든 명시적인 **입장들**positions에는 비판적이었다는 인상을 줄 수 있다. 하지만 이것은 잘못된 인상이다. 과거 개혁신학의 입장들단순히 의도에 있어서가 아니라에 대해 스킬더는 선택적으로 동의하면서도, 거의 통일성 있게 후기의 스콜라주의적 정통주의와 초기의 개혁신앙고백서들과 연관된 신학—특히 칼뱅—을 구분했다. 동시에 그는 최소한 후자와 일치함을 발견하거나 주장하는 한편, 후기 스콜라주의자들의 공식화에 대해서는 의문을 제기했다.[57] 헤페Heppe의 『개혁교의학Reformed Dogmatics』에서 밝히듯이, 칼

---

56. 『"신앙의 이해에 적절하다"는 학문적 보충을 위한 학생부연감(Almanak van het Corpus Studisorum in Academia Campensi, "Fides Quadrat Intellectum)』(Kampen: Zalsman, 1953), 73~89쪽에 실린 캄프하이스(J. Kamphuis)의 "클라스 스킬더의 교의학 저서를 위한 비판적 평가(Critische Sympathie over den Dogmatischen Arbeid van Dr. K. Schilder)"라는 제목의 글.
57. 캄프하이스, "비판적-동정적(Cristische Sympathie)," 89.

뱅과 후기 개혁신학 정통주의 사이에 동질적인 연속성이 있다는 제안이, 이런 비판적인 평가후기정통주의에 대한 스킬더의에 필요한 해독제로서 취해질 필요가 있다. 초기 개혁신학의 전통에서는 많은 연속성들과 함께 몇 가지 중요한 불연속성도 있다. 이는 모든 연구자들이 인정하면서 간혹 변증적 목적들—칼뱅과 그의 후계자인 베자 사이에 구속론의 관점에서 차이가 있다고 가정하는 것이 일반적인 예이다—을 위해 과장하기도 하는 것으로,[58] 스킬더와 개혁신학 정통주의의 관계를 평가하는 데 특별히 중요한 것이다.

② 언약

여기서는 스킬더의 후기 교회론에서 중심이 되는 언약교리에 초점을 맞춰 하나의 사례로 살펴볼 필요가 있다. 도르트 총회 이후아마도 올레비아누스(Olevianus)만큼이나 초기에 개혁신학은 하나님의 언약을 택자들과 '본질적으로substantially' 맺어지는 것이라고 생각하는 경향이 있었다. 따라서 카이퍼와 바빙크는 자신들의 언약교리택자들과 본질적으로 맺어지는 것이라는 것가 유일한the 개혁신학의 입장이라고 부를 수 있는 상당히 합법적인 역사적 근거들을 지니고 있었던 것이다. 하지만 스킬더가 언약관에 관한 수정안을 발전시키면서 칼뱅에게까지 거슬러 올라가 지지를 구한 것은, 언약을 신자들 및 그들의 모든 자녀

---

58. 이 주제의 토론을 위해서는 뮐러(Richard A. Muller), 『후기종교개혁의 개혁교의학 1권. 신학서론(Post-Reformation Reformed Dogmatics, vol.1. Prolegomena to Theology)』(Grand Rapids: Baker, 1987), 13~40쪽을 보라.

들과 맺어진 하나의 **단일한**single 은혜언약으로 보았기 때문이다. 이는 모든 자녀들이 아니라 어떤 자녀들만 구원을 얻을 것이라는 영원한 선택과는 구별되는 것이었다.[59] 스킬더는 그것을 칼뱅과의 연속성에 호소하는데,[60] 동시에 그것은 자기 자신의 개혁신학적 언약교리를 세우기 위해 칼뱅과 후기 개혁신학의 전통 사이에 있는 불연속성에 호소하는 것이기도 했다.

---

59. 예를 들어, 창세기 12-17장에서 아브라함과 맺은 하나님의 언약에 대한 칼뱅의 주석을 보라. 칼뱅은 그곳에서 **언약관계**(covenant relation)와 **영원한 선택**(eternal election)을 구분한다. 창세기 17장 7절("…… 내가 내 언약을 나와 너 및 네 대대 후손 사이에 세워서……")을 주석하면서 칼뱅은 말하기를, "주님께서 아브라함의 종족과 나머지 세상의 종족을 구분하신다는 것은 의심할 여지가 없다. …… 이제 그의 택자들만 여기서 가리키고 있다고 생각하는 자들은 속임을 당하고 있는 것이다."라고 했다 (칼뱅, 『창세기주석[Commentary on the First Book of Moses Called Genesis]』, 킹[J. King] 번역 [Grand Rapids: Baker, 1979(2쇄)], 447). 또한 판 헨데른(J. van Genderen), 『언약과 선택(Verbon en Verkiezing)』(Kampen: Kok, 1983), 77~79쪽과 바토(J. M. Batteau), "개혁신학 안에서의 언약: 몇 가지 중요한 순간들(The Covenant in Reformed Theology: Some Key Moments)," 『세상의 빛(Lux Mundi)』, 6, no. 1(1987):9~11쪽을 보라. [이 표현은 신자들의 모든 자녀들이 구원을 얻을 것이라고 스킬더가 주장하는 것처럼 오해되기가 쉽다. 하지만 저자와 스킬더의 의도는 영원 전에 선택된 자들과만 언약을 맺는 것이 아니라, 신자들의 모든 자녀들도 하나님과 언약을 맺게 되는 것임을 강조하는 것이다. 오해가 있어서는 안 되겠다.—역주]
60. K. 스킬더, 『정제되지 않은 모르타르: 네덜란드개혁교회 안에 있는 윤리적 위기에 대한 하나의 소고(Looze Kalk: Een Wederwoord over de Zedelijke Crisis in de "Gereformeerde Kerken in Nedeland)』(Groningen: De Jager, 1946), 14~20. 또한 K. 스킬더, "언약 속으로 들어오거나 이미 그것 안에 들어와 있는 것: 칼뱅의 기도(In het Verbond Komen of er al in Zijn: Calvijn's Gebed)," 『개혁』, 24, no. 4(1948):32~33쪽을 보라.

③ 벨직신앙고백서

스킬더가 벨직신앙고백서의 27항에서 29항까지를 카이퍼와 바빙크의 전통에 속한 해석자들보다 더욱 진지하게 다루려고 했다는 것을 부인해서는 안 된다. 카이퍼는 참된 교회와 거짓된 교회를 두 개의 쉽게 구분되는 개체들이라는 견지에서 말하고 있는 29항은 현대세계에서 더 이상 직접적으로 존립할 수 있는 것이 아니라고 주장했다. 데이크K. Dijk는 1920년에 사람들이 이 조항들에 애착을 갖는 것과 연결해서 교회의 다양성을 방어해보려고 시도했다.[61] 하지만 1930년대에 스킬더가 변증하는 것을 보면, 이 조항들이 담고 있는 평이한 언어들에 가장 일치된 견해를 지니고 있었던 사람은 역시 스킬더임이 분명했다.

1892년의 연합 이전에 있었던 많은 분리파 대변인들의 입장을 현대적 방식으로 다시 소개하는 것은 전혀 새로운 것이 아니었다. 연합된 교회들에도 분리파 대변인들이 있었는데, 그중 한 명인 두커스G. Doekes는 이미 1909년에 교회에 관한 벨직신앙고백서에 대해 '엄격한' 해석을 방어하기도 했다.[62]

---

61. 데이크(K. Dijk), 『'교회 바깥에는 구원이 없다': 벨직신앙고백서의 27~29항('Buiten de Kerk Geen Zaligheid': Artikel 27~29 der Nederlandsche Geloofsbelijdenis)』 (Amsterdam: Kirchner, n.d.1920). 또한 판 로이웬(van Leeuwen), 『카이퍼의 교회론(Kerkbegrip Kuyper)』, 230쪽을 보라.
62. 두커스(G. Doekes), 『신자들의 어머니: "우리들 모두의 어머니"(De Moeder de Geloovigen: "Onzer aller Moeder")』 (Nijverdal: Bosch, n.d.1909). 특별히 3장, "참된 교회(De Ware Kerk)," 40~51쪽을 보라.

여기서 흥미를 끄는 것은, 스킬더가 그의 교회론적 변증에서 벨직 신앙고백서의 언어로까지 거슬러 올라간다는 것이다. 이는 그가 16세기의 개혁교회 전통을 견고하게 연관시키면서, 또한 계속 이어 오고 있음을 보여 준다. 그 원천으로 거슬러 올라가면서, 스킬더는 동시적으로 여러 가지 후기 정통주의적 개념들과 공식화들에 의문을 제기한다. 나아가 때로는 칼뱅과 초기의 고백문들이나 다른 신학적 자료들로부터 더 이상의 도움을 구하지 않고서도, 그저 스콜라주의적 입장이라서 거부하기도 한다. 여기서 우리는 스킬더가 의식적으로 과거와 불연속성을 고려하면서도, 여전히 언제나 성경의 본문으로부터 추론한 개혁신학적 입장을 견지하려고 했음을 보게 된다.

2) 불연속성: 옛 개념들이 새 개념들로 대체됨

① 지상에서 전투하는 교회와 천상에서 승리하는 교회?

스킬더와 개혁교회 전통 사이의 연속성은 분명하다. 하지만 그는 단순히 연속적이라는 것—심지어 칼뱅과도 단순하게 연속된다는 것—에 만족하지 않았다. 또한 신앙고백서의 언어를 단순히 반복하는 것에도 만족하지 않았다. 그는 목사이자 신학자로서 성경을 추구하도록 부름을 받았다. 그래서 이렇게 추구하는 가운데서 과거의 신학적 공식들을 수정하고 진정한 개혁을 이루기 위해 새로운 신학적 진리의 패턴들을 구성하려고 시도했던 것이다. 이는 간혹 용어와 개념화에서 오랜 전통과의 단절을 선택했음을 의미하는 것이기도 하다.

스킬더의 방법에서 의식적으로 불연속성을 선택한 것의 분명한 예는 교회를 지상에서 전투하는 교회와 천상에서 승리하는 교회로 구분하는 후기 정통주의적 개혁신학의 교회관을 거부한 것이다. 헤페Heppe는 이러한 입장을 개혁신학자들이 다음과 같이 틀 잡은 것으로 요약한다.

> 교회는 축복된 상태로 안식하고 있는 신자들과 지상에서 살아가고 있는 자들을 포함한다. 그래서 **교회의 신분의 본질로부터**ratione status ecclesiae **승리하는 교회**ecclesia triuphans**와 전투하는 교회**ecclesia militans 사이의 구분이 교회의 개념에서 본질적인 것이다. 전자는 여기 지상에서 참된 신앙으로 살다가 이제는 죄와 사망으로부터 완전히 해방된 자들이며, 하나님의 완전한 평화와 완전한 축복 가운데 들어가 있는 자들이다. 후자는, 여기서 특별히 말하고자 하는 것인데, 여기 지상에서 살아가고 있는 신자들의 공동체이다.[63]

하지만 스킬더는 성경에 호소하면서 지상에 있는 교회는 믿음으로 매일같이 승리하고 있으며, 또한 천상의 교회도 다가오는 심판을

---

63. 헤페(Heppe), 『개혁교의학(Reformed Dogmatics)』, 661. H. 바빙크(Bavinck), 『우리의 합당한 믿음. 기독교교의학연구(Our Reasonable Faith. A Survey of Christian Dogmatics)』, H. Zylstra 역 (Grand Rapids: Baker, 1977[2쇄]), 521. 네덜란드어 원판의 제목은 "하나님의 큰 일(Magnalia Dei)"이다.

위해 기도하면서 아직 완전하게 안식하지 않고 여전히 싸우고 있는 것요한계시록 5장과 11장으로 본다. 스킬더가 주장하는 바는, 만약 이러한 관점이 고려되지 않는다면, 재림 이전의 시간 속에서 우리가 살아가는 순간에 존재하는 교회의 종말론적 긴장이 상실될 수 있다는 것이다.

스킬더는 옛 구분을 당장 전적으로 거부하지는 않지만,[64] 지상에서 승리하는 교회와 천상에서 전투하는 교회에 대해서도 합당하게 말할 수 있다고 주장한다. 다시 말해, 이러한 스콜라주의적 구분들은 **충분하지 않으며**not sufficient, **잘못 인도할**misleading 수 있다는 것이다. 따라서 만일 누군가 이 구분들을 절대적인 것으로 사용할 경우, 그는 곧 바로 성경해석에서 문제에 직면하게 될 것이며, 실제적인 적용에서도 그러할 것이다. 스킬더는 전투하는 교회와 승리하는 교회 사이에 있는 전통적인 개혁교회의 구분을 중세의 스콜라주의와 전pre스콜라주의적 신학의 잔재물로 여긴다. 플라톤의 방식으로 천상의 교회는 존재의 위계에서 더욱 중요한 교회가 되고, 지상의 교회는 상대화되고 마는 것이다.[65] 천상의 교회를 구성하는 성도들은 전적으로 완전한 것이, 또는 아직 완전하게 된 것이 아니다. 그들은 육체의 부활의 때를 기다리고 있다. 교회는 여전히 계속 모여들고 있고, 재림 이전에는 어느 곳에서도 안식하거나 완전한 곳이 없다.[66]

---

64. K. 스킬더, 『교회. 대학강의록(De Kerk. College-dictaat)』, 21.
65 같은 책, 21.
66. 같은 책, 22.

이런 식으로 스킬더는 많은 정통주의 개혁신학에서 발견되는 교회에 대한 용어들에서 이탈한다. 그것들이 성경적 기초가 부족하고 비기독교적 철학의 영향을 받고 있다고 보았기 때문이다.

교회를 위해 더욱 적절한 교리를 강조하고, 적절한 배경으로서 성경의 역사와 종말론만이 아니라 역동적이고 지속적으로 교회를 불러 모으시는 하나님의 사역에 대해 강조하는 것은, 교회에 관한 스킬더의 열아홉 개의 명제—이는 1936년 『개혁』지에 발표되었다.[67]—에 모두 표명되어 있다. 그 명제들은 개혁교회의 전통 속에서 교회에 관해 새롭게 생각해 보려는 스킬더의 적극적인 시도를 보여 준다. 거기서 우리는 오래된 전투하는/승리하는 교회로서의 구분을 거부하고, 교회를 보다 성경적인 방식으로 보려는 전형적인 스킬더식의 교의학적 씨름을 보게 될 것이다.

② 교회를 불러 모으시는 운동: 1935년에 제시된 교회에 관한 열아홉 개의 명제

이 명제들은 성경의 권위 아래에서 그리고 개혁주의 신조들과의

---

67. 『개혁』 18, nos. 434~437(1935). 또한 스킬더, 『교회. 대학강의록(De Kerk. College-dictaat)』, 123~125쪽과 스킬더, 『전집: 교회(Verzamelde Werken: De Kerk)』, 2:245~250쪽을 보고, 영어 번역을 위해서는 『캐나다개혁매거진(The Canadian Reformed Magazine)』, 21, no. 17(1972)과 『클라리온(Clarion)』, 24, no. 15(1975)을 보라. [바토(Batteau)는 14항까지만 번역하면서 코멘트한다. 15~19항은 『클라리온』에서 번역했지만 코멘트는 없다. 그래서 역자가 15~19항에 대한 각주들에 간단한 코멘트를 붙였다.—역주]

조화 속에서 교리적이면서도 교회의 개혁과 갱신을 위해 스킬더가 가장 힘썼던 생생한 증거들 중 몇 가지라고 부를 수 있다. 동시에 과거의 다른 구분들과 부적절한 공식화들로부터 이탈하고 있다는 신호를 보내는 것이기도 하다. 이것들은 교회에 관한 스킬더의 신학을 어느 정도 요약하는 것으로서, 우리에게 그의 열정과 신학에서의 명민함에 대한 문서화, 과거의 교의학적 공식들과의 상호작용, 그리고 성경에 진실하고자 했던 시도들을 보여 준다. 아래에서는 이 명제들 중에서 몇 가지를 선택해 번역하고 논평하도록 하겠다.

1. 교회가 존재한다는 것, 이것은 누구도 볼 수 없다. 단지 '믿을' 뿐이다. 세상에서 볼 수 있거나 혹은 성경이 '계시'해 준 것과는 다른 원리들에 근거하는 교회의 본질에 대한 모든 정의—이런 '본질'에 대해 말하는 것이 가능하다고 가정하자—는 신앙이 없거나 신앙을 반대하는 작업이다. 그렇게 정의하는 중에 많은 진리들이 표현될 수 있다고 하더라도 말이다.[68] 진리를 '발견하는 것' 또는 '고안하는 것'은 이 경우에 있어서 교만이다.

---

68. 우리는 비슷한 말을 스킬더가 1929년에 썼던 변증의 글에서 발견할 수 있다. "우리 시대에 개혁신학적이지 않은 자들의 편에서 교회의 개념을 경험으로부터, 관찰할 수 있는 것으로부터, 실현될 수 있는 것으로부터 구성하고자 하는 열망이 있다. 이것은 합리주의적이며, 현대적인 방법의 추론을 교회에 적용시키는 것이다. (그러나) 아니다. 교회는 신앙의 문제이다. …… 교회의 존재를 기술하면서 나는 경험적 사태의 상태나 실현될 수 있는 실제적인 상황과는 전혀 무관하고, 오직 특별계시인 하나님의 말씀과만 관계해서 시도하고자 한다. ……"(J. 캄프하이스, "비평적-동정적", 86쪽에 인용되어 있음).

<논평> 여기서 스킬더는 개혁신앙의 오랜 전통을 분명하게 잇고 있다.[69] 비록 그 전통이 스킬더가 원치 않는 방식으로 '비가시적 교회'를 성급히 언급하는 방향으로 나아가지만,[70] 그는 자신의 명제로 교회제도를 절대화시키는 로마교회에 반대하면서 개혁신앙의 전통을 견고하게 붙들고 있음을 표현하고 있다. 또한 그는 교회에 대한 현대신학의 경험적 접근도 거부한다. 우리가 교회에 대해서 믿는 바는 성경에 의해서만 결정되어야지, 그 외의 어떤 것에도 영향을 받아서는 안 된다.

2. '그' 교회는 결코 관찰된 적이 없다. 어느 누구도 '그' 교회를 본 적이 없다. 어느 누구도 결코 '인간성humanity'을 본 적이 없다. 어느 누구도 네덜란드 민족people이나 다른 민족을 본 적이 없다. 왜냐하면 인간성이나 하나의 민족이 결코 '끝난finished' 것이 아닌 것처럼, 교회도 결코 '끝난' 것이 아니기 때문이다. 오직 마지막 택자가 믿음에 이르고 신앙생활을 수행하게 될 때에만, '그' 교회는 완성pleroma에 도달하게 될 것이다. 하지만 그때조차도 그것을 '보는 것'—한결같은 방식으로 '보는 것'—은 이 시대와 다가오는 시대를 구분하는 경계선의 다른 쪽 편에서만 가능할 것이다.

---

69. 헤페, 『개혁교의학(Reformed Dogmatics)』, 660.
70. 같은 책.

<논평> 여기서 다시금 스킬더는 이전의 비가시적/가시적 교회 이론을 단순한 가시적 교회a simplistic visible church로 순진하게 대체하는 것을 반대하면서 경계한다. 미래를 향한 그의 지향성이 분명하다.

3. 엄격하게 말해서, 아직은 '가시적' 교회라는 것이 없다. 단지 일시적이고 국지적인 '부분들parts'과 이런 부분들의 '활동들activities'이 보이는 것일 뿐이다. 예를 들면, 어떤 기간의 시기구약, 신약, 종교개혁 이전이나 이후나 어떤 장소지구상이나 하늘, 네덜란드, 러시아, 혹은 자바 등등에서 교회의 이런 부분들의 생명을 조직하는 것과 조직체를 이루는 어떤 방식들이 나타나 보이는 것이다.

<논평> 스킬더는 카이퍼식의 교회론에 대해 자신의 대안을 제시하는 방식에서 대단히 조심한다. 그는 교회를 바라보는 우리의 능력이 시간에 묶여 있다는 특성과 교회 존재의 종말론적 지향성—아직은 보이지 않으면서도 보이는 교회됨—에 주목함으로써 대안을 제시하고자 한다. '그 교회'가 보이지 않는다고 해서, 그리고 교회의 본질에 대해 우리가 알고 있는 모든 것을 성경에서 이끌어 낸다고 해서, 우리 시대에 지구상에 있는 교회의 부분들과 활동들에 대해 의미 있게 말할 수 없는 것은 아니다. 우리는 그것들교회의 부분들과 활동들을 당연히 관찰할 수 있다.

4. '비가시적'이라는 말의 개념은 '가시적'이라는 말의 개념에 의해서 결정되는 것이므로, '비가시적 교회'에 대해 말할 필요가 없어진다.

<논평> 스킬더는 이런 방식의 표현으로 스콜라주의적 개혁신학과 카이퍼류의 정통주의를 비판하면서 그를 비판하는 자들을 무장 해제시키고 있다. 비가시적 교회를 전적으로 거부하기보다는 가시적 교회의 존재를 부인하고, 그럼으로써 비가시적 교회에 대한 인위적인 이론을 만들어 낼 필요를 부인하는 것이다.

5. 교회는 하나님에 의해 시작된다is willed by. 하나님의 아들께서 그분을 위해 영생에 이르도록 선택된 회중을 그분의 영과 말씀으로 확실하게 모아들이신다. 그분께서는 이를 세상의 시작부터 마지막까지 수행하신다. 그래서 그분께서는 오늘도, 내일도, 그리고 마지막 날까지도 이 활동으로 분주하시다. 그분께서는 이 목적을 가지고 '미완료현재imperfect present' 시제로 활동하고 계신다. 하나의 테이블을 만들되, 역사가 진행되는 내내 만들어 역사의 마지막 날에 가지고 오기 위해 시간을 필요로 하는 목수가 온 세상에 한 사람 있다고 가정해 보자. 만일 그 목수가 만들고 있는 '가시적인' 테이블과 '비가시적인' 테이블에 관해 얼마간 '현상학적으로' 발전된 논증에 기초해서 평가해야 한다면, 분명히 어느 누구도 그 목수의 작업의 질에 대해 평가

할 수 없을 것이다. 세상에서 단 한 명의 목수만 있고 또한 단 하나의 테이블만 있다고 가정한다면 …… 그리고 우리 자신이 그 목수가 테이블을 만들기 위해서 자르고 다듬는 그 나무들이라면 …… 그 목수가 만드는 테이블이 어떤 모습일지 우리가 어떻게 알 수 있겠는가? '그' 교회는 결코 하나의 현상이 된 적이 없다. 게다가 오직 '하나의' 주님만이 계시고, 오직 '하나의' 교회만이 '한 번' 만들어지는 것이다. 소크라테스라고 해서 여기서 교회에 대한 어떤 '개념'을 형성할 수는 없다. 오직 '하나의' 교회만이 있을 뿐인데, 개념들을 형성하기 위해서는 그에게 하나의 '표본specimen' 이상의 것이 필요하기 때문이다. 물론 플라톤도 그렇게 할 수는 없다. 인류의 호흡이 첫 번째로 멈추게 된 일첫 번째 죽음 이후부터 지금까지 교회는 두 개의 '세계들'로 나눠지게 되었다는 단순한 사실이, 아예 처음부터 두 세계에 대한 가르침을 내포하는 플라톤으로 하여금 교회의 '본질'을 구성해 내지 못하게 한다. 더욱이 어느 누구도 '성경 없이는' 교회에 대해 어떤 말도 할 수 없기 때문에 교회에 대한 모든 말은 '성경에 매여 있는' 것이다.

<논평> 이것은 스킬더가 하나님께서 모으시는 교회에 대해 언급하는 첫 번째 제안으로서, 비가시적/가시적 교회론에 대한 대안으로 제시한 것인데, 하이델베르크 요리문답 21주일 문답에서 사용되는 용어 위에서 세운 것이다.[71] 그는 또한 '이데아'

---

71. 질문과 답변 54. "여러분은 거룩한 보편적 기독교회에 대하여 무엇을 믿고 있습니까?"

의 고등한 세계와 '현상세계'의 저급한 세계 사이를 구분하는 플라톤의 도움을 받아 구성된 철학적 교회 개념을 거부함으로써, '경험적으로' 기초가 형성된 교회이론을 이렇게 계속해서 거절하고 있다.

6. 이미 언급했던 바와 같이, 교회는 살아 계신 주 예수 그리스도에 의해 매일 (함께 데려와져서) 모이는 것이다. 이 모이는 활동은 '미완료현재' 시제로 매일 발생한다. 만일 '미완료현재' 시제로 매일같이 발생하는 신자들의 '함께 모이는 것'을, 동일하게 매일같이 '미완료현재' 시제로 발생하는 그리스도께서 신자들신자들의 회중을 '함께 데려오시는 것'으로부터 분리추상화시킨다면, '존재'와 '건강함' 사이, '비가시적' 교회와 '가시적' 교회 사이, '유기체'로서의 교회와 '조직체'로서의 교회 사이에 있는 모든 구분은 거짓되고 치명적인 것이 될 것이다.

<논평> 스킬더는 여기서 카이퍼식 교회론에 대해 자신의 대안을 제시하면서 동시에 스콜라주의적 개혁신학의 이분법을 거부한다. 그것들은 교회를 불러 모으시는 실제적으로 계속되는

나는 하나님의 아들께서 모든 인류의 종족으로부터 세상의 태초부터 그 종국에 이르기까지 자기 자신을 위하여 당신의 영과 말씀으로 참된 신앙의 일치 안에서 영생에 이르도록 교회를 불러 모으시고, 방어하시며, 또한 보존하심을 믿습니다. ……"(『찬송집[Book of Praise]』, 495).

그리스도의 사역을 고려하지 않으므로 부적절한 것이다. 만약 그것들이 그렇게 할 수 있다면, 그래서 함께 데리고 모으시는 하나님의 활동과 함께 모여드는 인간의 책임을 분리시키지 않는다면, 스킬더는 이런 이분법도 여전히 사용될 수 있음을 함축하고 있다.

7. 그리스도의 '함께 데려오시는 사역'은 매일 드리는 그분의 기도의 관심사이다. 그래서 그것은 세상의 완성을 지향하는 방법이다. 결과적으로 믿음이 그것을 볼 수 있는 한, 만약 그분의 명령에 순종해 교회를 불러 모으시는 역사를 성취하게 된다면, 누구라도 그분의 동역자일 수 있으며, 그래서 진정으로 사회적really social일 수 있는 것이다. 그분께서 계시하신 말씀만이 그 방향으로 그분의 기도가 진행되고 또한 아버지를 움직이시고자 하는 길들을 우리에게 가리켜 준다. 물론 그분의 기도가 우리를 움직이시도록 아버지를 움직이게 하시는 것이지만 말이다.

<논평> 이는 전형적인 스킬더의 방식으로 언어와 개념들을 갖고 노는 것이다! 그리고 그 의미는 스킬더의 교회론에서 열쇠가 된다. 만일 신자들이 그분과 함께 순종함으로 모여들고 있다면, 그들은 진정한 의미로 그리스도의 동역자들인 것이다. 하나님의 능력이 교회의 모여드는 역사 안에서 인간의 힘에 관여한다. 성경은 그리스도께서 어떻게 기도하시는지를 계시한

다예를 들어, 요한복음 17장. 그리고 이것은 교회의 실재를 위한 역동성의 근원이 된다.

8. 교회를 함께 모으시는 그리스도와 실제적으로 '동역하고' 있는지의 여부를 질문하지도 않으면서, 선택이나 신앙 혹은 개인적으로 논증될 수 있는 성화를 (마치 이것이 '계몽되고', '다듬어지며', 혹은 '강화되어야' 하는 것처럼) 신자들을 함께 데리고 와서 그들을 함께 묶어 두는 원리로 만드는 것은, 교회의 형성을 결정하는 불순종의 방식으로 간주될 수 있다. 가정家庭의 형성이 어떤 특별한 가정이 내적으로 추구하는 자기만족에서 어떻게 진정한 만족을 찾을 수 있는가와 같은 질문에 의존되지 않고, 오히려 하나님께서 우리를 통해 그분의 자녀들을 모아들이시겠다는 열망과 더불어서 일어나야 하는 것과 마찬가지로, 각각의 모든 교회의 형성도 신자들의 특별한 교제가 그들이 함께하는 현재의 '주어진' 상태 안에서 어떻게 평안을 발견할 수 있을까 하는 질문이 아니라, "어떻게 우리로부터 그리고 우리를 통해 그분의 택자의 공동체를 그리스도께서 불러 모으고 계시는가?" 하는 질문에 의해 계속해서 결정되어야 한다.

<논평> 다시금 우리는 스킬더가 교회론을 그리스도의 활동과 그분과 동역하는 신자들의 활동에 맞춰서 재조정하고 있음을 보게 된다. 그것은 개인의 구원에 강조점이 있는 것이 아니라 실제적인 지역교회들의 형성에 있는 순종과 집단적인 책임을

강조하는 것이다.

9. 따라서 교회를 개인의 구원을 위한 기관(institution for salvation: Heilanstalt)으로 보는 견해는 절대적으로 비난받아야 한다.[72]

10. 결과적으로 신자들을 모아서 '한' 몸으로 불러 모으는 행위가 첫 번째로 중요한 교회의 구성적 '표지'를 형성한다고 인식되어 왔다. '에큐메니즘을 향한 의지'가 교회의 가장 우선적인 표지인 것이다. 한 교회의 형성이 '어떻게' 그리고 '언제' 진정으로 에큐메니컬하게 되는가에 대한 질문은 오직 하나님께서 선포하고, 계시하고, 드러내신 뜻에 의해서만 올바르게 답변될 수 있다.

<논평> 스킬더는 카이퍼식의 교회론에 대한 자신의 대안이 어떻게 경건주의적이거나 정적이거나 또는 수동적인 것이 아닌지를 보여 준다. 이를 위해 그는 벨직신앙고백서 29항에 나타나는 표지들 위에 참된 교회의 '주된 표지'를 창안하는 대범한 걸음을 내딛기까지 한다. 개혁신앙의 에큐메니즘은 하나님의 뜻을 살려내는 하나의 살아있는 실재이다.

---

[72] 개인적인 구원을 위한 기관으로 봐서는 안 된다는 것이 아니라, 그렇게만 보면 문제가 있음을 강조하는 표현으로 이해해야 한다. 바토가 아무런 언급을 하지 않고 넘어가는 것은 이 점을 언급하는 것이 부담되어서일 것이다. 스킬더는 교회를 개인적인 구원의 차원에서보다는 선교적인 차원에서나 종말론적인 차원에서 보는 것 같다—역주.

11. (그리스도께서 불러 모으시는 일에서 그리스도의 일은 우리가 그분과 함께하는 일로서 실행된다는 의미에서) 역사의 모든 순간, 모든 장소들로부터 '신자들을 불러 모으시는 뜻'이 교회의 첫 번째 표지이기 때문에, 교회의 '표지들'이나 교회의 '경계선'을 세우려고 할 때 그 기준들표지들, 경계선 등이 상호 모순되거나 첫 번째 표지모으는 교회로서의로부터 이탈된다면, 그런 시도는 최고의 기본적인 실수가 된다.

<논평> 여기서 스킬더는, 스콜라주의적 용어를 그리스도의 불러 모으심에 연결시키는 방식과 비슷하게, 전통적인 표지들과 경계선들을 에큐메니즘을 지향하는 의지의 역동적인 우선성에 연결시키고 있다.

12. 이런 종류의 실수는 가령 (사람들의 '집단'으로서) '교회'의 표지들이 '엄격하게 개인적인' 사건들이나 경험들의 범주 안에서 정의될 때처럼 일어난다. 왜냐하면 '개인적인' 경험들은 하나의 불러 모아들임, 또는 한 공동체의 형성과 같은 것에서 참된 기준이 아니기 때문이다.

<논평> 개인구원론적 범주를 교회에서 중심적인 것으로 여기는 스킬더의 반대를 다시금 진술하고 있다.

13. 여기서 반대해야 할 만한 방법은, 예를 들어, '비가시적' 교회와

'가시적' 교회 사이, 또는 '전투하는' 교회와 '승리하는' 교회 사이를 구별하려고 할 때와 같은 여러 가지 경우에 이뤄진다. 첫 번째 구분의 경우, 간혹 사람들이 누군가가 믿음이 있는지 없는지에 대해 질문하려고 할 때면 어김없이 일어난다. 그리고 두 번째 구분의 경우에는 누군가가 여전히 이 세대의 죄와 환란에 대항해 싸워야 하는지 아닌지에 대해 질문하게 될 때 가끔씩 일어난다. 하지만 이 두 가지 질문들 모두 엄격하게는 '개인적인' 차원의 자서전을 진술하는 것이다.

<논평> 여기서 스킬더는 개인적인 회심을 우선적인 것으로 여기는 것에 근거해서 교회의 일치를 거부하는 '경험을 강조하는' 집단들의 관점을 더욱 직접적으로 공격한다.

14. 물론 이런 구체적으로 개인적인 일들은 교회생활이 더 풍성하게 발전하거나 쇠퇴하는 데서 중요한 것이기는 하다. 하지만 이런 구분들을, 특히 교회the CHURCH와 관계해서, 분리를 위한 특별한 원칙들이나 교인으로 인정하는 원리들로 만들 이유가 전혀 없다는 것은 확실하다. 이런 구분은 교회가 아닌 일반조직체의 역사와 부침浮沈에도 비슷하게 적용될 수 있음은 쉽게 알 수 있다. '모든every' 그리스도인 조직체들은 그 안에 위선자가 있을 경우 어려움을 당하게 된다. '교회가 아닌' 조직체를 포함해 모든 신자들의 조직체도, 믿음을 '볼 수 없다'는 면—어느 누구도 생각의 능력이나 우울증 같은 것을 '볼 수' 없는 것과 같이—에서는 '비가시적'이다. 그러나 또한 믿음이 그

자체를 공개적으로 표현하는 것을 '피할 수' 없는 면—어느 누구도 생각의 능력이나 우울증 같은 것을 공개적으로 드러내는 것을 피할 수 없는 것과 같이—에서는 '가시적'이기도 하다.

<논평> 스킬더는 교회에 관해 말하는 데 있어서 특별하게 교회론적 범주들이 필요함을 강조하고 있다.[73]

15. (교회를 생각할 때) 불러 모으는 요소를 고려하지 않는 이러한 기준들은 교회에 관해 많은 오해의 원인이 된다.[74]

16. 그래서 '가시적' 교회와 '비가시적' 교회 사이의 구분이 '이런' 식으로 발전하게 될 때, 간혹 분파주의적 기원을 두고 실행하는 단체

---

[73]. 바토의 번역과 코멘트는 여기서 끝난다. 이 14항에 대해 『클라리온(Clarion)』에서는 다음과 같이 코멘트를 붙이고 있다. "'전투하고 승리하는' 교회의 구분에 관해 말하자면, 승리하는 '교회'는 구원을 받아서 천국에 들어간 자들의 공동체와 동일한 것으로 이해되고 있다. 하지만 그것에 속해 있기는 하지만, 특별히 교회적인 관계들과는 다른 관계들[예를 들어, 기독교노동단체 등—역주] 속에서 여전히 지상에서 살아가는 자들이 있다. 이들 가운데서도 (죄에 대항하여) 싸우는 싸움이 있고 또한 그들은 승리하곤 한다(곧, 그들은 원리상 죄를 이겨 승리한 자들이다). 그래서 '전투하는 …… 승리하는'이란 구분이 '의미가 있는 한', 그것은 또한 기독교노동협회, 기독교사교단체, 기독교음악클럽 등의 예들에도 적용되는 것이다." [15항 이하에 대해서는 클라리온에서도 코멘트를 달아둔 것이 없다. 그래서 역자가 부족하나마 코멘트를 각주에 달아둔다.—역주]

[74]. 15항 아래부터는 그 오해 가운데서 특별히 분파주의에 빠지는 잘못들을 마지막 항까지 경계하고 있다. 스킬더의 교회관이 결코 분파, 분열, 분리주의가 아니라는 점에 주목해 읽어야 한다—역주.

들이, 그럼에도 불구하고 비가시적인 것믿음이 그들의 구성원들로부터 기대되었다는 단순한 이유 때문에, '참된 교회들'로 간주되는 결과를 낳게 된다. 물론 이것은 경건한 신자들의 모든 '비밀집회들'에서도 있는 일이며 …… 모든 그리스도인 스포츠클럽에서도 있는 일이다! 하지만 그리스도와 함께 모으기 위해서to GATHER 누군가 무엇을 행했는가 하는 질문은 그 사람의 양심을 위해 더 이상 일차적으로 중요한 문제로 간주되지 않는다. 교회the CHURCH의 법을 위한 주요한 규정이 무시되는 것이다.[75]

17. 자연스럽게 비슷한 방식으로 죄를 짓고 있는 하나의 천상 교회가 고안되기까지 했다. 여기 아래에 있는 전투하는 교회에 대조되는 저기 위에 있는 소위 승리하는 교회 말이다. 그러면 (다만 우선적으로) 복을 받은 자들의 '승리'는 지금 복을 받았지만 여전히 지상에서 전투하고 있는 동일한 사람들의 '싸움'과 구별된다. 이 엄격하게 '개인적인' 경험의 기초 위에서 '교회'를 분류하는 하나의 체계가 만들어졌다. 하지만 교회는 여전히 ('위'와 '아래'로 나눠진 두 장소에서) 형성되고 있다는 것 때문에, 모으는 사역에 있어서 그것이 이미 공통의 승리communal triumph 단계에 도달했다고 말할 수는 없다. (현

---

[75]. 개인적인 구원관에 기초해서 교회를 생각하게 될 경우 분파주의에 빠지게 된다는 것을 강조한 것이다. 교회를 생각할 때 그런 것을 무시해서는 안 되겠지만, 그럼에도 불구하고 그것을 가장 우선적인 것이고 가장 중요한 것으로 여겨서는 안 된다는 것이다. 물론, 개인의 구원에 대해 생각할 때는 이런 개인적인 경험이 우선시 될 필요는 있을 것이다―역주.

재 '완료' 시제로) 승리하는 것은 다 이루어진 사람에게서만 가능한 것이다. 교회를 불러 모으시는 분으로서의 그리스도께서도 지금까지 아직 그것을 이루시지 못하셨다. 따라서 그 교회의 일들에 있어서 교회도 지금까지 아직 완성되지 않았다. 그리스도께서는 물론 현재진행 시제로 매일 승리하고 계신다. 하지만 이것 또한 (그분을 통해) 소위 전투하는 교회에도 적용된다. "넉넉히 이기는 자들"롬8:37 "믿음은 세상을 이기느니라"요일5:4 그리스도께서는 현재진행 시제로 승리하시고 계신다. 그분의 전투는 '점점 승리함으로써 더욱 번창해 가는' 전투이다. 하지만 동일한 일이 소위 승리하는 교회에도 적용된다. 그 교회는 기도—요한계시록 6장과 11장에 따르면, 기도는 지금까지 알려진 가장 빈틈이 없는 무기이다—하는 중에 매일같이 전투한다. 그래서 그 교회 또한 완성에 이르도록 구하고 있다. 그 승리를 (위와 아래로 분리되어 나눠져 있는) 구체적인 교회의 전투로부터 추상화분리시키는 '승리하는 교회'는 '상호건덕을 위한 모임', 분열주의적 교회, 그리고 어떤 비밀집회들16번째 명제 참고과 마찬가지로 분파적인 것이 될 것이다.[76]

---

[76]. 스킬더는, 지상의 교회든지 천상의 교회든지 모두 전투하고 또 승리하고 있기 때문에, 전투하는 교회와 승리하는 교회로 교회를 구분하는 것이 의미가 없음을 강조한다. 전통적인 개념에 대한 스킬더의 이러한 비판에 대해, 일고의 가치가 있기는 하겠지만, 천상의 교회의 승리와 지상의 교회의 승리, 그리고 지상의 교회의 전투와 천상의 교회의 전투 사이에는 질적인 면에서는 아니더라도 양적인 면에서든 다른 의미에서든 구별되는 바가 있다는 점을 지나치게 간과한다는 의미로 이해해서는 안 된다. 지상의 교회나 천상의 교회의 어느 한 면을 지나치게 강조해서는 안 되겠지만, 그렇다고 그 차이를 지나치게 약화시켜도 안 될 것이다. 하지만 천상의 교회를 승리하는 것으로만,

18. 이런 생각들의 빛에서 볼 때, 누구나 분파주의의 혐오스러운 본질을 깨닫게 된다. 분파주의는 그리스도의 기도들에, 그리고 (우선적으로) 복을 받은 자들의 기도들에 대적한다. 그것은 아래에 있는 신자들의 분열의 무기를, 위에 있으면서 (또한 여전히) 믿고 있는 자들의 무기에 대항해 사용되게 한다. 그러므로 그것은 그것이 전혀 속해 있지 않는 곳에 놓여 있는 '멸망의 가증한 것'이다.[77]

19. 그러므로 소위 전투하는 교회는 매일같이 승리한다. 그리고 소위 승리하는 교회는 매일같이 전투에 참여한다. (지상과 하늘의) 모든 위치에서 교회는 순간순간마다 전투하면서 또한 승리한다. 그것으로써, 곧 특별히 그 생명의 구분되는 표지로서, 교회는 불러 모으시는 그리스도the gathering Christ와 함께 협력하고 있음을 그 스스로가 보고 있음을 입증하는 것이다.[78]

지상의 교회를 전투하는 것으로만 여기고, 자신들의 집단을 천상의 승리하는 것에만 귀속시키려는 경향을 갖게 될 때 분파적인 경향을 갖게 된다는 점을 감안한다면, 스킬더의 지적은 충분히 공감되는 바이다—역주.

77. 천상의 교회의 승리와 지상의 교회의 전투를 구분한 뒤, 자신들은 천상의 교회의 승리에만 속해 있는 것처럼 과신하고 자신의 집단의 우월성을 강조하게 되는 것을 스킬더가 '분파주의의 혐오스러운 본질'로 보는 것이 아닐까 싶다. 그렇기 때문에 그런 방식으로 분열을 조장하고 있다는 사실을 망각한 채 천상의 교회에 속해 있다는 거짓된 확신을 갖게 된다는 것이다. 그래서 지상의 교회를 분열시키는 무기로 천상의 교회조차도 분열시키려고 하는 것이다!—역주.

78. 분파주의의 위험에 빠지게 만드는 전투하는 교회와 승리하는 교회로 교회를 분류해 이해하는 것보다 그리스도의 모으시는 사역과 동역하는 교회로서 교회를 이해하는 것이 가장 중요하다는 것이 스킬더의 교회론이 핵심적으로 강조하는 요약이다—역주.

4. 결론: 스킬더는 분파주의자가 아니다

이 장에서는 과거와 주고받으면서 그것을 비판하는 한편, 개혁주의 교회론의 새로운 길들을 모색하는 신학자 스킬더가 활동하는 모습을 볼 수 있었다. 만약 이 글의 서두에서 제기되었던 질문에 지금 답을 하자면, 스킬더의 교회론은 가시적 교회를 절대화시키는 것도 아니며 분파주의적인 것도 아니라는 것이 너무나도 분명하다고 말할 수 있다. 스킬더는 정통적인 개혁주의의 전통에 견고하게 섰던 개혁신학자였다. 하지만 그 전통의 내부로부터 성경에 귀 기울이고자 했으며, 자신의 주변에서 둘러보았던 과거와 현재의 조금 더 성경적이지 못한 교회론들에 대한 대안을 모색하고자 했던 신학자이다. 그는 분명히 변증적인 신학자였다. 하지만 진정한 성경적 에큐메니즘을 자신의 지속적인 최상의 목표로 삼는 것을 결코 잊지 않았던 신학자이다.

자유주의적 교회관의 에큐메니즘이 활개를 치고 있는 우리의 시대에, 성경의 권위에 대한 일치도 없고, 교회의 일치도 없는 복음주의적 협력의 시대에, 클라스 스킬더의 음성에 귀를 기울여 보는 것은 좋은 일일 것이다. 그는 구체적인 교회의 일치를 추구했지만, 분명한 하나님의 말씀의 기초 위에서만 그렇게 하고자 했다. 그는 말씀이 없는 자유주의 교회의 딜레마나 성경을 기초로 두면서도 교회의 일치가 없는 정통개신교회 운동을 모두 피하고자 했다. 이런 의미에서 그는 우리 시대에 있는 양 집단에 대해 선지자적으로 계속해서 도전하고 있다.

5장

스킬더의 천국론[1]

J. 캄프하이스 Kamphuis

스킬더의 『천국은 무엇인가?What is Heaven?』1935[2]는 호소력 있고 조화로운 특징을 갖춘 교의학적 논문이다.[3] 이 논문으로부터 하나의

---

1. 이 장에서 『천국은 무엇인가?(What Is Heaven?)』는 네덜란드어판 『천국은 무엇인가?(Wat is de Hemel?)』 (Kampen: Kok, 1935)를 번역한 것이다. M. M. 스콜란트(Schooland)는 자신의 요약 영역본을 『천국, 그것은 무엇인가?(Heaven, What Is It?)』 (Grand Rapids: Eerdmans, 1950)라고 이름 붙였다. 『천국은 무엇인가?(Wat is de Hemel?)』에서 인용한 페이지와 함께 '슬래쉬(/)'로 표시한 후 표기된 숫자는 이 요약 영역본의 페이지를 가리킨다.
2. 이는 1954년 캄펜에서 출판된 2판을 언급하는 것이다. 1판은 1935년도에 출판되었다. 2판을 '개정판'으로 하는 것이 스킬더의 의도였다. 그는 2판의 "개념-서론"에 따라서 '교정들'을 하고, '본문에 몇 군데 첨가하기를' 원했다. 그 2판은 그가 죽은 후, 1953년 P. A. C. 스킬더(Schilder)에 의해서 출판되었다. P. A. C. 스킬더는 "저자는 1장과 2장의 일부분을 개정했고, 또한 본문의 이곳저곳에 몇몇 각주를 만들었다. 그래서 그 점들을 현재의 교정자가 고려하고자 했다. 그래서 이 2판은 부분적인 개정이라고 '자부'할 수 있을 것이다. 하지만 본질적으로는 전혀 차이가 없다." 이 진술은 두 판을 조심스럽게 비교해 보면 진실임이 입증될 것이다.
3. 스킬더는 『천국은 무엇인가?(What Is Heaven?)』가 '평신도를 위한 책'임과 그것이 과

노래가 들린다. 하나님의 역사의 절정에서 나타나는 그분의 영광에 대한 개혁신학적 태도에 반영되어 있는 '그 심오한 행복' 때문에 말이다. 찬송과도 같은 이러한 교의학적 논문을 정확하게 묘사하는 것은 참으로 어려운 일이다. 이 책은 하나의 전체로서 읽혀야 한다. 사고가 진전하는 가운데서 각 부분이 전체를 반영하고 있기 때문이다. 이러한 구성은 몇 페이지의 글로 압축시킬 수가 없다. 고딕성당의 장대함을 축소형의 미니건물을 세워서 묘사하고자 한다면, 그것은 스스로를 우스꽝스럽게 만들 뿐이다. 큰 성당은 공간을 필요로 한다. 그것을 바라보는 이에게는 그것을 깊이 숙고할 시간이 필요하다. 그러므로 아래에 이어지는 글들은 단순히 요약하려고 한 것이 아니다. 요약하기보다는 몇 가지 요점들에 주목하고자 했을 뿐이다. 단지 이 책을 소개하는 정도로서 말이다.

1. 『천국은 무엇인가?What is Heaven?』는 1934년 스킬더가 교수가 된 이후 처음으로 출간한 (단정적으로 기술하는thetic) 교의학적인 출판물로서, 그의 저서들에서 중심적인 위치를 점하고 있다. 이 책은 역사와 종말론의 주제에 집중하면서 변증법적 신학과 그가 직면했던 결과를 제시한다. 또한 이후에 등장하는 그의 출판물들에 계속해서 나타나게 될 주제들을 소개한다. 특히 하이델베르크 요리문답에

학적인 원리에 따라서 집필된 것이 아님을 강조한다. 하지만 이 점을 고려더라도 스킬더는 상대적으로 적은 지면에서 독자가 이 책의 조화로운 구조에 인상을 받을 수 있는 방식으로 여러 가지 중심적인 신학적 주제들을 제시하였다는 것이 사실이다.

대한 그의 주석에서 다루는 주제들, 곧 삼위일체, 하나님의 협의, 언약, 약속과 명령이라는 용해될 수 없는 상관성 속에서 우리에게 선포되는 말씀, 소위 일반은혜의 문제 등에 대한 그의 고백이 나타난다. 이 모든 주제들이 집중적이면서도 분명한 방식으로 『천국은 무엇인가?What is Heaven?』에서 논의되고 있다. 따라서 이 책을 접하는 사람은 누구라도 스킬더의 모든 신학에 관한 하나의 서론을 대하게 되는 것이다.

2. 스킬더는 타협 없이 성경에 대한 신앙, 특히 원래의 의로운 상태와 죄로 타락하게 된 것을 기록하고 있는 창세기 2장과 3장의 역사적 신빙성을 자신의 출발점으로 삼고 있다. 『천국은 무엇인가?What is Heaven?』에서 그는 창세기 2장과 3장의 역사적 신빙성에 관한 1926년 아센Assen 총회[4]의 결정을 단 한 번도 언급하지 않는다.[5] 그럼에

---

4. 네덜란드개혁교회(GKN)의 1926년 아센 총회는 J. G. 헤일케르켄(Geelkerken)의 가르침에 반대하는 것을 다루었다. 그의 가르침은 창세기 1~3장의 역사적 신빙성을 손상시키고 있었다. 그 총회는 이 역사적 신빙성을 유지했던 것이다-편집자 주.
5. 스킬더는 1926년 아센 총회를 다른 곳에서, 예를 들어, 그의 『그리스도와 문화』, 39쪽에서는 언급한다. "첫 아담을 포함하고 있는 낙원의 실재는 이른바 '더 높은' 실재가 결코 아니다(아센 총회에서 부정된 경향). 그것은 단지 오염되지 않은 실재이다. 비록 모든 면에서 다르지만, 그것은 너무나도 구체적이고, 한시적이고, 사실의 문제이고, 실제적으로 역사적이고, 혼과 영만이 아니라 살과 피도 포함하고 있다." 『하이델베르크 요리문답』 4권 (Goes: Oosterbaan&Le Cointre, 1947~51)에서 그는 선악을 아는 나무에 관해 말하기를, "우리는 여기서 확실하게 하나의 '나무', 더 정확히 말해, 하나의 '금지된' 나무를 취급한다. 지금 이 나무는 감각기관적으로 지각될 수 있는 것이다('감각기관적으로 지각되다'는 아센에서 **가장 중심 되는** 용어였다). 하지만 그것이 '금지된 것' 이 되자마자 그것은 사법적 맥락 가운데서, 그리고 순종과 신뢰에 대한 관계 속에서, 아

도 불구하고 베르까우어Berkouwer의 다음과 같은 말은 이 책에 꼭 들어맞는다. "내가 아는 한, 개혁신학계에서 아센의 결정이 스킬더에게 결정적으로 중요했던 것만큼 그 내용을 더욱 의미심장하게 취급했던 신학자는 없다."[6]

스킬더는 다음과 같이 자신의 입장을 끊임없이 우리에게 상기시킨다. "세상의 시작과 관련해서 우리는 창세기 1~3장의 역사성을 받아들여야 한다."[7] 이것이 출발점이다.[8] 그는 이 문제에서 근본적인 대

니면 불순종과 불신앙에 대한 관계 속에서 등장한다."(1:322)라고 한다.
6. G. C. 베르까우어(Berkouwer), 『구하고 찾음. 기억들과 경험들(Zoeken en Vinden. Herinneringen en Ervaringen)』 (Kampen: Kok, 1989), 265. 분명히 베르까우어는 스킬더가 아센의 결정을 강력하게 지지했던 것에 강한 인상을 받았다(238, 265, 298쪽). 하지만 베르까우어 자신은 전적으로 다른 입장을 취했다. 특히 G. C. 베르까우어, 『교의학 연구. 성경(Dogmatische Studien. De Heilige Schrift)』 (Kampen: Kok, 1967), 2:295~322쪽을 보라[J. B. 로저스(Rogers)에 의하여 영어로 축약 번역된 『성경(Holy Scripture)』 (Grand Rapids: Eerdmans, 1975), 292~295쪽도 보라—편집자 주]. 1967년에 있었던 암스테르담의 '총회파' 개혁교회에 의해서 결정된 것, 곧 "1926년 아센 총회에서 결정된 것은 더 이상 교회에서 교리적 결정으로서 여겨질 수 없다."라고 한 것은 베르까우어에게 영향을 받은 것이라고 생각할 수 있다.
7. 스킬더, 『천국은 무엇인가?(Wat is de Hemel?)』, 50. 하나님의 계시의 권위에 대한 강조는 초판에서보다 『천국은 무엇인가?』의 2판에서 조금 더 강하다. 초판에서는 "계시에 의해서 열린 것 외에 지식에 이르는 또 다른 길이 열린 적은 없다."라고 말했는데, 2판에서는 "위에서부터 주어진 **계시**에 의해 열린 것 외에 지식에 이르는 또 다른 길이 열린 적은 없다."라고 말하기 때문이다.
8. 스킬더가 이런 출발점을 선택한 것은 그가 성경은 그 자체에 대해서 증언한다고 확신했기 때문이다. 창세기 2장과 3장은 성경이 스스로를 역사로서 제시하고 있다. W. H. 히스펜(Gispen), 『창세기(Genesis)』 (Kampen: Kok, 1974), 1:91쪽을 보라. "창조의 기록과 창세기 2장과 3장의 기록은 창세기의 한 부분을 형성한다. 창세기는 그 자체를 역사적 기록으로 제시하고 있는데, 그것은 계보들뿐만 아니라 그 시간적 순서에 의해서도 입증된다. 그리고 창세기 11장과 12장 사이, '전(前)역사'와 족장 아브라함, 이삭, 야곱의 역사 사이에 어떤 뚜렷한 구분도 하지 않는다는 것은 현저한 사실이다." 여기서

립이 존재한다는 것을 솔직하게 인정한다. "여러분은 …… 의로운 상태에 있음을 믿지 않는가? 믿지 않는다면, 여러분과 우리 사이에는 **성경**이 놓여 있다."[9] 이런 점에서 스킬더는 조금도 양보하지 않는다! 이런 말들은 특히 변증법적 신학의 대변자들과 그들을 전적으로 혹은 부분적으로 지지하고 있는 자들을 향해 1935년에 행한 것들이다. 하지만 그 말들은 오늘날에도 그 힘을 결코 잃지 않고 있다.[10]

스킬더는 자신만이 아니라 모든 이들을 "위로부터 주어지는 계시"에 종속시키기 위해서 "우리가 하늘을 생각할 수 있는 것은 오직 지상에서일 뿐이다."[11]라는 명제를 개진하는 반면, 카이테르트Kuitert와 같은 이들은 "계시 자체는 위에 대하여 아래로부터 주어지는 말이

히스펜(Gispen)은 주석학적 설명들을 제시한다는 것과 그가 편견을 갖고 판단하지 않고 있음에 주목하라. Cf. 베르까우어, 『교의학 연구. 성경』, 2:312.

9. 스킬더, 『천국은 무엇인가?(Wat is de Hemel?)』, 51, 54쪽에도 유사한 구절이 나온다. 이런 기본적인 반정립이 스킬더의 신학을 지배하고 있다. 예를 들어, 하나님의 형상론에 대해서 언급하는 스킬더, 『하이델베르크 요리문답(Heidelbergsche Catechismus)』, 1:250, 그리고 선택과 유기, 그리스도의 부활에 대한 대응물로서의 그분의 죽으심에 관해 칼 바르트가 취하는 입장에 반대하는 스킬더, 『전집. 2부. 명상들(Verzmelde Werken, Part II. Schriftoverdenkingen)』 (Goes: Oosterbaan&Le Cointre, 1958), 3:573 등을 참고하라.

10. 이것은 W. F. 드 포르트만(de Fortman) 등이 편집한 『시대를 뒤돌아보며. 푸칭어의 60세 생일을 맞아 그에게 헌사한 글들(Achter den Tijd. Opstellen Aangeboden aan Dr.G.Puchinger ter Gelegenheid van zijn Vijfenzelstilgste Verjaardag)』 (Aaarlem: Aca-Media, 1986), 151~152쪽에 실린 J. 페인호프(Veenhof), "하나님과의 동역자. 하나님의 일에서 인간의 위치와 과제에 관한 스킬더 박사의 견해(Medewerkers van God. K, Schilder over Plaats en Taak van de Mens in het Handelen van God)"라는 글에 관해서도 적용되어야 한다.

11. K. 스킬더, 『천국은 무엇인가?(Wat is de Hemel?)』, 19/16.

다."¹²라는 입장을 전개한다. 이것은 스킬더가 그의 계시의 신학—곧, 계시는 위에서 오는 것이며 믿음을 요구한다는 신학—에서 이미 계시가 경험에서 시작한다는 어떤 신학에도 반대하는 입장을 취해 왔음을 의미한다. 여기서 입장이 나뉘진다. 동시에 성경에 대한 개혁신학적 신앙¹³이 이 책에서보다 더 설득력 있고 더 아름답게 그 생명력이 논증된 적은 없었다고 말할 수 있다. 이 책을 읽은 후에도 성경에 대한 이러한 믿음을 근본주의라고 폄하하는 자라면, 그는 스스로에게 영적이고 신학적인 불구자라는 증명서를 보내는 셈이다.

3. 스킬더는 다시금 변증법적 신학을 반대하고, 역사의 통일성에 대한 그의 믿음으로부터 출발하면서 천국에 대한 글을 썼다. 그러므로 『천국은 무엇인가?What is Heaven?』의 2장에서, 그는 이 신학에 대한 반대 입장을 솔직하게 표명했다. 그의 관심은 역사의 통일성과 가치였다. "역사는 또한 하나님의 활동이며",¹⁴ "하나님의 활동을 위한

---

12. H. M. 카이테르트(Kuitert), 『믿음이라 불리는 것은 무엇인가? 그리스도인의 신앙 선언의 구조와 기원(Wat Heet Geloven? Struktuur en Herkomst van Chritelijke Geloofsuitspraken)』 (Baarn: Ten Have, 1977), 155.
13. 우리는 의도적으로 이 용어(네덜란드어로는 Schriftgeloof, '성경적 믿음')를 사용해 주석가 S. 그레이다너스(Greijdanus)와 K. 스킬더(Schilder) 사이에 있는 유대가 얼마나 밀접한가를 보여 주고자 한다. J. 캄프하이스(Kamphuis), 『언제나 좋은 조화 속에서(Altijd met Goed Accoord)』 (Amsterdam: Ton Bolland, 1973)의 85~96쪽에 있는 "그레이다너스의 '성경에 대한 믿음'의 개혁신학적 특성(Het Gereformeerd Karakter van het 'Schriftgeloof' van Prof. Dr. S. Greijdanus)"을 보라. 스킬더에게 미친 그레이다너스의 영향력은 충분하게 검토되어 인식되지 않고 있다.
14. K. 스킬더, 『천국은 무엇인가?(Wat is de Hemel?)』, 221/112.

틀이며 …… 그것 자체로서 하나님의 활동이다."[15] 이 책에 사로잡히게 되는 효과는, 스킬더가 하나의 정체되고 움직임이 없는 영역으로부터 하늘을 용감하게 떼어내서, 하늘도 역사의 틀 안에서 취해지는 것으로 본다는 사실에서 비롯된다. 그래서 태초론첫 번째 일들에 관한 교리과 종말론마지막 일들에 관한 교리도 동일한 관점에서 고려되고 있다. 중요한 것은, 하늘을 전적으로 역사의 틀 안에서 말함으로써 스킬더는 개신교 교의학이 지닌 "천상의 영역들을 별도로 떼어놓아" (그것들을) "구분하고자 하는 욕구"로부터 자신을 차별화시킬 수 있었다는 것이다. 그 욕구는 "하나를 다른 것에 대해 정적으로statically 반대되는 편에 놓고, 곧 천국 자체를 지구의 반대쪽에 있는 하나의 정적인static 거리에 고정시키고, 그래서 하나님께서 함께 이끄셔서 서로 영향을 주고받게 하시는 것을 분리시키고자 하는 것"[16]이다. 우리는 이와 동일한 역동적-역사적 사고를 교회에 관한 스킬더의 생각에서도 만나게 된다. 그것은 구분가시적-비가시적, 전투적-승리적 등으로하려는 모든 욕구들에 반대한다. "(교회의) **불러 모으는**gathering 요소를 고려하지 않는 이런 부류의 기준들이 교회에 관한 많은 오해들의 원인이다."[17]

---

15. 같은 책, 86/39.
16. 같은 책, 81.
17. K. 스킬더의 교회에 관한 15번째 명제를 보라. K. 스킬더, 『전집. 교회(Verzamelde Werken. De Kerk)』 (Goes: Oosterbaan&Le Cointre, 1962), 2:245~250. 인용은 249쪽에서 취함.

4. 개신교 교의학이 "역사의 요소를 인식하는 데 실패한 것"[18] 때문에 그것을 비판할 때, 스킬더는 무엇보다도 먼저 16, 17세기와 19, 20세기 카이퍼와 바빙크의 **개혁신학**의 교의학에 관해 말하는 것이다. 하지만 아무리 스킬더가 자신의 전통에 비판적이었다 하더라도, 그 전통이야말로 온전히 그의 배경이었고, 또한 그 배경으로 여전히 남아 있었다. 그리고 그 역시 이것을 분명하게 의식하고 있었다. 종말론의 변증법적 이해—종말은 이 세상에 속하지 않고 다른 역사를 가지면서, 마치 직선이 원둘레를 스쳐지나가듯이 우리의 역사에 그저 순간적으로만 스쳐지나가는 것으로 이해하는 것—는 "오래된, 그리고 우리에게 너무나도 익숙한 의미"의 종말론과는 다른 것으로 차별화된다. 우리는 이러한 오래된 종말론을 유지할 필요가 있다.[19] 곧, "종말, 마지막 일들, 역사 속에서의 마지막 일들, 역사의 최종적인 행위"[20]에 관한 교리를 유지해야 한다. 스킬더의 입장을 그가 태초에 있었던 일들에 관해 말한 것 바로 옆에 둘 경우, 스킬더의 사고가 창조와 재창조의 통일로 시작하면서 의의 상태에 관해 성경이 증언하는 진실성을 받아들이고 있다는 것에서 개혁신학의 전통과 너무나도 잘 일치한다는 것을 분명하게 발견하게 된다. H. 바빙크의 『개혁교의학 Gereformeerde Dogmatiek』에 있는 의로운 상태에 관한 장을 읽어보면, 이런 점을 분명하게 지지하고 있음을 알게 될 것이다. 여기서 한 구절

---

18. K. 스킬더, 『천국은 무엇인가?(Was is de Hemel?)』, 81.
19. 같은 책, 53.
20. 같은 책, 20. 비슷하게 50쪽도 보라.

만 인용해 보겠다. "그래서 아담은 그 길의 끝점에 서 있지 않고 시작점에 서 있었다. 그의 상태는 일시적이고 임시적이었다. 이전 상태 그대로 머물러 있을 수 없었던 것이다. 더 높은 영광으로 올라가든지 아니면 죄와 죽음으로 떨어져야 했다."[21]

5. 하지만 스킬더의 사고의 독창성은 우리를 놀랍게 하는데, 그것은 그가 "더 높은 영광으로 올라가는 것"을 (그에게는 전적으로 중요한) 고린도전서 15장과 일치하는 '충격shock' 개념[22]과 결합시키는 것에서 드러난다. 곧, 이 변화무쌍한 세상을 절정의 세계로 옮겨 놓는 것이다. 창조 이후 세상이 점진적으로 발전하는 것과 이 세상이 다가오는 세상으로 하나의 충격적인 운동에 의해 변형되는 것, 이 두 가지 모두가 스킬더의 생각 속에서 통합되는 것은 모든 진화론과 수평적인 문화적 낙관주의로부터 그를 구별시켜 준다. 하나님께서는 주권적으로 그리고 초월적으로 개입하신다. 그분께서는 창조의 과정에 개입하셨던 것과 똑같이 역사의 마지막에도 개입하실 것이다. 그

---

21. H. 바빙크, 『개혁교의학(Kampen: Kok, 1928)』, vol.2, par. 38. "인간의 운명(De Bestemming van den Mensch)", 526쪽에서부터 인용되었다. 증명성구들은 스킬더가 제시한 것들과 동일하다. 예를 들어, 525쪽을 보라. "물질적인 것과 영적인 것, 의로운 상태(status integritatis)와 영광스러운 상태(status gloriae) 사이에는 엄청난 차이가 있다. 소화와 음식을 먹는 것은 부활 이후에 사라지게 될 것이지만(고전6:13), 아담은 둘 다 가지고 있었다. 하나님의 자녀들은 천국에서 더 이상 결혼하지 않고 천사들과 같을 것이다(마22:30). 하지만 아담은 한 여자의 도움을 필요로 했다."
22. K. 스킬더, 『천국은 무엇인가?(Wat is de Hemel?)』, 92/43. 비슷하게 33쪽도 보라.

분께서는 새로운 어떤 일chedasjah[23]을 행하실 것이다. 이는 이미 낙원에서부터 있었던 전망이다. 나는 여기서 스킬더가, 말하자면, 하나님의 역사를 위해 구조적인 것으로부터 사람이 그것에 대해서 이미 낙원에서부터 알고 있었다는 것으로 반복해서 도약하고 있다고 생각한다. 많은 예들이 있지만 그중 한 구절만 인용하자면, 이런 것이다. "인간은 그때 낙원에서는 옛 것을 새 것으로 자신곧, 인간이 가져와야 한다는 생각을 그의 마음으로부터 닫아 버렸다. 그리고 그 옛 것은 그가 죄를 짓지 않는 한 그의 바깥에 머물러 있게 했다."[24] 하지만 우리는 신앙으로 갖게 되는 지식과, 하나님의 말씀과 하나님의 일들 가운데 있는 그분의 계시 사이를 구분해야 한다! 이 점에서 우리는 스킬더에게 질문을 제기할 수 있겠지만, 그의 논증의 의도와 핵심을 놓쳐서는 안 된다. 즉, 사람이 비록 하나님과 그분의 주권적 개입에 의존하고 있지만, 그는 종말에 이르는 하나님의 길을 걸어가는 중에 하나님과 협력할 수 있고, 또한 협력해야 한다는 것이다.

6. 스킬더는 종말론을 다룰 때마다 지속적으로 태초론에서 출발했다. "뒤따르는 모든 것은 **태초**의 빛에서 설명되어야 한다. 오직 그럴

---

23. 같은 책, 95/46. ['chedasjah'는 '야훼의 의'로 추정되는 표현인데, 문맥상 정확하게 어떤 의미인지 명확치가 않다. '새로운 어떤 것'이 '야훼의 의'에 어떤 식으로든 연관된다는 것인데, '야훼의 의', 곧 '하나님의 의'가 종말의 때에 '새로운 어떤 것'으로 드러나게 된다는 뜻인 것 같다—역주.]
24. 같은 책, 217/111; 비슷하게 93/44쪽도 보라.

때에만 그 흐름이 종말에는 어디로 흘러갈지를 볼 수 있다."[25] 여기서 스킬더의 신학의 의도가 분명하게 나타난다. 그에게서 종말의 문제는 **구조적인**structural 것에 관심을 가지는 것이다. 또한 이것이 일반은혜의 개념에 대해 그가 반대하는 바의 핵심이다. 곧, 이런 식으로 "타락 이후에 여전히 남겨져 있는 것"[26]이 우리의 사고과정에서 결정적인 요소가 될 것이라는 개념에 반대하는 것이다.

7. 스킬더의 사고에는 하나님 중심적God-centered이며, 그리스도 중심적Christ-centered인 특징이 있다. 먼저, 하나님 중심적인 것에 관해 살펴보자. 사람은 하나의 직분담당자로서 시작했다. "직분의 개념 안에서 우리는 사람에 대한 하나님의 원초적인 권리를 보게 된다."[27] 이는 태초론에서의 일이었다.[28] 종말론에 관해서는, 삼위일체 하나님께서 모든 창조세계를 그 절정의 영광으로 데려오시는데, 이는 그분의 평화의 언약pactum salutis 덕분이다.[29] 스킬더는 다시금 자신이 서 있고자 하는 개혁신학의 전통에 속한 찬송가를 노래한다. 그 노래는 편

---

25. 같은 책, 206/207; 비슷하게 86/39쪽도 보라.
26. 같은 책, 206/107.
27. 같은 책, 같은 곳.
28. 인류학도 태초론의 틀 안에서 논의될 수 있다. 스킬더를 좋게 평가하는 것과 관계없이, 인류학적 질문들이 직분의 개념에 기초해 하나님 중심적으로 다뤄질 수 있다는 것을 인식하는 것은 중요하다. 이것이 하나님의 형상에 관한 교리의 중요성이다.
29. '평화의 언약(pactum salutis)'이라는 용어는 성부, 성자, 성령 사이에 있는 영원한 언약을 의미한다. 그 안에서 세 분께서 새 창조세계, 새 예루살렘 안에서 하나님과 살기를 선택한 백성을 창조하시고, 구원하시고, 성화하시고 또한 영화롭게 하실 것을 '함께 동의하셨다'는 것이다―편집자 주.

견이 아니라 놀라움 때문이다. "개혁신학은 오래전부터 이런 일들을 고려하기 시작했다. 그 전통은 그렇게 하도록 예정되어 있었다. 그 전통만이 그것이 무엇을 의미하는지를 알고 있었다. 모든 것과 함께 하나님께로까지 올라가는 것 말이다."[30]

둘째는 그리스도 중심적인 것이다. "개혁신학의 교의학은, 그리스도께서 오신 것은 '두 번째 역사'에서 전적으로 새로운 어떤 것을 행하시기 위함이 아니라 하나님께서 태초에 목적하셨던 것을 구원하시기 위함이라는 생각을 충실하게 유지하기 위해서 가능한 모든 것을 행해야 한다."[31] 이것 다음에 그리스도의 수난에 대한 고백이 오게 된다. 곧, 그분께서 우리의 죄를 위한 형벌을 담당하셨다는 것이다. 하지만 이 고백은 그리스도의 '능동적인 순종'에 대한 고백과 결합되어 있다. 그분께서는 "아담이 자기 손에 그것을 계속 붙잡지 않았던 바로 그곳에서 시작되었던 역사의 선線—죄 가운데 떨어지기 전에 맺었던 '행위' 언약으로 시작되었던 역사의 선—을 다시금 붙잡으셨다."[32] 그러므로 그리스도께서 그분의 고난 가운데서 아버지께 수동적이면서 능동적인 순종을 바치셨기 때문에, 그것은 **그리스도와 문화**"인 것이다.

8. 누군가가 자신은 성경에 대한 믿음에서 스킬더와 같은 입장이

---

30. K. 스킬더, 『천국은 무엇인가?(Wat is de Hemel?)』, 190. 비슷하게 149쪽도 보라.
31. 같은 책, 97.
32. 같은 책.

라고 생각한다고 해서, 그것이 스킬더에게 비판적인 질문들을 전혀 제기하지 않음을 의미하는 것은 아니다. 불행하게도, 이런 비판이 간혹 희화화된 형태를 띠기도 한다. 그래서 스킬더가 '천국'이나 역사의 완성으로서 절정 가운데 있는 '사람과 함께 거하시는 하나님의 거처'를 묘사할 때, 나는 그가 그것을 '차갑고 정적이며 딱딱한'[33] 영역으로 묘사하려고 했다고 믿지 않는다. 스킬더가 그 절정 안에서 쉬는 것과 일하는 것이 '동일한 것이 될 것'[34]이라고 진술할 때, 그것은 일하는 것이 **그치게 됨**을 의미하는 것이 아니다. 그보다 스킬더는 천국에서는 더 이상 이렇게 언제나 다시 **오는 것**coming이 없을 것이고, 오히려 옛 언약과 새 언약의 잔치들이 언제나 다시 **지나간**완성된 **것**being gone만 있을 것이라고 말하는 것이다. "천국에서는 이 모든 것이 폐지될 것이다. 모든 것이 완성되었기 때문이다. 그곳에서는 종이 바로 그 섬김으로 인하여 주인이 된다. 그곳에서는 구하는 이가 바로 그 구하는 일에서 좋은 것으로 풍부할 것이다. 그리고 모든 것이 영원한 희년 안에 포함될 것이다."[35]

나는 스킬더의 관점이 천국을 '차갑고 정적이며 딱딱한' 것으로 본

---

33. C. 반데발(van der Waal), 『그리스도 예수의 계시(Openbaring van Jezus Christus)』 (Oudkarspel: De Jijverheid, 1981), 2:379. 이 비판에 반박한 것에 관해서는 『지성과 신앙을 위한 연감 1987(Almanak Fides Quadrat Intellectum 1987)』 (Kampen: Zalsman, 1987), 211, 223, nn. 33, 34에 있는 J. 캄프하이스, "어린 양과 새 예루살렘(Het Lam en het Nieuwe Jeruzalem)"이란 글을 참고하라.
34. K. 스킬더, 『천국은 무엇인가?(Wat is de Hemel?)』, 201/104, 231/117.
35. 같은 책, 201.

다는 비판이, 그가 하나님의 일들을 하나님께서 완성하신다고 말할 때의 그 **완성**fulfillment이라는 단어를 제대로 이해하지 못한 데서 비롯된다는 인상을 받는다. 이런 비판과 달리, 스킬더의 신학에 있는 욕조bath, 곧 기대의 신학이라는 욕조는 매우 신선한 것이다. 스킬더가 그 완성의 실재를 이해하기 위해서, 그리고 그것을 구체적인 방식으로 표현하기 위해서[36] 엄청나게 애를 쓰는 동시에, 스스로 인간 이해력의 한계에 직면하고 있다는 것을 깨닫고 있다는 점을 우리는 종종 간과한다. "여기서 모든 펜이 앞으로 나아가기를 거부한다. 우리는 더 이상 앞으로 나아갈 수가 없다."[37]

하지만 이것이 우리로 하여금 스킬더가 너무 멀리 나아간 것은 아닌가 하는 질문조차 할 수 없게 하는 것은 아니다. 더군다나 그가 그 '새로운 세계'는 더 이상 어떤 발전도 알지 못한다고 반복해서 주장하기 때문에 더욱 그렇다. 그는 '**만개하다**bloom'라는 동사를 사용한다. "자연은 그곳에서 만개할 것이다." 하지만 그는 역사 속에서 하나님의 일이 완성된 상태를 강조함으로써 즉각적으로 이러한 만개상태를 상대화시킨다. "다시금 우리는 너무 많은 것을 말했다. …… 새로운 세계에서 '만개하는 것, 아무런 시작도, 아무런 성장도 알지 못하는……."[38] 이런 표현들을 처음 대할 경우, 한편으로는 주의를 요구

---

36. 그래서 G. 푸칭어(Puchinger)가 편집한 『스킬더와의 상봉(Ontmoetingen met Schilder)』(Kampen: Kok, 1990), 60쪽에 실린 O. 야게르(Jager), "극단적인 것에까지 구체적인 것(Concretiseren tot het Uiterste)"을 보라.
37. 같은 책, 231/118.
38. 같은 책, 221.

하는 진술처럼 보이면서도 또 한편으로는 실제로 매우 대담한 표현이기도 하다! 스킬더는 그것을 인간에게 총체적으로 적용시키기까지 한다. 물론 스킬더가 생명이 지닌 식물적이면서 성적인 상태는 그것의 봉사service—이 맥락에서 중요한 단어이다—가 완성될 것이라고 말할 때, 이는 성경적인 지지를 받는다. 그러나 이것으로부터 하나님 앞에서 인간의 직분이 다가오는 세상에서는 어떠한 발전도 더 이상 경험하지 못할 것이라고 결론내리는 것은 잘못이다. 스킬더는 그리스도의 직분과 주님과 교제하며 사는 그리스도인들의 직분들을 다루는 하이델베르크 요리문답의 12번째 주일문답에 사로잡혀 있다. 하지만 이 고백의 마지막 부분에 대해서는 충분히 주목하지 않았다. 그 마지막 부분에서 그리스도를 믿음으로 바라보는 그리스도인은 자기 자신에 대해서 "나는 …… 이 생애가 끝나게 되면, 모든 피조물을 그리스도와 함께 다스리게 될 것이다."라고 고백한다. 이를 증명하는 성구들도 분명하다딤후2:12와 계22:5. 하지만 스킬더의 생각 속에서는 이 구절들이 기능하지 않는다.

스킬더가 역사의 완성에 주목하는 것은 옳다. 하지만 그가 이 완성을 단지 아들이 아버지께 신실한 자들을 바치게 되는 것에서만 구체화될 수 있다고 생각한 것은 잘못이다. "그리고 보라, 이제 그 왕국이 아버지의 것이 되게 하기 위해서 그분께서는 그들을 아버지께 드린다."[39] 이것은 '어린양'이신 그리스도께 완성된 하나님의 영광의 왕

---

39. 같은 책, 192/98. 비슷하게 170, 149쪽도 보라.

국에서 그분의 합당한 위치를 어디에 두어야 하는가 하는 문제에 스킬더가 곤란해 하는 것과 관련된다.⁴⁰ 그리고 이것은 그가 경륜적 삼위일체론과 존재론적 삼위일체론 사이의 관계를 이해하는 데 곤란을 겪는 것과도 연관된다.⁴¹

스킬더의 종말론에서, 경륜적 삼위일체론은, 말하자면 존재론적 삼위일체 속으로 동화되어 버린다. 아무리 적다고 해도 이런 경향은 하나의 위협으로 현존한다. 슐라이어마허 이후의 신학에서, 존재론적 삼위일체론은 '소위'⁴² 경륜적 삼위일체론에 굴복하는 경향이 있어 왔다. 그것은 신앙의 교리와 생명에 치명적인 상처를 부과했다. 하지만 스킬더의 신학에는 그 반대적인 경향이 현존하는 것이다. 나는 여기서 '경향이 있다'는 식으로 말했다. 왜냐하면 스킬더는 "세상의 **보존**은 영원토록 삼위일체 하나님의 사역일 것이다."⁴³라고 말하기 때

---

40. J. 캄프하이스(Kamphuis), "어린양과 새 예루살렘(Het Lam en het Nieuwe Jeruzalem)"을 보라.
41. 사실 이러한 구분은 벨직신앙고백서 8항과 9항에도 등장한다. 8항에서 우리는 존재론적 삼위일체론에 대해서 이렇게 고백한다. "우리는 오직 한 하나님만을 믿는다. 그는 본질에 있어서는 하나이시며, 그 본질 안에서 세 분이시다······." 9항의 마지막 부분에서 우리는 경륜적 삼위일체론을 고백한다. "우리는 우리를 향하신 이 세 분들의 구분되는 직분들과 일들을 관찰해야 한다······.", 이것은 '우리를 향하시는' 하나님의 활동들 안에서 우리에게 자신을 계시하고 제공하시는 분으로서 삼위일체 하나님을 다루고 있다. 이 용어들에 대해서는 L. 벌콥(Berkopf), 『조직신학(Systematic Theology)』 (Grand Rapids: Eerdmans, 1941), 88-89쪽을 보라―편집자 주.
42. '소위'라는 어구가 여기에 첨가된 것은, 저자가 슐라이어마허와 다른 자유주의 신학자들이 '경륜적 삼위일체' 혹은 '계시 삼위일체'라는 용어로 의미하는 바는 개혁신학자들이 그 용어로 의미하는 것과 아주 다르다는 것을 가리키기 위한 것이다―편집자 주.
43. K. 스킬더, 『하이델베르크 요리문답(Heidelbergsche Catechismus)』, 2:89.

문이다. 그리고 이 창조세계의 **보존**은, 하나님께서 삼위일체이신 **분이시기** 때문에, 삼위일체 하나님으로서 그분의 일들 속에 스스로를 **계시하시는** 그분의 온전하신 일이다. 하지만 금방 인용한 것과 같은 이런 진술조차도 스킬더에게서는 눈에 띄게 결핍되어 있다. 왜냐하면 그는 하나님의 보존하심을 하나님의 통치하심으로부터 분리시키는 것을 끊임없이 경계하고 있기 때문이다. 그는 하나님의 보존하심이 그분의 통치하심에 종속된다고 생각한다. 그런데도 그는 왜 오는 세상에서의 하나님의 **통치**에 대해서는 아무 말도 하지 않는 것일까? 이 통치에 무슨 목적이 있는지에 대해서 그가 상상할 수 없었기 때문일까? 그것이 그리스도와 더불어 인간이 만물을 통치하는 것에 대해서 아무 말도 하지 않은 이유일까? 하지만—비록 우리가 구체적인 지식을 얻기 위해서는 오는 세상을 기다려봐야만 하겠지만요일3:2—하나님의 영광이 영원토록 그분 자신의 목적으로 남아 있게 되지 않을까? 그리고 그 영광이 그리스도와 더불어 만물을 다루시게 될 그 직분office, munus을 공유하게 되는 그들의 목적으로도 남아 있지 않을까? 어떻게 그런 일이 전개될지에 대해서는 우리가 알지 못할 수도 있겠지만, 그러한 것이 있으리라는 사실만큼은 고백하게 된다. 그리고 그것이 우리의 기대감을 키워 준다. 또한 이것이 하나의 기업과 그것을 물려받을 상속자들에 관한 성경적 개념들에게 여지를 남겨 두는 것이다.[44]

---

44. 기업(벧전1:4~5), 상속자로서의 아들(히1:2), 공동상속자로서의 하나님의 자녀들(롬

9. 하지만 이러한 비판이 있다고 해서 『천국은 무엇인가?What Is Heaven?』를 통해 스킬더가 기독교 사상에 기여한 공헌에 우리가 덜 감사하게 되는 것은 아니다. 그에게서 우리는 '수평주의horizontalism'에 대해 주의해야 할 것을 배우며, 또한 차라투스트라의 입을 통해 니체가 묘사한 그런 태도가 아니라 진실로 그리스도인의 태도로 '지상에 신실하게 남아있기를' 실제로 배우게 되는 것이다. 종말론적 기대를 가지고서 스킬더는 역사의 가치를 선포했다. 여기에 그의 메시지가 지닌 동시대적인 중요성이 있다. 그는 **모든** 것들을 하나님의 활동의 틀로서 역사 속에 포함되어 있는 것으로 보았다. "사람을 우주로부터 분리되어 있는 것으로 생각하는 것은 불가능하다. **태초로부터** 하나님께서는 전체 우주와 관련지어 사람을 보셨고 또한 그것과 관련지어 위치시켜 두셨다. 그래서 사람은 이러한 관계 속에 남아 있는 것이다."[45] 그러므로 종말론적 기대가 결핍된 것은 "이 창조된 생명을 위반하는 것이다. 그것은 죄인데, 단지 하나님께 대해서만이 아니라, 또한 사람에 대해서도, 우주에 대해서도 죄인 것이다."[46]

8:17, 비슷하게 마5:5). 또한 로마서 4장 13절(세상의 상속자로서의 아브라함)을 보라. C. 반데발(van der Waal)이 '세상'을 '땅'에 제한시키는 것은 H. 판 데 캄프(van de Kamp)의 『계시록에 나오는 이스라엘. 요한계시록에 나오는 미래의 유대민족의 위치에 대한 탐구(Israel in Openbaring. Een Onderzoek naar de Plaats van het Joodse Volk in het Toekomstbeeld van de Openbaring aan Johannes)』, 학위논문 (Kampen: Kok, 1990), 92, 193, 195 n. 63, 292 n. 80에서 올바르게 거부되었다. 이 글에서 판 데 캄프는 "거룩한 도시가 족장들에게 약속되었던 땅이며, 그것은 세상을 포함하고 있다고 하던 첫 세기들의 주석가들에 의해 지지되었던 관점"에 동의한다.

45. K. 스킬더, 『천국은 무엇인가?(Wat is de Hemel?)』, 228.
46. 같은 책, 68/28. 비슷하게 106/54쪽도 보라.

이런 점에서 1930년대에 발표된 이 교의학 저서가 지구와 생명 자체를 어떻게 다루어야 하는가 하는 본질적인 질문에 직면하고 있는 20세기 끝에서 그 시의적절함을 가지는 것이다. 여기에 성경에 대한 개혁신앙의 관점이 우리시대에도 여전히 관련성이 있는 것이다. 결론적으로 성경을 믿는 자들은 그들 자신의 시대가 제시하는 이런 질문들에 답변하고, 동시대의 문제들에 용감하게 그리고 신실하게 대응하는 일로 부름 받은 것이다. 여기서 스킬더는 그가 죽은 지 거의 40년이 지난 후에도 하나의 선구자로 남아 있다. **성경을 바라보면서**, 그는 하나의 결단을 요구하였다. **성경으로부터**, 그는 **이** 지구를 건너고 우리의 역사를 통과해서, 그 미래에까지 이르게 되는 길을 가리켰다. 그는 장구한 관점들을 추구했고, 또한 그것을 보았다. 그의 심장은 기뻐했고, 나아가 하나님의 회중의 심장을 기쁘게 했다. 비록 우리가 우리의 공통적인 출발점의 기초에서, 성경에 대한 우리의 믿음의 기초에서, 스킬더에 대해 비판적인 질문을 가지고 있다 하더라도, 우리는 이러한 기쁨이 단순히 신기루 *fata morgana*의 결과가 아니었음을 결코 잊지 않을 것이다. 그 언약은 하나님의 거처가 사람과 함께하게 될 때 그 완성에 이르게 될 것이다. 곧, '행위언약', '은혜언약', '자연언약', 그리고 하나님의 '평화의 언약', 이 모든 언약이 성취될 때 말이다.[47] 그래서 또한 그 안식, 곧 문화-역사적 평화와 우주적 평화를

---

47. 같은 책, 172~94/85~89.

보장하는 그 안식도 성취될 것이다.[48] 다시금 우리 앞에 전망들이 열려 있는 것이다! 우리는 환상가나 몽상가가 아니라 오순절의 회중 가운데서 하나의 예언적 선견자를 두고 있었던 것이다.

---

48. 같은 책, 204~31/106~18.

6장

스킬더의 계시론

J. 드 용 De Jong

이 논문은 스킬더의 저서를 기념하기 위한 것이다. 사건들보다 사람들을 기억하는 것은 언제나 불확실하다. 오직 주님 안에서 자랑하기보다 사람 안에 있는 무언가를 또는 사람 자체를 영화롭게 할 위험이 늘 도사리고 있기 때문이다. 개인을 우상화하는 것은 교회 안에서 건전한 삶을 사는 데 좋은 본이 되지 않는다. 하지만 주님께서 네덜란드교회의 최근 역사에서 아주 중요한 역할을 했던, 이 다면적인 신학자를 주신 것에 우리는 감사드릴 수 있다. 성경은 말하기를, "하나님의 말씀을 너희에게 일러 주고 너희를 인도하던 자들을 생각하며 그들의 행실의 결말을 주의하여 보고 그들의 믿음을 본받으라"고 했다 히13:7. 따라서 이 구절에 근거해 스킬더를 이런 식으로 기념하는 것은 충분히 이해될 수 있다.

이 책의 1장에 스킬더의 생애와 저서들에 대한 자료가 소개되어 있다. 먼저 중요하게 언급할 필요가 있는 것은, 스킬더의 저서들은 당대를 주름잡았던 철학적이면서도 신학적인, 지도적인 개념들과 지속적인 교환을 이루고 있었다는 것이다. 비록 그의 초기의 출판물들에서도 국내 및 국제적인 수준들에서 다양한 범위의 문헌들을 섭렵한 것을 볼 수 있지만, 그가 국제적인 명성을 얻은 학자로서 드러나게 된 것은, 특별히 그의 박사논문 때문이었다.[1]

스킬더는 박사과정 공부를 위해 여러 번의 연구 휴가를 허락받았는데, 특별히 엄청난 변동의 시기였던 1차 세계대전과 2차 세계대전 사이를 독일의 에어랑겐Erlangen에서 지냈다. 베를린과 뮌헨을 방문하면서, 그는 국가사회주의Nationalsozialismus 운동이 흥기興起하는 것을 직접 지켜보았고, 그래서 이 운동의 기저에 흐르고 있는 근본적인 원리들을 잘 알게 되었다. 특히 그는 국가사회주의의 기원을 추적하면서 그 안에서 독일의 고대종교, 니체1844~1900년의 허무주의적 철학, 그리고 헤겔1770~1831년의 철학에서 비롯되는 주제들이 부흥하는 것을 발견했다. 헤겔은 국가를 지상에 존재하는 신적 이념으로 보았는데, 이는 나치 선전의 주요한 주제였다. 이 모든 것들을 경험하는 가운데서 스킬더는 유럽사상사에서 주요한 인물들과 접촉할 수 있었다.

이는 스킬더의 경력에서 중요했던 하나님의 계시에 관한 전투에서 엄청난 의미를 지닌다. 하나님의 계시에 관한 관점은 모든 신학의

---

1. K. 스킬더, 『칼뱅과 키르케고르 이후 전개된 '역설' 개념을 통해서 살펴본 '역설' 개념의 역사(Zur Begriffsgeschichte des "Paradoxon", mit besonderer Berucksichigung Calvins und des nach-Kierkegaardschen "Paradoxon")』 (Kampen: Kok, 1933).

출발점에 관한 것이다. 모든 신학은 이 출발점에서 서거나 넘어진다. 계시와 성경의 출발점에 관해 당시에 있었던 싸움은 너무나도 치열했다. 스킬더는 그것을 자기 시대의 중요한 전투로 언급했다.[2] 여기서는 이 전투에서 두 가지 기본적인 점들, 곧 첫째로 스킬더 당대에 그 전투가 지닌 본질적인 점들, 그리고 둘째로 이 전투가 오늘날에 지니는 지속적인 의의에 대해서 살펴보고자 한다.

스킬더는 엄청난 지성적 격변의 시대에서 자랐다. 그중 어떤 것은 독일에서 수입된 것도 있었지만, 네덜란드 자체에서 부글부글 끓던 것들도 있었다. 젊은 세대는 교회에서 현 상태가 되고 있는 입장들, 곧 카이퍼와 바빙크의 지성적 유산에서 비롯된 입장들에 얼마간 실망하게 되었을 뿐만 아니라, 심지어 더 이상 참을 수 없는 지경에까지 이르게 되었다. 위대한 신학자이자 정치가였던 아브라함 카이퍼에 의해 세워지고 바로 이어 그를 좇았던 추종자들과 학도들에 의해 영구화된 거대한 지성적 건축물에 조금씩 생기던 균열들이 1920년대에는 이미 눈에 띄기 시작했다. 물론 여전히 카이퍼의 사상이 그 시대를 지배하고 있었다. 하지만 그것은 20세기의 변화하는 패턴들에는 적절하지 않은 건물이었다. 카이퍼는 후기 개혁신학적 정통주의의 특성인 광범위한 스콜라주의적 범주들을 가지고 일해 왔다. 하지만 부상하고 있는 시대는 사상과 방향에서 근본적으로 반反스콜라주

---

2. K. 스킬더, "성경과 성경관(Schrift en Schriftbeschouwing)", 『개혁(De Reformatie)』 12, no. 26(1932):202.

의적이었다.

　동시에 변증법적 신학이 스위스, 독일, 그리고 주변국들에서 영향력을 끼치며 유명해지기 시작했다. 그것은 특별히 칼 바르트와 에밀 브루너라는 두 인물로 대표되었다. 바르트가 스스로 새로운 방향을 취해야겠다고 깨닫게 된 것은 1914년 8월에서였다. 즉, 그의 스승들까지 포함된 93명의 주도적인 지성인들이 독일황제 빌헬름 2세와 그의 고문관들이 추진하던 제국주의적 정책을 지지한다는 공개서한에 사인했을 때였다. 이를 두고 바르트는 옛 자유주의 학파의 오만함의 결과요 모든 종교를 조롱거리로 만든 것이라고 비판했다. 자유주의에서 황금률은 사랑과 관용이었다. 예수님은 단지 이 사랑의 한 본보기로만 취급되었다. 종교는 어느 누구에게도 불쾌함을 주지 않는 형태로 변모되었다. 그 결과 이제는 어느 누구도 세상과 교회에서 잘못된 것에 관해 감히 반대하는 말을 하지 않게 되었다. 이것이 사람이 스스로를 하나님으로 만든 세상을 바라보는 하나의 방식이었다.

　결국 바르트와 같은 이들은 이러한 옛 자유주의 종교의 모든 신성한 송아지들을 대적해 날카롭고도 가차 없는 공격을 퍼부었다. 어느 누구도 그의 날카롭고 폐부를 찌르는 펜을 벗어날 수는 없었다. 자유주의자들이 주장하는 부드럽고 용이한 종교에 반대하면서, 바르트는 하나님의 초월성, 곧 그분의 진노, 그분의 거룩하심, 그리고 그분의 영광을 강조했다. 그는 하나님께서 전적 타자이심을 주장했고, 하나님의 불가해성과 접근불가능성을 강조했다. 사실 그는 사람은 자신의 힘으로 하나님을 알 수 없다고까지 진술했다. 하나님께서는 인간이 알아낼 수 있는 어떤 것의 정반대편에 계신다. 우리는 결단코 우리의 지적 통제 안에 하나님을 가둘 수 없다. 그래서 **변증법적** 신학이라는 용어가 나온 것이다.

문자적으로 변증법적이라는 용어는 '상호간에 반대가 되는 것을 말하는 것'을 의미한다. 바르트에게 있어서, 하나님께서는 너무나 위대하셔서 한 가지 진술로는 그분에 대해 충분하게 참된 것을 결코 말할 수 없다. 그것은 언제나 그 반대되는 것으로 보충되어야 한다. 어떠한 진술이라도 그 진술의 반대가 되는 또 다른 진술을 요구한다. 서로 반대되는 진술들은 진리를 포착하기 위한 하나의 시도일 뿐이다. 그 진술들 안에서, 사람들은 질문만을 할 수 있을 뿐이지 결코 **그것의** 답변을 기대할 수는 없다. 모든 교회의 교의는 하나의 질문이며, 하나의 시도이고, 진리를 찾으려는 하나의 탐구이다. 그래서 교의적 명제들은 계시의 진리로 나아가는 노정에 있는 것을 목표로 한다.[3]

바르트는 계시에 관해 무슨 말을 했을까? 하나님께서는 스스로를 계시하시지만, 그 계시는 하나의 사건이고 하나의 행위이다. 계시는 그것이 문자화될 수 있도록 지속되는 어떤 것이 결코 아니다. 그것은 우리에게 항상 일어나는 어떤 것이다. 우리가 행하는 그 어떤 것으로도 계시가 발생하게 할 수는 없다. 하늘로부터 번쩍하고 치는 번갯불

---

3. K. 바르트, 『교회교의학(Church Dogmatics)』, G. W. 브로밀리(Bromiley) 번역 (Edinburgh: T.&T.Clark, 1936), vol. 1, pt. 1, 305~309. 바르트의 계시관에 대해서는 H. 짠트(Zahrnt), 『하나님에 관한 질문, 20세기의 개신교신학(The Question of God, Protestant Theology in the Twentieth Century)』, R. A. 윌슨(Wilson) 번역 (New York: Harcourt, Brace and World, 1969)을 보라.

처럼, 그것은 오직 하나님의 때에 하나님께서 기뻐하시는 대로만 일어난다. 분명히 하나님께서는 성경을 사용하시고 그것을 통해 말씀하신다. 하지만 성경 자체는 계시가 아니며, 하나님의 말씀이 아니다. 성경은 단지 하나님의 말씀을 담고 있을contains **뿐이다**. 또는, 좀 더 좋게 말하자면, 성경은 단지 하나님의 계시에 대한 증언일 뿐이다. 성경은 과거의 계시를 회상케 하고, 앞으로의 계시를 기대하게 한다. 하지만 바르트에게서 성경은 타락한 인간에 의해 기록된 인간의 기록물이다. 우리는 성경을 읽어야 한다. 그리고 성경은 설교되어야 한다. 하지만 이것들은 모두 오류가 있고, 죄악이 있는 행동들이다. 그 말들은 하나님의 말씀들이 아니다. 하나님께서는 그분께서 원하시는 때와 방법에 따라 그것들을 그분의 말씀들로 만드신다. 즉, 그분의 때에, 그분의 방식으로, 시간의 순간 안에서 그렇게 하시는 것이다. 지금 이 순간! 이것이 변증법적 신학에서 중요한 것이다. 하나님과 성경은 상반되는 극단들이다. 하지만 그들은 서로를 필요로 하는 극단들이다! 하나님께서는 신적이시다. 반면, 성경은 철저하게 인간적이다. 하지만 하나님께서는 그분의 시간에 성경의 말들과 생각들을 취하셔서 그것들을 사람을 위한 그분의 발언으로 변형시키신다. 그런데 여기에 계시 안에 있는 주관적 요소를 과장해서 강조하는 지점이 있다. 곧, 하나님의 발언에서 인간적인 경험을 과장되게 말하는 것이다. 이것은 계시, 곧 성경의 말씀들이 지닌 객관적인 요소를 가치절하 하는 것과 같다.

네덜란드로 되돌아가 보자. 물론 위에서 요약한 많은 사상들이 라인강을 흘러 내려와 네덜란드 속으로 침투해 들어갔다. 하지만 개혁 교회들에서 지배적인 관점은 아브라함 카이퍼와 그를 따르는 칼뱅주의 원리들beginselen이었다. 이 다작의 저술가, 정치가, 신학자였던 카이퍼는 신적 계시에 관한 하나의 정교한 관점을 지니고 있었다. 그는 하나님의 모든 지식이 인간의 형태와 척도에 적절하다는 것을 믿었다.[4] 하나님께서는 모든 종류의 수단들을 사용하셔서 그분의 계시를 사람들의 마음속에 심어 주신다. 하지만 근본적으로 그분께서는 성령님을 통해서 인간의 자의식에 직접 말씀하신다.[5] 이것이 카이퍼의 사상에서 지배적인 요소이다. C. 트림프Trimp가 표현한 대로, 칼뱅주의에 관한 카이퍼의 근본적인 초석은 하나님께서 성령님을 통해 신자들과 맺는 직접적인 교제의 관계였다.[6]

죄가 없었더라면, 세상에 기록된 성경이 있어야 할 필요도 없었을 것이다. 하나님께서 그분의 뜻에 관한 계시를 기록해야 할 필요성이 생기도록 한 것은 바로 우리의 죄였다. 카이퍼는 하나님의 말씀에 대

---

4. A. 카이퍼(Kuyper), 『교의학강의구술(Dictaten Dogmatiek)』 (Kampen: Kok, n.d.), 1:36. 카이퍼의 교의학에 관한 강의록은 카이퍼가 강의 중에 말한 것을 학생들이 기록한 것들임을 기억해야 할 것이다. 이것은 카이퍼가 말했던 것처럼, 모두 동등한 가치를 지니고 있는 것이 아니어서 "어떤 것은 너무나도 훌륭한 것이고, 어떤 것은 제대로 이해하고 들었는지 의심스러운 것도 있으며, 또 다른 것은 질이 떨어지는 것도 있다"(p. iii).
5. A. 카이퍼, 『신학원리(Principles of Sacred Theology)』, B. B. 워필드(Warfield) 번역 (Grand Rapids: Eerdmans, 1954), 366, 389.
6. C. 트림프(Trimp), "칼뱅주의의 패턴(Het Patroon van het Calvinsme)", 『구술(口述) 교회의 예배(De Dienst van de Mondige Kerk)』 (Goes: Oosterbaan&Le Cointre, 1971), 9~48, 특히 11, 18.

한 기록이 타락 이후 첫 번째로 나타난 계시 안에 첨가된 요소라고 말했다. 분명히 성경은 영감된 하나님의 말씀이다. 하지만 영감에 있어서 그 능력과 실제적인 힘은 그 본문 바깥에 존재하는 것이다. 그것은 물질적인 요소본문에 첨가된 영적인 요소이며, 인간적 요소에 첨가된 신적인 요소이다. 여기서 인간적인 요소는 인간성이 지닌 약점을 보여 준다.[7] 카이퍼는 간혹 다이아몬드 이미지를 사용한다. 즉, 다이아몬드는 그 자체로 빛이 나는 것이 아니라 빛이 그것을 뚫고 중심부에 들어갈 때에만 반짝거리게 되는데, 이와 마찬가지로 오직 성령님께서 빛으로 성경을 밝혀 주고, 드러내며, 또한 적용시키실 때, 비로소 분명하고도 밝고 충분한 효과가 성경에서 나올 수 있는 것이다.[8] 그의 강의노트를 보면 이런 말이 있다.

"성경은 **은혜의 매개물**medium gratiae이다. 마치 세례와 성찬의 예전과도 같다. 그 자체들로는 아무것도 아니다. 물, 빵, 그리고 포도주는 단지 상징일 뿐이다. 하지만 그것들 뒤에 영적인 작용이 있다. 하나님의 신비 말이다. 이는 성경 안에서도 마찬가지이다. 저 페이지들, 저 종이, 저 잉크는 아무것도 아니다. 하지만 그 표지들이 우리 안에서 무언가를 깨우고 일으켜서 하나님의 성령의 역사하심이 흘러들어 가게 한다. 그 표지들 뒤에

---

7. A. 카이퍼, 『교의학강의구술(Dictaten Dogmatiek)』, 2:64, 71, 91.
8. A. 카이퍼, 『신학백과사전(Encyclopaedie der Heilige Godgeleerdheid)』 (Kampen: Kok, 1909), 112.

있는 영적인 활동들, 그것이 곧 기적이다."⁹

이는 카이퍼가 성경에 관해 하등의 관점을 지니고 있었다고 말하는 것이 아니다. 오히려 정반대이다! 카이퍼에게서 성경은 신학의 유일한 원리이며, 하나님을 아는 지식의 유일한 원천이다. 그는 소위 윤리적 신학자라고 불리는 이들이 주장하는 당시 유행하던 관점—윤리적 신학자들은 성경에 오류가 있다고 주장했다—에 반대하며 성경의 무오류성을 방어했다.¹⁰ 하나님의 말씀이 성경 '안에 있다'라고 말하는 윤리적 신학자들에 반대하면서, 카이퍼는 성경이 하나님의 말씀'이다'라는 원리를 주장했다. 카이퍼에게서, 기록된 말씀은 가장 분

---

9. A. 카이퍼『교의학강의구술(Dictaten Dogmatiek)』, 2:98.
10. 윤리적 운동은 스위스의 신학자 A. 비네트(Vinet, 1797~1847년)를 추종하는 학파로부터 형성된 19세기 네덜란드 신학자들 그룹에게 붙여졌던 이름이다. 이 학파의 주동 인물은 다니엘 체인지파 데 라사우세(Daniel Changepie de la Saussaye, 1818~1874년)였다. 이 학파는 회중들의 의식에 기초해서 신학과 교의학을 건축하기를 원했던 독일내의 F. L. 슐라이어마허(Schleiermacher)의 사상과 유사성을 지니고 있었다. 처음에는 이 운동에 영향을 받기도 했지만, 카이퍼는 곧 하나님의 말씀으로서의 성경으로 돌아감으로써 계속해서 그것에 반대했다. 예를 들어, 그의 강사수록연설인『살아계신 하나님의 회중을 위하여 그것을 의심해 볼만한 취지로 살펴보는 현재의 성경비평론(De Hedendaagsche Schriftcritiek in hare Bedenkelijke Strekking voor de Gemeenten des Levenden Gods)』(Amsterdam: J. H. Kruyt, 1881)을 보라. 이 연설에서 카이퍼는 성령과 성경 사이의 관계를 위해 다이아몬드와 빛의 이미지를 사용하면서 성경 그 자체에 초월적인 능력이 있다는 견해를 거부하고 있다. 카이퍼는 이러한 견해를 엄격하게 루터주의자들의 것으로 잘못 귀속시킨다. 하지만 그가 거부한 견해는 바로 칼뱅의 것이었다. 칼뱅은 성경 그 자체에서 신적인 에너지가 배어나온다고 주장했다. S. 그레이다너스(Greijdanus), "성령의 증거의 성격에 대한 칼뱅의 견해(Karakter van het Testimonium Spiritus Sancti volgens Calvijn)",『개혁신학지(Gereformeerd Theologisch Tijdschrift)』14, no. 12(1913):540.

명하고도 가장 고도의 인간적인 의식의 표현이었다. 성경은 인간적인 의식을 통과하고 성숙되면서 우리에게 하나님의 말씀을 가져다준다. 성경은 계시의 가장 고도의 형태를 표상하고 있는 것이다.[11]

하지만 카이퍼는 그의 후기의 발전 가운데서도 지속적으로 성령님의 대상으로서의 인간과 인간의 심령 속에서 역사하시는 성령님의 직접적인 활동을 강조한다. 성경은 계시를 전달하는 데 단지 보조적인 기능을 가질 뿐이다. 성경은 그 자체로 명령하는 하나의 살아있는 유기체이기도 하다. 그것에는 회복시키는 능력도 있다. 하지만 그것은 은혜의 매개물이며, 성령님을 위한 하나의 도구이다. 성경은 죄 때문에 있는 것이며, 우리는 그것이 더 이상 필요로 하지 않는 날을 향해 나아가고 있는 것이다. 카이퍼는 또한 성경은 단지 보조적인 방식으로 역사하는 하나의 조력물이라고도 말했다.[12] 따라서 갱신케 하는 실제적인 역사 또는 새 생명의 출생은 말씀the Word 없이 성령님의 직접적인 역사를 통해서도 인간에게 주어진다. 그리고 그것에 의하여 인류는 교회와 세상, 신자와 불신자라는 두 부분으로 분리되는 것이다.

---

11. 카이퍼가 윤리적 신학자들과 단절한 것은 1870년 초기에 일어났다. 그때 그는 암스테르담에서 사역하던 중이었다. 그는 계시의 역사를 다루는 한 권의 자료집에 서론을 써 달라는 부탁을 받았다. 그 저자들은 네덜란드 개신교의 다양한 진영들에 속해 있었다. 그 책의 출간 계획을 주도하고 있던 위원회에 속한 사람들이 그 원고의 초안을 읽었을 때, 그들 중 다섯 명이 카이퍼의 견해와 일치할 수 없다면서 물러났다. 이에 그 출판인은 출판 계획을 진척시키기 위해서 다른 목사를 구해 그 책의 서론을 쓰게 했다. 카이퍼의 초안 원고는 나중에 별개의 소책자로 발간되었는데, 그것이 『성경, 하나님의 말씀(De Schrift, het Woord)』 (Tiel: H. C. A. Campagne, 1870)이다.
12. A. 카이퍼, 『신학원리(Principles of Sacred Theology)』, 361. 또한 『성경, 하나님의 말씀(De Schrift, het Woord)』, 46쪽을 보라.

이와 관련해서 카이퍼는 사람 안에서 **존재**being와 **의식**consciousness을 구분했다. 이것이 그의 사고과정에서 지배적인 역할을 하게 된다. 전자존재에 관해서는, 성령님의 역사가 직접적이다. 중생의 씨앗이 성령님에 의해 직접 심어지는 것이다. 반면 후자의식에 관해 말하자면, 계시와 성경의 매개성이 타락 이후의 상황에서 필요하게 된다. 하나님의 말씀과 그것을 선포하는 역할은 택자들로 하여금 그분의 구원을 의식하게 한다.[13] 궁극적으로 성경과 계시는 모든 것이 회복되고 영원한 말씀이 새롭게 된 인류 안에 온전하게 반영될 때, 둘 다 필요 없게 될 것이다.

이런 상황에서 스킬더가 활동을 시작했다. 그의 초기 저작은 변증법적 신학을 철저하게 비판하는 것에 집중했다.[14] 다만 한 가지 점에서는 변증법적 신학자들과 일치했다. 그것은 하나님의 절대적인 초월성에 대한 견해였다. 심지어 그는 이런 것이 독일에서도 말해지고 있다는 것에 매우 행복해하기까지 했다. 왜냐하면 독일인들도 그런 것을 들어야 할 필요가 분명하다고 생각했기 때문이다. 스킬더는 하나님과 사람 사이에는 질적으로 엄청나게 큰 차이가 있음에 동의했다. 그는 전도서 5장 2절 "하나님은 하늘에 계시고 너는 땅에 있음이니라 그러므로 마땅히 말을 적게 할 것이라"를 인용하면서, 이는 하

---

13. 카이퍼의 중생과 세례에 관해서는 R. J. 담(Dam) 등, 『1905년경: 하나의 역사적 개요 (Rondon 1905: een Historiche Schets)』 (Terneuzen: Littooij, n.d.), 7쪽을 보라.
14. 예를 들면, K. 스킬더, 『시인들과 서기관들 옆에서(Bij Dichteres en Schriftgeleerden)』 (Amsterdam: Holland, 1927) 및 K. 스킬더, 『'예'와 '아니오' 사이에서(Tusschen "Ja" en "Neen")』 (Kampen: Kok, 1929)를 보라.

나님 앞에서 사람의 오만함에 반대하는 구절이라고 강조했다. 하지만 스킬더는, 이것은 단지 진리의 절반에 해당할 뿐이라고 말했다. 왜냐하면 하나님께서 인간에게로 내려오셨기 때문이다. 그분께서는 초월세상 위에하시지만, 동시에 내재세계 속에하신다. 그분께서는 스스로를 행위들로 계시하시지만, 또한 동시에 그분의 계시를 기록하게 하심으로써 그것을 영구한 것으로 만드셨다. 계시의 행위가 있고, 또한 그것의 영속적인 내용이 있는 것이다.

우리는 어떻게 위엄 중에 높이 계시며, 지상에 있는 어떠한 인간의 힘과 능력도 뛰어넘으시는 하나님을 알 수 있을까? 스킬더는 언약 가운데서 그분께서 우리에게 스스로를 낮추셨기 때문에 우리가 그분을 알 수 있다고 답변한다. 이것은 하나님께서 우리에게 내려오셔서 우리의 상태 속에서 우리의 수준에 맞춰 접근하신다는 것을 의미한다. 그분께서는 스스로를 사람에게 이해될 수 있도록 그들의 수준에까지 낮추실 뿐만 아니라, 또한 그분의 말씀들이 사람의 수준에서 이해될 수 있게 하려고 그것들을 사람의 수준에 적응시키기도 하신다. 물론 하나님께서는 죄나 죄된 생각의 패턴들과 결코 타협하지 않으신다. 하지만 그분의 언설은 사람이 그것을 충분히 사용할 수 있게 하는 방식으로 사람의 깨어짐과 맞물려 있다. 하나님께서는 그분의 위엄을 베일로 가리셨다. 그리고 사람이 그분을 이해할 수 있도록 그들과 공유하는 특성들로 그분 스스로를 설명하신다.[15]

---

15. K. 스킬더(Schilder), 『하이델베르크 요리문답(Heidelbergsche Catechismus)』, 4

스킬더는 계시에 대한 이러한 주제들을 언약 교리의 맥락에서 발전시켰다. 하나님께서는 언약의 주도권을 가지고 사람에게 내려오신다. 언약의 틀 안에서 그분께서는 그분의 심령을 사람에게 여신다. 우리는 그분의 사랑, 그분의 진노, 그분의 오래참으심, 그분의 인내, 그분의 애석해하심, 그분의 신실하심 등에 관해 배운다. 사실 성경에는 우리에게 익숙한 구절들이 많다. 모세는 주님의 등을 본다출33:23. 성경은 그분의 능력 있는 손과 그분의 펼치신 팔, 그분의 냄새를 맡으심, 그분의 진노 등에 관해 말하고 있다. 모든 방식으로 하나님의 심령이 드러난다. 이 모든 것이 스킬더에게는 적응의 언어이다. 그것은 실제로는 하나님께 적합하지도, 적절하지도 않은 언어이다. 다만 그분께서 스스로를 우리에게 분명하고도 명료하게 만들어 주시기 위해 선택된 언어일 뿐이다.[16]

이런 적응의 원리는 새로운 것이 아니다. 오히려 그것은 칼뱅에게서 시작되었다.[17] 스킬더 이전에 다른 누구보다도 이런 원리를 자신의 해석학과 주석에 사용했던 사람이 바로 칼뱅이었다. 이는 그의 주석들, 특별히 인간의 특질들을 하나님께로 돌리는 구절들에서 발견된다.[18]

---

vols. (Goes: Oosterbaan&Le Cointre, 1947~51), 2:105.
16. 같은 책, 4:99, 104~106.
17. 실제로 칼뱅은 그것을 크리소스토무스와 다른 교회교부들로부터 이어받았다. 하지만 스킬더는 이 용어의 사용을 칼뱅에게 직접적으로 빚을 졌다.
18. 칼뱅이 사용한 용례를 위해서는 J. 드 용(De Jong), 『하나님의 적응-K. 스킬더의 계시신학의 한 주제Accommodatio Dei-A Theme in K.Schilder's Theology of

적응의 개념을 주장하면서도 칼뱅이나 스킬더는 성령님의 조명이 하나님의 말씀을 적절하게 이해하기 위해 필요하다는 것을 부인하지 않았다. 하지만 스킬더에게서—칼뱅에게서와 마찬가지로—성령님의 도구성경는 전혀 초라한 것mean matter이 아니다! 하나님의 위엄이 본문에 반영되어 있는데, 그 본문은 너무나도 명쾌해서 심지어 장님이라도 그것을 다루고 이해할 수 있다. 이런 도구로 스킬더는 변증법적 신학의 주장들에 답변할 수가 있었고, 동시에 하나님의 본래적 위엄과 초월성도 주장할 수 있었다. 바르트는 하나님을 본질적으로 알 수 없다고 말했다. 그분께서는 그분의 영역에 속하시고, 우리는 우리의 영역에 속한다. 이 영역들은 두 개의 본질적으로 다른 영역들이다. 그것들은 결코 함께하지 않는다. 그것들은 엄청난 간극, 곧 죽음의 선line of death으로 나눠져 있다. 그 죽음의 선은 마치 두 개의 원 사이에 있는 하나의 접선과도 같다. 사실 이 원들은 오직 한 지점에서만 만나는데, 그 지점이 바로 예수 그리스도이다.[19] 그것들이 거기서 만나게 되는 이유는, 그분께서만 죽음의 능력을 정복하셨고, 또한 그분께서만 죽음의 선을 넘어설 수 있으시기 때문이다. 하나님께서는 예수님 안에서 모든 인간적 지식을 깨뜨리시고, 예수님 안에서 그분의 은혜의 새로운 지식을 제공하시는 것이다.

스킬더는, 칼뱅에게서도 흔히 발견될 수 있는 벨직신앙고백서 13

Revelation)』 (Kampen: Mondiss, 1999), 239~266쪽을 참고하라.
19. A. D. R. 폴만(Polman), 『바르트: 현대사상가시리즈(Barth.Modern Thinkers Series)』 (Philadelphia: Presbyterian and Reformed, 1968), 13.

항에 나오는 용어, 곧 **한계들**limits, 또는 **경계들**boundaries이라는 용어를 사용해서 이런 추론적인 사고방식에 반응했다. 하나님께서는 우리와 그분 사이에 '죽음의 선'을 그어 두신 것이 아니다. 다만 그분께서는 우리가 그 이상으로는 넘어갈 수 없는 한계 또는 경계를 두셨을 뿐이다. 그러나 하나님께서는 그분의 계시가 역사 속으로 들어오는 것을 허용하신다. 또한 이런 방식으로 하나님께서는 그 한계선들을 계시가 진전되어 가는 정도에 비례해서 계속해서 뒤로 물러나게 하신다. 타락과 함께 그 한계선들은 심각하게 좁혀들었다. 하지만 그리스도 안에서 그것들은 원래 자리로 물러나게 되었다. 뿐만 아니라 사실 그것들은 하나님께서 그분의 계시가 성경에 기록되도록 위임하신 대로 역사의 과정 속에서 더 확대되었다. 그래서 죽음의 선이 있는 것이 아니라 경계들, 곧 하나님께서 그분의 뜻에 따라서 두신 한계선들이 있는 것이다.[20]

이것은 변증법적 신학에 대항하는 강력한 반응이다. 사실 여기에는 양날의 성격이 있다. 즉, 그것은 변증법적 신학의 주장들에게 강펀치를 날린 것이었을 뿐만 아니라, 또한 카이퍼 신학의 계시관에 있는 약점까지 노출시킨 것이었다. 왜냐하면 스킬더는 그분의 말씀과 더불어 일하시는 하나님의 위대한 시역을 새롭게 강조했기 때문이다. 그는 또한 성경에 있는 말씀의 우선성과 명징성에 대해 새롭게 호소

---

20. K. 스킬더(Schilder), 『'역설'개념의 역사(Zur Begriffsgeschichte des "Paradoxon")』, 448~462.

했다. 그 말씀은 하나님께서 숨을 불어넣으신 것이다God-breathed! 이 모든 것이 적응의 원리, 곧 사람의 수준에까지 순응하시는 원리 속에 반영되어 있다.

스킬더가 얼마간 이런 비판들을 제기하기 시작했을 때, 동시대의 수많은 사람들이 카이퍼에 대한 그의 비판을 제대로 평가하지 못했다. 그들은 카이퍼의 계시관을 성령님의 내적 역사와 그것과 병행하는 주장으로서 가정적presumptive 중생을 강조하는 것으로 받아들였다. 이러한 카이퍼의 두 관점에서 그 기저에 깔려 있는 원리는 동일하다. 그것은 신자들의 심령 속에서 하나님께서 직접적으로 역사하신다는 것이다.[21] 그래서 신자의 자녀는 그 반대되는 것이 드러나게 될 때까지는 중생한 것으로 가정되어야 한다는 것이다. 만일 그 자녀가 성인이 되었는데도 믿지 않는다면, 그혹은 그녀의 세례는 아무런 의미가 없는 것이 된다. 세례는 실제적으로 단지 택자들을 위한 것임을 의미할 뿐이다! 성경의 명백한 약속을 새롭게 강조하는 가운데서, 스킬더 및 그와 함께하는 이들은 전통적인 카이퍼주의의 요새와 갈등하게 되었다. 이렇듯 카이퍼주의자들과의 갈등은 바르트주의자와 갈등하게 되는 지점에서 같이 올라오면서 전혀 예상치 못하는 중에 나타났다. 하지만 일단 그 갈등이 나타나기 시작하자, 그것은 모든 영역의

---

21. 이 문제를 파고들어가는 것은 너무 멀리 나가는 것이 될 것이다. J. 캄프하이스(Kamphuis), 『영원한 언약(An Everlasting Covenant)』, G. 판 롱엔(van Rongen) 번역 (Launceston, Australia: Publication Organization of the Free Reformed Churches, 1985), 23~27쪽을 참고하라.

교리와 생활에 영향을 미치면서 신속한 걸음으로 진행되었다.²²

그리고 갈등이 첨예화되면서 최악의 시나리오가 전개되었다. 스킬더는 그런 관점들에서 이단적heretical이라고 평가되었다. 그리고 가정적 중생론을 부인했던 다른 많은 사람들과 함께 교수직에서 제명되었다. 하지만 해방파의 '빅뱅' 이후 모든 것이 만천하에 드러나게 되었을 때, 결과적으로 완고한 카이퍼주의의 방어자들 가운데 몇몇은 변증법적 신학의 주요 인물들과 한패였음이 드러나게 되었다. 이것을 이해하는 것은 어려운 일이 아니다. 유유상종이었던 것이다. 양편의 사상의 흐름들을 대변하는 몇몇 사람들은 고전적인 카이퍼주의와 변증법적 신학 양쪽을 특징짓고 있는 본질적으로 주관주의적인 출발점에서 상호간 유사한 점들을 발견했던 것이다!²³

이제 계시에 관한 이러한 투쟁이 오늘날 어떤 연관성이 있는지를 살펴보자. 물론 변증법적 신학은 그 후기에 이르러 상당한 방향전환을 했기 때문에, 그 연관성을 분명하게 파악하는 것이 쉽지만은 않을 것이다. 먼저 바르트는 하나님의 양보하심을 강조하기 시작했고, 그

---

22. D. 데던스(Deddens)와 M. 트 펠더(te Velde)가 편집한 『해방-귀환. 1944~1994년, 해방 50년 동안의 묘사(Vrijmaking-Wederkeer. Vijftig jaar Vrijmaking in beeld gebracht 1944~1994)』 (Barneveld, the Nederlands: De Vuurbaak, 1994), 28쪽에서, M. 트 펠더(te Velde)는 말하기를, 스킬더는 카이퍼 신학의 스콜라주의적 구조가 그의 세대에 일어나는 문제들과 이단들을 다루는 데 부적절하다는 것을 발견했다고 한다.
23. 카이퍼 역시 (후기 바르트에게서 나타나는 전형적인) 표현, 곧 성경은 하나님의 계시에 대한 증거라는 표현을 『신성한 신학의 원리들(Principles of Sacred Theology)』, 360쪽에서 사용했다. 물론, 카이퍼가 이런 용어를 사용했다고 해서 그를 바르트주의자라고 보아서는 안 된다!

런 다음 그가 하나님의 **인간성**humanity이라고 불렀던 것을 강조하기 시작했다. 바르트에게서 이것은 성경에서 제시하는 대로 말씀하시는 분 외에 다른 하나님이 없다는 것을 의미했다. 하나님의 계시 사건은 하나의 자연적이고, 신체적이며, 외형적이고, 또한 시각적인 요소를 지닌다. 이것은 또한 하나님의 존재를 묘사하는 데서 함축성을 지닌다. 여기서 바르트는 칼뱅과 스킬더에 의해서 방어되었던 전통적인 적응관을 거부하고, 구약성경을 문자 그대로 취함으로써 하나님께서는 그분의 방식에서 실제로 그분께 귀속되는 신체기관들과 감정들을 지니고 계신다고 보았다.[24]

이는 시작일 뿐이었다. 이로부터 역사를 상당한 수준에까지 복권시켰을 뿐만 아니라, 하나님을 역사 속으로 되돌려 놓는 신학적 운동의 흐름이 뒤따랐다. 그리고 그렇게 함으로써 그분께 인간적이면서도 철저하게 역사적인, 시간에 매여 있는 형태를 부여하기 시작했던 것이다! 이에 관해서는 여기서 자세히 다룰 수 없고, 다만 이것이 전후의 유럽과 미국의 신학사상에서 일반적인 경향이 되었다는 점만 말하는 것으로도 충분할 것이다.[25]

---

24. K. 바르트(Barth), 『교회교의학(Church Dogmatics)』, vol. 2. pt. 1, 265. 바르트는 특별히 개혁신학자들이 방어했던 대로의 적응원리를 거부한다. A. 폴라누스(Polanus), 『기독교신학강요(Syntagma Thelogiae Christinanae)』 (1609); 『교회교의학(Church Dogmatics)』, vol. 2, pt. 1, 266쪽을 보라.
25. 이런 방식의 사고의 좋은 예는—동시에 그것에 대한 좋은 서론도 될 수 있다—H. M. 카이테르트(Kuitert), 『신앙의 실제: 개신교정통주의와 실존철학 사이의 한 길 (The Reality of Faith: A Way Between Protestant Orthodoxy and Existentialist Theology)』, L. B. 스메디스(Smedes) 번역(Grand Rapids: Eerdmans, 1968)이 있다.

이런 흐름을 G. C. 베르까우어Berkouwer의 제자인, H. M. 카이테르트Kuitert가 뒤따르고 있다. 그는 오직 한 하나님만 계시는데, 그분께서는 정확하게 구약에서 묘사된 그대로의 하나님이시라고 주장한다. 하나님께서는 '히브리적'이시라는 것이다. 그래서 구약에 기술되어 있는 하나님의 말씀과 행위들의 묘사를 벗어나는 영원한 본질 같은 것은 없다고 주장한다.[26] 하나님께서는 이스라엘의 파트너이거나 맹우盟友이시다. 하지만 이런 구약의 기록들은 단지 하나님과의 만남을 사람들에게 알려주는 본문일 뿐이다. 훗날 카이테르트는 성경본문은 단지 신적인 존재와의 만남을 반영하며 그래서 하나님께 나아가는 길을 가리키고 있는 전통의 층들일 뿐이라고 말한다. 성경은 종결이 어떻게 되는지에 관해 열려 있다는 것이다! 우리는 하나님의 말씀이 오늘날에도 살아있게 하기 위해서는 그런 전통들과 함께 성경을 필요로 한다. 하지만 성경은 하나의 닫혀 있는 정경이 아니며, 또한 신적으로 영감된 것도 아니다. 본문에 귀를 기울이고 우리의 상황 속에서 그것들을 들음으로써, 우리는 하나님을 더욱더 많이 알 수 있는 데로 나아갈 수 있게 된다. 본질적으로, 하나님께서는 우리의 탐구의 대상이시다. 본질적으로 그분께서는 우리에게 알려져 있지 않으시다![27]

---

26. H. M. 카이테르트(Kuitert), 『하나님의 신인동형론적 본성: 성경의 신인동형론에 관한 한 교의학-해석학적 연구(De Mensvormigheid Gods. Een dogmatisch-hermeneutisshe Studie over de Anthropomorfismen van de Heilige Schrift)』 (Kampen: Kok, 1962), 277.
27. Cf. H. M. 카이테르트(Kuitert), 『믿는다는 것은 무엇인가? 그리스도인의 신앙고백

변증법적 신학에서 그런 방향전환의 성격은 분명하다. 간단히 말해, 초기의 변증법적 신학이 성경을 인간적 수준으로 낮춰 버렸다면, 후기의 변증법적 신학과 많은 보조적이고 보충적인 운동들은 그 다음 단계를 취해서, 하나님을 인간적 수준으로 끌어내린 것이다. 동시에 그들은 하나님의 완전한 드러내심은 미래에 남겨진 일이고 오늘날의 사람들이 공유하고 있는 것은 단지 그분의 현존의 부분적인 현시들일 뿐이라고 암시함으로써, 하나님을 더욱더 알려지지 않은 분으로 만들어 버렸다.

여기서 핵심 문제는 계시관에 관한 것이다. 카이퍼주의의 직접적인 상속자들이며 원래의 방어자들이었던 베르까우어 학파는, 성경이 시간에 매여 있는 책이라고 생각한다. 그러한 것으로서 성경은 저자들의 사상세계가 지니고 있는 한계점들을 모두 포함하고 있다는 것이다. 베르까우어에 따르면, 인간적 요소가 너무나도 무시되어 왔지만, 사실 이는 본문을 설명하는 데 본질적인 요소이다. 근본적으로, 베르까우어와 그의 추종자들은 성경은 그 시대의 책으로서 보아야만 한다고 말한다. 따라서 성경은 단지 그 한계들을 믿음으로 인정하는 한에서 신자에게 말한다고 본다. 실제로 초점을 맞춰야 하는 것은 성경의 형식이 아니라 그 내용인 것이다.[28]

의 구조와 기원(Wat Heet Geloven? Structuur en Herkomst van de Christelijke Geloofusitspraken)』 (Baarn: Ten Have, 1977).
28. G. C. 베르까우어(Berkouwer), 『성경(De Heilige Schrift)』 (Kampen: Kok, 1967), 2:58~61, 93~100.

이런 배경에서 볼 때, 스킬더의 작품이 지니는 지속적인 연관성을 쉽게 알 수 있을 것이다. 신학과 철학의 역사에서 그리고 그것들의 결정적인 접합지점에서, 그는 올바른 성경관을 지키고자 했고, 성경이 묘사하는 세상과 무엇보다 성경이 기술하는 하나님에 대해 올바른 관점을 지키고자 했다. 오늘날 우리의 상황 속에서, 즉 하나님의 권위 있는 음성의 현존을 점차적으로 부인하려는 세상 한가운데서, 성경을 계속해서 붙잡고자 하는 것은 그분을 최상으로 명예롭게 하는 것이 될 것이다. 이것은 스킬더가 말했던 것을 아무 생각 없이 반복하는 것을 요구하지 않는다. 오히려 그가 주장하는 바를 공감하면서도 비판적으로 살펴보고, 그럼으로써 오늘날의 신학적 상황 속에 그러한 주장을 공감하면서도 비판적으로 적용시키는 것을 뜻한다. 우리는 사람을 영화롭게 해서는 안 된다. 오히려 하나님께서 그분의 말씀을 붙잡게 하는 데 사용하셨던 도구에 대해 하나님께 감사해야 한다. 그것이 이 장을 시작하면서 인용했던 성경본문의 의도이다. 그래서 여기서 다시 한 번 그 본문으로 끝내면서 나의 입장을 확증하고 싶다.

"하나님의 말씀을 너희에게 일러 주고 너희를 인도하던 자들을 생각하며 그들의 행실의 결말을 주의하여 보고 그들의 믿음을 본받으라" 히13:7.

역자 후기

부산 송도고려신학대학원에서 신학수업을 받을 때, 나는 우리 학교의 건물이 네덜란드의 해방파 혹은 31조파라는 개혁교단으로부터 받은 후원금으로 짓게 되었다는 이야기를 종종 들었다. 그리고 그것은 한상동 목사님이 네덜란드의 그 교단을 방문해서 신사참배반대로 옥고를 치른 것 등에 대해 간증했을 때, 양 교단의 설립정신이 일치함을 확인한 것이 계기가 되었다고 했다. 그래서 흥미를 가지고 살펴보니, 해방파31조파의 설립자였던 클라스 스킬더도 네덜란드를 침공해 지배했던 나치정권에 굴하지 않고 저항했었다는 것이다. 더군다나 그의 저항이 단순한 신앙적 서항이 아니라 그의 신학에 근거한 철저한 고백에 따른 것이었음을 알게 되었을 때, 그에 대한 나의 관심은 더욱 고조되었다. 우상숭배에 대한 한상동의 거부의 정신은 물론이고, 나치정권에 대한 스킬더의 저항의 근거는 과연 무엇이었을까 하는 것이 궁금했고, 그 근거에 기초해 있는 신앙과 신학에 대해서 보다 구체적으로 알고 싶었다.

결국 나는 비록 유학은 청교도신앙에 대한 갈급함 때문에 영국에서 하게 되었지만, 계속해서 네덜란드에서 들려오는 소식들에 관심을 기울이면서 스킬더의 신앙과 신학에 관해 기회가 되는 대로 탐문해 왔다. 그렇게 하면 할수록 스킬더의 투쟁과 삶에서 드러나는 그의 신학적 명징성과 깊이에 탄복하게 되었다. 그러다가 1976년에 G. 반 롱헌van Rongen과 W. 헬더Helder가 영어로 번역한 『그리스도와 문화』를 우리말로 번역하게 되었고, 인고의 시간이 지난 뒤 드디어 2018년에 지평서원에서 출간할 수 있었다.

그런데 사실 『그리스도와 문화』는 미완의 번역판이다. 출간된 이후로 더욱 꼼꼼하게 살펴보니 오역된 부분도 이곳저곳 보여서 개정 작업을 하고 있다. 현재까지 개정된 것들은 역자의 블로그http://daum.blog.net/londonhorace에 올려놓았으니 참고하면 좋겠다. 더군다나 오래전에1978년 J. 다우마Douma 교수가 주석을 달아서 재출간했던 네덜란드어판을 W. 헬더Helder와 함께, H. 오스터호프Oosterhoff가 2017년에 다시금 영어로 번역해 출간한 것을 입수하여 교정에 참고하고 있기 때문에, 이후 개정판에서는 보다 확실하게 오역을 줄일 수 있을 것이다.

여기서 이런 이야기를 하는 것은, 이 책 『항상 순종』의 번역은 이 모든 노정의 과정에서 얻게 된 열매였다는 점을 밝히기 위해서이다. 하지만 단순히 그것뿐만이 아니다. 이 책은 스킬더의 삶과 신앙, 그리고 그의 신학을 소개하고 있는데, 이를 통해 한국교회의 개혁신학권 내에서 아주 유익하고 건강한 토론을 제기할 수 있을 것이라고 확신한다. 스킬더의 신학은 정통성과 독특함을 지니고 있다. 나아가 그가 주력했던 주제들마다 당대에는 물론이고 지금도 여전히 강력한 도전을 주고 있다. 이 책의 저자들은 하나같이 인간을 우상화하는 것을 경계하면서도 영어권에 있는 사람들에게 스킬더의 신앙과 신학을 증언하려고 했다. 나 또한 그들과 같은 마음으로 이 책을 우리말로 번역했다.

번역하는 중에 도움을 주신 분들에게 고마움을 표하고 싶다. 네델란드어 인명이나 지명이 많이 나오는데, 한글로 표기하는 문제에 있어서 이신열 교수님과 변종길 교수님이 도움을 주셨다. 그리고 쉽지 않은 글을 교정하면서 좀 더 매끄럽게 다듬어 준 SFC출판부의 이의현, 송드바램 편집인들에게도 수고하셨다고 말씀드리고 싶다. 또한 2015년도에 시작한 교회개척에 말없이 그리고 즐겁게 동참하고 있는 사랑하는 아내 권정희와 '천국의 제자들'로서 주의 나라를 증언하면서 '항상 순종'의 원리를 함께 배워가고 있는 천국제자들교회 교우들 모두에게 절절한 고마움을 표한다.

2020년 10월
괴정 사리골에서

손성은

저자들 소개

J. M. 바토Batteau

1946년 미국에서 출생한 바토는 웨스트민스터신학교와 암스테르담의 자유대학교에서 수학했고, 네덜란드의 신학대학교해방파에서 박사학위를 받았다. 마펄Mappel의 개혁교회해방파에서 목사안수를 받은 뒤, 1979년 부산에 있는 고려신학대학원에 교수선교사로 파송되어 1980년에서 1988년까지 교의학을 가르쳤다. 네덜란드로 돌아가 1988년에서 1994년까지 짜안단Zaandan의 개혁교회 목사로 봉사했다. 그리고 1994년 이후에는 와거닝헌Wageningen에 있는 개혁교회해방파에서 목사로 섬기고 있다.

J. 드 용de Jong

1949년 캐나다에서 출생한 드 용은 온타리오의 해밀톤에 있는 캐나다개혁교회의 신학대학교에서 신학을 공부했고, 이후 캄펜에서 계속해서 공부했다. 그는 런던1978~83년 및 벌링턴 사우스Burlington-South, 1983~90년에 있는 캐나다개혁교회들에서 봉사했다. 1990년에는 『하나님의 적응: 스킬더의 계시론에 있는 한 주제Accommodatio Dei: A Theme in K.Schilder's Theology of Revelation』라는 제목으로 박사학위를 땄다. 1990년 이후에는 해밀톤에 있는 캐나다개혁교회의 신학대학교에서 교회학과 봉사학을 가르치고 있다.

J. 파베르Faber

1924년 네덜란드에서 출생한 파베르는 개혁교회분리이전의 신학대학교에서 신학을 공부했고 1944년 이후 캄펜의 개혁교회해방파의 신학대학교에서 공부했다. 그는 데이벤터Deventer, 1952~58년 그리고 로테르담의 쉬부르크-힐러헬스베르그-센트룸Schiebroek-Hillegersberg-Centrum, 1958~69년에서 목사로 섬겼다. 1969년에는 『'교회의 흔적'으로서의 세례Vestigium Ecclesiae: De Doop als 'spoor der kerk(Cyprianus, Optatus, Augustianus)』라는 논문으로 박사학위를 받았다. 같은 해에 그는 캐나다로 이주하여 온타리오의 해밀톤에 그 당시 막 설립된 캐나다개혁교회의 신학대학교에서 교의학 교수와 학장으로서 봉직하다가 1990년에 은퇴했다.

J. 하이쩨마Geertsema

1935년 네덜란드에서 출생한 하이쩨마는 캄펜에 있는 개혁교회해방파의 신학대학교에서 공부했다. 그는 네덜란드의 칸턴스Kantens, 1963~67년 및 오픈더 앤 수르하위스헤르페인Opende and Surhuisgerveen, 1967~71년에서 사역했고, 이어 마니토바의 카르만Carman에 있는 캐나다개혁교회들1971~86년, 온타리오의 채트햄Chatham,1976~81년, 브리티쉬-콜럼비아에 있는 써리Surrey, 1981~86년에서 사역했다. 1986년 이후에는 온타리오의 해밀톤에 있는 캐나다개혁교의 신학대학교에서 신약학을 가르치고 있다. 그리고 1991년 위클리프대학교와 토론토신학대학교에서 신학석사학위를 받았다.

N. H. 호체스Gootjes

1948년 네덜란드에서 출생한 호체스는 캄펜의 개혁교회해방파의 신학대학교에서 공부한 후에, 레이든에 있는 개혁교회의 목사가 되었다1976년. 그는 부산의 고려신학대학원에 교수선교사로 파송되어 1980년부터 1989년까지 신약헬라어와 교의학 교수로서 봉직했다. 그는『하나님의 영성De geestelijkheid van God』이란 논문으로 박사학위를 획득했다. 1989년 이후에는 파베르의 후임으로 해밀톤에 있는 캐나다개혁교회의 신학대학교에서 교의학 교수로 봉직하고 있다.

J. 캄프하이스Kamphuis

1921년 네덜란드에서 출생한 캄프하이스는 개혁교회분리이전의 신학대학교에서 공부했고, 1944년 이후에는 개혁교회해방파의 신학대학교에서 공부했다. 그는 퍼베르트 앤 할럼Ferwerd and Hallum, 1948~51년, 분스호턴 스파큰버그Bunschoten-Spakenburg, 1951~55년, 그리고 로테르담-델프스하펀Rotterdam-Delfshaven, 1955~59년에 있는 개혁교회들해방파을 섬겼다. 1959년에는 캄펜에 있는 개혁교회해방파의 신학대학교에서 교회학 교수로 지명되었다. 1979년 이 개혁교회의 총회는 그를 동대학교의 교의학 교수로 지명했다. 그는 1987년까지 가르치고 은퇴했다.

S. A. 스트라우스Strauss

1946년 남아프리카공화국에서 출생한 스트라우스는 스텔렌보

쉬Stellenbosch대학교에서 신학을 공부했고, 1973년 '네덜란드개혁교회the Nederduitse Gereformeerde Kerk'의 목사가 되었다. 1981년 캄펜에서 1년 동안 연구생활을 한 뒤, 1982년 프레토리아Pretoria대학교에서 『전부냐 아니면 전무냐? K. 스킬더의 언약론Alles of Niks. K. Schilder oor dei verbond』이란 제목으로 박사학위를 땄다. 1984년 이후에는 남아프리카공화국 오렌지자유주Orange Free State에 있는 블룸폰테인Bloemfontein대학교에서 교의학 교수로 봉직하고 있다.

역자 소개

손성은

역자는 부산대를 거쳐 서울대학교 대학원에서 심리학을 공부하던 중, 목회를 꿈꾸고 부산고려신학대학원을 졸업했다. 목회수련을 받다가 1997년에 영국으로 건너가 런던현대기독교문화연구소, 런던개혁침례신학교를 거쳐 런던신학대학에서 "현대해석학에 기초한 회심과 문화의 연관성"에 대해서 연구했다. 런던양무리교회, 삼일교회를 담임한 뒤, 2015년 천국제자들교회를 개척하여 현재까지 섬기고 있다.

역서로는 『한국교회성장의 비결』(신내리, 개혁주의신행협회, 1992), 『회심, 하나님께로 돌아서다』(폴 헬름, SFC, 2003), 『영혼의 의사』(피터 마스터스, 부흥과 개혁사, 2005), 『하나님의 인도하심』(피터 마스터스, 부흥과 개혁사, 2005), 『거듭남의 본질』(스테판 차녹, 지평서원, 2007), 『결정적 한 걸음』(찰스 스펄전, 생명의 말씀사, 2015), 『성도가 성도되게 하라』(피터 마스터스, 생명의 말씀사, 2015), 『그리스도와 문화』(클라스 스킬더, 지평서원, 2018), 『그리스도의 수난설교집 삼부작』(스킬더, 크리스챤 르네상스, 근간) 등이 있다.